EU ACHAVA
— que isso —
SÓ ACONTECIA COMIGO

* BRENÉ BROWN *

EU ACHAVA
– que isso –
SÓ ACONTECIA COMIGO

COMO COMBATER A **CULTURA DA VERGONHA**
E RECUPERAR O **PODER** E A **CORAGEM**

SEXTANTE

Título original: *I Thought It Was Just Me*

Copyright © 2007 por Brené Brown
Copyright da tradução © 2019 por GMT Editores Ltda.
Copyright do poema "Shame" (p. 154) © 1988 por Vera Rutsala,
reproduzido com permissão do autor

Publicado mediante acordo com Avery, um selo da Penguin Publishing Group,
uma divisão da Penguin Random House LLC.

Todos os direitos reservados.
Nenhuma parte deste livro pode ser utilizada ou reproduzida sob
quaisquer meios existentes sem autorização por escrito dos editores.

tradução: Livia Almeida

preparo de originais: Raquel Zampil

revisão: Hermínia Totti e Rebeca Bolite

projeto gráfico e diagramação: Ilustrarte Design e Produção Editorial

capa: Angelo Bottino e Fernanda Mello

imagem de capa: Francesco Carta

impressão e acabamento: Lis Gráfica e Editora Ltda.

CIP-BRASIL. CATALOGAÇÃO NA PUBLICAÇÃO
SINDICATO NACIONAL DOS EDITORES DE LIVROS, RJ

B897e Brown, Brené
         Eu achava que isso só acontecia comigo/ Brené Brown;
        tradução de Livia Almeida. Rio de Janeiro: Sextante, 2019.
        304 p.; 16 x 23 cm.

        Tradução de: I thought it was just me
        Inclui bibliografia
        ISBN 978-85-431-0711-0

        1. Mulheres - Psicologia. 2. Vergonha. I. Almeida, Livia.
        II. Título.

19-54546   CDD: 152.44
                                                          CDU: 159.942-055.2

Todos os direitos reservados, no Brasil, por
GMT Editores Ltda.
Rua Voluntários da Pátria, 45 – Gr. 1.404 – Botafogo
22270-000 – Rio de Janeiro – RJ
Tel.: (21) 2538-4100 – Fax: (21) 2286-9244
E-mail: atendimento@sextante.com.br
www.sextante.com.br

PARA AS MULHERES QUE ME INSPIRAM

minha mãe
minhas irmãs
minha filha
minhas amigas
minhas professoras
minhas alunas
minhas irmãs da assistência social
as artistas e ativistas
as pesquisadoras e escritoras
as mulheres que compartilharam suas
histórias e tornaram este livro possível

SUMÁRIO

Introdução 9

UM *Compreender a vergonha* 23

DOIS *A resiliência à vergonha e o poder da empatia* 51

TRÊS *O primeiro elemento: reconhecer a vergonha e compreender nossos gatilhos* 87

QUATRO *O segundo elemento: praticar a consciência crítica* 109

CINCO *O terceiro elemento: buscar o outro* 135

SEIS *O quarto elemento: falar da vergonha* 166

SETE *Praticar a coragem numa cultura de medo* 183

OITO *Praticar a compaixão numa cultura de recriminação* 219

NOVE *Praticar a conexão numa cultura de desconexão* 246

DEZ *Criar uma cultura de conexão* 274

Referências 289
Agradecimentos 299

INTRODUÇÃO

Ao ouvir a palavra *vergonha*, as pessoas costumam ter uma de duas reações: "Não sei bem o que você quer dizer, mas sei que não quero falar no assunto" ou "Ah, vergonha. Sei bem o que é, mas não quero falar sobre isso". Como pesquisadora do tema, compreendo nossa relutância – a vergonha é tão poderosa que às vezes sentimos vergonha só de falar sobre vergonha. Mas depois de seis anos entrevistando centenas de mulheres, eis o que aprendi: todas nós experimentamos a vergonha. É uma emoção absolutamente universal.

Quanto menos compreendemos a vergonha e como ela afeta nossos sentimentos, pensamentos e comportamentos, mais poder ela exerce sobre nossa vida. Porém, se encontramos a coragem para falar sobre vergonha e a compaixão para ouvir, podemos mudar a maneira como vivemos, amamos, criamos nossos filhos, trabalhamos e construímos os relacionamentos.

As pessoas costumam acreditar que a vergonha está reservada para uns poucos infelizes que sobreviveram a traumas terríveis, mas não é verdade. É algo que todos nós experimentamos. E, embora a vergonha pareça se esconder nos cantos mais inacessíveis, na verdade ela tende a espreitar por todos os lugares familiares, como aparência e imagem corporal, família, criação dos filhos, dinheiro e trabalho, saúde mental e física, vícios, sexo, envelhecimento e religião.

Este livro oferece informações, percepções e estratégias específicas para a compreensão da vergonha e para a construção da "resiliência à vergonha". Nunca conseguiremos nos tornar completamente *resistentes* à vergonha. No entanto, podemos desenvolver a *resiliência* necessária para reconhecê-la, enfrentá-la de forma construtiva e crescer a partir de nossas experiências. Nas entrevistas, mulheres com alto nível de resiliência à vergonha demonstraram ter quatro características em comum. Refiro-me a elas como os quatro elementos da resiliência à vergonha. Eles compõem o cerne deste livro. À medida que aprendermos mais sobre a resiliência e começarmos a aplicar tais elementos, seremos capazes de começar a deixar para trás os subprodutos da vergonha – o medo, a culpa e a desconexão – e avançar na direção da coragem, da compaixão e da conexão de que precisamos para levar uma vida melhor e mais autêntica.

Há alguns anos dedico minha carreira ao estudo da vergonha e de seu impacto. Em minha pesquisa, tive a oportunidade de entrevistar mais de 300 mulheres de todas as idades, raças, etnias e classes sociais. Também voltei a entrevistar 60 mulheres que haviam aplicado algumas das estratégias deste livro para compreender quais delas tinham sido eficientes e que tipo de obstáculo essas mulheres haviam enfrentado.

Se você duvida do impacto da vergonha em nossa vida, vale a pena ler alguns trechos das minhas entrevistas. Nestes depoimentos, é possível distinguir a complexa trama que inclui vergonha, medo e expectativas culturais.

"O sexo é uma grande questão entre mim e meu marido. Algumas vezes é ótimo. Outras, começo a pensar no meu corpo e em quanto ele mudou nos últimos 10 anos. E entro em pânico. Imagino que ele esteja me julgando, me comparando com esses ideais que tenho na cabeça. Nesses momentos, me descontrolo. Arranjo uma briga ou faço qualquer coisa para escapar e voltar a vestir minhas roupas."

"Certo dia eu passava por uma rua do bairro, quando parei no sinal ao lado de um carro cheio de rapazes. Eles olharam na nossa direção e sorriram. Devolvi o sorriso e cheguei a corar um pouco. Então, do nada, minha filha de 15 anos, sentada no banco de trás com a melhor amiga disparou: 'Nossa, mãe, para de olhar para eles! O que você acha? Que eles estão paquerando você? Fala sério!' Mal contive as lágrimas. Como pude ser tão estúpida?"

"Às vezes me olho no espelho e acho que estou bem. Mas outras vezes me acho feia e gorda. Fico totalmente arrasada... Mal consigo respirar. Sinto náusea e nojo. E só quero me esconder em casa para que ninguém me veja."

"Estou com 41 anos e acabei de voltar a estudar. Metade do tempo não sei do que estão falando... Fico ali sentada, acenando com a cabeça como uma idiota. E me sinto uma fraude... como se não fosse inteligente o bastante para estar ali. Quando esses sentimentos tomam conta de mim, só tenho vontade de fugir... pegar a bolsa, sair e nunca mais voltar."

"Para quem está de fora, minha vida parece muito boa. Um bom marido, uma boa casa, crianças fofinhas – o pacote completo. Para quem está dentro, a história é outra. Se nós dois não nos importássemos tanto com a opinião dos outros, pediríamos o divórcio. Mal nos falamos. Nossos filhos têm dificuldades nos estudos. Precisamos fazer doações absurdas à escola para garantir que não sejam expulsos. É cada vez mais difícil não perder o controle. De vez em quando sei que meus amigos vislumbram a verdade... É impossível não ver. Fico doente quando penso que podem enxergar por trás da fachada."

"Sinto-me julgada constantemente em meu papel de mãe, como se nada do que eu fizesse fosse certo ou suficientemente bom. O pior é quando são as outras mães que me jogam para baixo. Um olhar de desaprovação de outra mãe tem o poder de me dilacerar por dentro."

"Não conto para ninguém tudo que passei – não quero que sintam pena de mim ou me vejam de forma diferente. É mais fácil guardar o passado para mim. Só de pensar em ser culpabilizada ou julgada pelo meu passado, chego a sentir falta de ar."

"Ninguém sabe como as coisas estão ruins com meu marido – pensariam mal dele, e de mim por ficar com ele. Vivo mentindo e inventando histórias para disfarçar. Quando minto, me sinto desonesta e envergonhada."

Alguma dessas histórias lhe parece familiar? Para a maioria, a resposta é "sim". A vergonha é universal. Em graus variados, todo mundo sabe o esforço que faz para se sentir confortável na própria pele em uma sociedade que dá tanta importância à perfeição e à adequação. Sabemos também como a dolorosa onda de emoção nos invade quando nos sentimos julgadas ou ridicularizadas por causa da nossa aparência, do nosso trabalho, da família, da forma como cuidamos dos filhos, como gastamos nosso dinheiro ou até mesmo por conta de experiências de vida sobre as quais não tivemos o mínimo controle. E nem sempre o julgamento ou a depreciação parte de outra pessoa. As mais dolorosas experiências do sentimento de vergonha costumam ser autoinflingidas.

O esforço para se sentir aceita e digna não dá trégua. Devotamos tanto de nosso tempo e energia tentando garantir que correspondemos às expectativas de todos e nos preocupando com o que pensam de nós que acabamos por sentir raiva, ressentimento e medo. Às vezes, encerramos essas emoções dentro de nós e nos convencemos de que somos pessoas ruins e de que talvez mereçamos a rejeição que tão desesperadamente tememos. Outras vezes, soltamos os bichos – gritamos com nossos parceiros e filhos sem nenhuma razão aparente, ou fazemos um comentário ácido com um amigo ou colega. De uma forma ou de outra, no fim, acabamos exaustas, oprimidas e sozinhas.

Perdemos uma extraordinária quantidade de tempo e energia enfrentando questões superficiais, que raramente resultam em mudança significativa e duradoura. Quando nos aprofundamos, descobrimos que é a vergonha que costuma nos levar a odiar nosso corpo, a temer a rejeição, a parar de correr riscos ou a ocultar experiências e partes de nossa vida que receamos que os outros julguem. Essa mesma dinâmica se aplica ao sentimento de ser atacada como mãe ou de ser burra demais ou desinformada demais para dar opiniões.

Até encararmos a influência da vergonha em nosso modo de agir, podemos consertar temporariamente alguns problemas pouco profundos, mas não seremos capazes de silenciar o disco arranhado em nossa cabeça que de repente berra uma versão de "alguma coisa está errada comigo". Por exemplo, o sentimento de ser uma farsa no trabalho ou na escola raramente tem relação com nossa capacidade, mas sim com aquela temível voz dentro de nós que censura e pergunta: "Quem você pensa que é?" A vergonha nos obriga a valorizar tanto o que os outros pensam que perdemos a nós mesmas de vista enquanto tentamos atender às expectativas dos outros.

Vergonha: a epidemia silenciosa

Quando se passa anos estudando um tema como a vergonha, é fácil esquecer como o assunto desagrada ou assusta as pessoas. Meu marido me lembra constantemente de não levar para o lado pessoal se alguém faz aquela cara de "estou sentindo um cheiro ruim" assim que digo que meu objeto de pesquisa é a vergonha. Há alguns anos tive uma experiência que me ensinou muito sobre por que a coragem e a compaixão são tão críticas para a resiliência à vergonha.

Estava indo fazer uma palestra na Case Western Reserve University, em Cleveland. Enquanto me acomodava no assento da janela do avião, uma mulher cheia de energia sentou-se na cadeira do corredor. Eu a observara na área de embarque falando sem parar com outros passageiros que esperavam o voo e com funcionários da companhia aérea. Depois de fechar a passagem no corredor por quase cinco minutos, ela conseguiu enfiar suas bolsas sob o assento da frente. Então se virou para mim e se apresentou. Falamos durante um minuto sobre o clima em Houston, antes que ela me perguntasse:

– Então, o que você faz e por que está indo para Cleveland?

Por causa do barulho da decolagem, ergui um pouco a voz e disse:

– Sou pesquisadora e vou dar uma palestra na Case.

– Que maravilha! O que você pesquisa?

Ainda enfrentando o rugido das turbinas, eu me inclinei para perto dela e disse:

– Mulheres e vergonha.

Ela arregalou os olhos e soltou um "Uau!" entusiasmado. Em seguida se inclinou tanto para perto de mim que toda a parte superior de seu corpo ocupou o assento vazio entre nós.

– Mulheres e maconha! Isso é tão interessante! Fale mais.

A essa altura o avião estava novamente silencioso. Sorri e disse:

– Não, não trabalho com mulheres e maconha... mas com mulheres e vergonha.

– Vergonha? – perguntou ela num tom chocado e decepcionado.

– Isso mesmo. Estudo a vergonha e as diversas maneiras como ela afeta a vida das mulheres.

E assim acabou a conversa. Ela desviou os olhos e disse que precisava descansar um pouco. Durante três horas, ficamos em silêncio. De vez em quando, eu sentia que ela tentava espiar a tela do meu notebook. Das primeiras vezes, virei-me para ela com um sorriso, mas no mesmo instante ela fingia estar dormindo. Chegou a emitir um pequeno ronco, que eu sabia ser falso, pois ela não parou de balançar os pés.

De volta a Houston, jantei com uma colega que pesquisa violência. Estava ansiosa para contar minha história sobre as "mulheres e maconha" para alguém que pudesse se identificar com as dificuldades de trabalhar com um tema tão delicado. Depois de rirmos por "mulheres e maconha" ter sido considerado um tema preferível a mulheres e vergonha, ela confessou que a maioria das pessoas parecia bastante interessada na pesquisa dela e que, normalmente, era ela que fingia dormir no avião.

– Não consigo entender – ponderei. – São duas epidemias sérias. Será que as pessoas realmente acham a vergonha pior do que a violência?

Ela refletiu por um momento e então falou:

– Bem, não. Ambas são epidemias sérias, mas a vergonha é silenciosa. As pessoas compreendem a violência e conseguem falar sobre ela. Você, no entanto, estuda um tema que as pessoas aprenderam a não discutir. É tão perigoso quanto a violência, mas fingimos que não está acontecendo.

Acho que minha colega estava certa – a vergonha é uma epidemia silenciosa. É um problema de proporções epidêmicas, pois afeta a todos nós. O que a torna "silenciosa" é nossa incapacidade ou falta de disposição para falar abertamente sobre ela e explorar as formas como afeta nossa vida, nossa família, nossa comunidade e a sociedade de modo geral. Nosso silêncio, na verdade, obrigou a vergonha a se esconder abaixo da superfície, de onde permeia nossa vida pessoal e pública de forma destrutiva e insidiosa. A vergonha, no passado, foi largamente mal compreendida e desconsiderada pelos cientistas sociais, mas agora um número cada vez maior de pesquisadores e profissionais analisa seu papel em uma grande variedade de problemas mentais e de saúde pública, entre os quais depressão, transtornos de ansiedade, distúrbios alimentares, bullying, suicídio, abuso sexual e todos os tipos de violência, inclusive a familiar.

Como acontece com a crescente epidemia de violência, para muitos, a vergonha estranhamente se tornou uma forma de autoproteção e uma fonte popular de entretenimento. Xingamentos e assassinatos morais substituíram as discussões nacionais sobre religião, política e cultura. A vergonha é usada como uma ferramenta para criar, ensinar e disciplinar nossos filhos. Programas de televisão que prometem alianças impiedosas, traições, confrontos hostis, exclusão e humilhação pública alcançam altos índices de audiência de forma consistente. Ao mesmo tempo que usamos a vergonha para nos defender e nos entreter, tentamos compreender por que o mundo se tornou tão assustador, por que a política agora é um esporte sanguinolento, por que nossos filhos sofrem de altos níveis de estresse e ansiedade, por que a cultura popular parece estar tão decadente e por que as pessoas, em número cada vez maior, se sentem solitárias e desconectadas.

Como acontece com muitas epidemias, estamos tão focados no esforço de cuidar de nós mesmos e de nossa família que não enxergamos as ligações que permitem que o problema seja entendido e encarado como algo que ocorre em grande escala. Não conseguimos vê-lo em sua enormidade – achamos que se trata de alguma coisa pessoal ou de uma questão de autoestima, em vez de um sério problema social.

Para compreender melhor a experiência da vergonha, quero que conheça Susan, Kayla, Theresa e Sondra. Tive a oportunidade de entrevistá-las no início de minha pesquisa e de novo, anos mais tarde, depois de terem passado a aplicar as estratégias de resiliência à vergonha. Ao longo deste livro, suas histórias servirão como exemplos importantes de como é poderoso – e às vezes difícil – pôr em prática a coragem, a compaixão e a conexão.

Susan se aproximava dos 30 anos quando nos conhecemos. Ela estava casada havia três anos e tinha uma filha que acabara de celebrar o primeiro aniversário. Susan adorava o trabalho de fisioterapeuta, mas havia passado o ano anterior em casa com a bebê. Como a situação financeira da família ficou mais apertada, ela havia decidido voltar a trabalhar em meio período. Na nossa entrevista, recordou o dia em que achou que o trabalho perfeito havia caído em seu colo. Lembrou-se de como ficara encantada com o emprego. Não só recebera uma excelente oferta para trabalhar em meio período, como conseguira uma vaga para sua filha na creche da igreja que frequentava. Ansiosa por dividir a boa notícia, ela ligou para a irmã mais velha. Em vez de parabenizar Susan, a irmã reagiu dizendo: "Não entendo por que quis ter uma filha se não está interessada em cuidar dela." Susan lembra que foi como levar um soco na boca do estômago. "Eu mal conseguia respirar", contou ela. "Foi devastador. A primeira coisa que pensei foi que eu era uma péssima mãe. À noite, já estava quase descartando a proposta de emprego."

Quando entrevistei Kayla, ela estava com 40 e poucos anos e tinha construído uma carreira de sucesso na publicidade. Morava sozinha numa cidade grande da Costa Leste. O pai de Kayla havia acabado de receber o diagnóstico de Alzheimer e ela lutava para equilibrar as pressões da carreira com o novo papel de principal cuidadora do pai. Kayla explicou que o mais difícil era lidar com a chefe, Nancy, e a descreveu como "o tipo de pessoa com quem nunca se deve compartilhar informações pessoais". Quando lhe pedi que explicasse melhor, ela afirmou que a chefe havia aperfeiçoado a arte do ataque pessoal – quanto mais sabia sobre a vida de Kayla, mais munição armazenava. Dois anos antes, na época da morte da mãe, Kayla enfrentara uma depressão e contara a Nancy, que não teve o menor escrúpulo em abordar o assunto diante de outros colegas. Kayla sabia que, mesmo temendo ataques de Nancy, teria que faltar algumas vezes ao trabalho a fim de procurar um lugar onde pudesse instalar o pai. Por isso explicou a situação à chefe. Kayla ainda parecia chocada ao contar que, na primeira reunião da equipe depois da conversa, Nancy anunciara que Kayla seria afastada do projeto em que estava trabalhando. Kayla disse: "Ela olhou direto para mim e se dirigiu ao grupo: 'Vocês conhecem Kayla. Ela está sempre fazendo algum drama.'" Kayla descreveu aquele momento como sendo de "pura paralisia". "Eu congelei. Me senti tão pequena, tão exposta... Será que Nancy tinha razão? Sou mesmo maluca? Como pude ser tão estúpida a ponto de confiar nela?"

Quando conheci Theresa, ela estava com 35 anos e tinha três filhos com idades entre 3 e 11 anos. Descreveu uma experiência que provavelmente não durou mais do que cinco minutos, mas que representava para ela um de seus maiores conflitos. Theresa contou que, de pé diante do espelho, sentiu extrema ansiedade e ódio em relação ao seu corpo. Ela conta: "Era um daqueles dias em que nada cabia... Experimentei todas as calças jeans do armário." Ela se pegou apalpando a parte interna das coxas e beliscando as dobras de gordura abaixo do sutiã, repetindo: "Isso é nojento, eu sou nojenta." Theresa contou que o episódio foi ainda mais estressante porque os filhos estavam brigando por causa da televisão, em outro cômodo, enquanto o telefone tocava. Então começou a gritar com as crianças. "Alguém poderia atender o maldito telefone? Eu não sou a única que está ouvindo, droga!" Por fim, tapou o rosto com as mãos e começou a chorar. Quando afastou as mãos, viu o filho menor. Ele falou com voz assustada: "Mamãe *tá* triste. Desculpa." Ao fitá-lo, Theresa foi inundada por sentimentos de vergonha e culpa. Ela me contou que nunca esqueceria aquele dia e explicou: "Às vezes me canso de tudo: do meu corpo, dos meus filhos, da minha casa... da minha vida. Tenho essas imagens na cabeça de como eu gostaria que tudo fosse, e nunca nada é assim tão perfeito. Não consigo dar conta de tudo. Para completar, eu me sinto muito envergonhada quando desconto nas crianças."

Sondra, professora do ensino médio, com 50 e poucos anos, parecia ao mesmo tempo zangada e triste quando me contou: "Eu adorava debater política com meu cunhado. Fizemos isso durante anos. Certa noite, no carro, quando voltávamos para casa depois de um domingo em família, meu marido me disse que odiava quando eu discutia com o irmão dele. Confessou que sempre detestara. Falou assim: 'Donald é inteligente. Tem mestrado. Preferia que você não discutisse com ele.' Então me disse que eu parecia ignorante e burra e que o deixava mal. Desde então fico totalmente retraída quando estou perto da família dele."

Será que Susan, Kayla, Theresa e Sondra estão apenas enfrentando uma questão de autoestima? Não. A vergonha e a autoestima são questões bem diferentes. *Sentimos* vergonha. *Pensamos* na autoestima. A autoestima tem a ver com a forma como nos vemos – com nossos pontos fortes e limitações – ao longo do tempo. É como e o que pensamos de nós mesmos. A vergonha é uma emoção. É como nos sentimos quando passamos por determinadas experiências. Quando sentimos vergonha, não vemos o panorama geral. Não pensamos com clareza sobre nossos pontos fortes e nossas limitações. Apenas nos sentimos sozinhas, expostas e profundamente inadequadas. Minha amiga e colega Marian Makin descreveu a diferença entre a vergonha e a autoestima da seguinte forma: "Quando penso na minha autoestima, penso em quem sou em relação a quem gostaria de ser, penso de onde vim, o que me tornei, o que realizei. Quando sinto vergonha, sou levada a um lugar minúsculo onde perco a noção do contexto. Retorno a um lugar pequeno – não consigo ver mais nada. É apenas um lugar pequeno e solitário."

Se essas histórias não tratam da autoestima, poderiam estar apenas relacionadas às pessoas que nos cercam? Será que o problema de Susan se resume a uma irmã cruel? Kayla apenas foi vítima de um comentário insensível? Será que a luta de Theresa para alcançar a perfeição é um caso isolado? O marido de Sondra é o único problema dela? A resposta para todas essas perguntas é "não". Se olhar para os quatro exemplos relacionados a maternidade, trabalho, perfeccionismo e opinião, verá que a vergonha é a principal arma utilizada nessas guerras culturais.

Estamos constantemente ameaçando as mães com a vergonha de "não estarem fazendo o que é melhor para os filhos" ou por "tomarem decisões egoístas e ignorantes". De forma similar, a experiência de Kayla exemplifica a cultura da vergonha que tomou conta de muitos ambientes de trabalho. Espera-se que possamos manter a vida profissional e a pessoal artificialmente compartimentalizadas para alcançar o sucesso. Embora nos digam (e queiramos acreditar) "Sua vida não se resume ao seu trabalho", as mensagens dos chefes, dos colegas e da mídia contrariam essa afirmativa bem-intencionada com outra que diz "Você é exatamente o que você faz, quão bem você faz isso e o que você ganha para fazer".

Em relação aos conflitos de Theresa, precisamos compreender que a vergonha é a voz do perfeccionismo. Quer falemos de aparência, trabalho, maternidade, saúde ou família, não é a busca do perfeccionismo que é dolorosa; é o não cumprimento de expectativas inalcançáveis que leva à dolorosa onda de vergonha. Por fim, a história de Sondra é um exemplo do poder da vergonha como uma ferramenta social usada para nos manter em silêncio. Nada é mais eficiente para nos silenciar do que a vergonha.

Como se pode ver, a vergonha é muito mais do que uma questão de comentários insensíveis ou de autoestima. É uma experiência humana básica que cada vez mais se torna parte discriminatória e destrutiva de nossa cultura. Durante certas épocas e em certas situações, todos nós lutamos contra sentimentos de não sermos bons ou adequados o bastante e de não termos o suficiente. Descobri que a forma mais eficiente de superar tais sentimentos de inadequação é compartilharmos nossas experiências. Claro, nesta cultura, contar nossa história exige coragem.

Coragem, compaixão e conexão

Coragem é uma palavra do coração. Sua raiz é *cor* – que deriva de *coeur*, coração em latim. Em uma de suas acepções mais antigas, a palavra *coragem* significava "dizer tudo que está no coração". Essa definição modificou-se com o tempo e hoje costumamos associar coragem à bravura e a feitos heroicos. Mas, na minha opinião, essa definição não reconhece a força interior e o nível de compromisso exigidos de nós para de fato falar com sinceridade e abertamente sobre quem somos e nossas experiências – boas e ruins. Falar do fundo do coração é o que chamo de "coragem comum".

Não sei onde a expressão *coragem comum* apareceu pela primeira vez, mas eu a encontrei em um artigo sobre mulheres e jovens de autoria da pesquisadora Annie Rogers. Acredito que a ideia esteja ligada à importância de contar nossas histórias. É especialmente difícil praticar a coragem comum na nossa atual cultura da vergonha – uma cultura cheia de medo, recriminação e desconexão. Porém, a prática das estratégias deste livro ajudará todas nós a recuperarmos a coragem e o poder, e até mesmo a iniciarmos uma mudança na cultura.

Para compreender como a vergonha é influenciada pela cultura, é necessário pensar na nossa infância ou no início da vida adulta e em quando aprendemos a importância de sermos apreciadas, de nos enquadrar e de agradar os outros. As lições costumavam ser ensinadas pela vergonha – às vezes de forma escancarada, às vezes disfarçadamente. De uma forma ou de outra, todas nós nos lembramos da sensação de ser rejeitada, diminuída, ridicularizada. Com o passar do tempo, aprendemos a temer esses sentimentos. Aprendemos a modificar nossos comportamentos, pensamentos e sentimentos para evitar a vergonha. No processo, mudamos a pessoa que éramos e, em muitos casos, a pessoa que somos agora.

Nossa cultura nos ensina sobre a vergonha – é ela que dita o que é aceitável e o que não é. Não nascemos ansiando por corpos perfeitos. Não nascemos com medo de contar nossas histórias. Não nascemos com o medo de envelhecer demais e acabarmos não sendo mais valorizadas. Não nascemos com o catálogo de uma loja sofisticada em uma das mãos e uma dívida arrasadora na outra. A vergonha vem de fora – das mensagens e das expectativas de nossa cultura. O que vem de dentro é uma necessidade muito humana de pertencimento e de relacionamento.

Somos programadas para a conexão. É biológico. Na primeira infância, essa necessidade é uma questão de sobrevivência. À medida que crescemos, ela nos faz prosperar – do ponto de vista emocional, físico, espiritual e intelectual. Conectar-se é crucial, pois todas nós temos a necessidade básica de nos sentirmos aceitas, de acreditarmos que fazemos parte de um grupo e de sermos valorizadas pelo que somos.

A vergonha desfaz nossa conexão com os outros. De fato, costumo chamá-la de "medo da desconexão" – o medo de ser percebida como inadequada e indigna de aceitação ou acolhimento. A vergonha nos impede de contar nossas histórias e de ouvir as pessoas contarem as suas. Silenciamos nossas vozes e guardamos nossos segredos por medo da desconexão. Quando ouvimos outros falando da própria vergonha, costumamos recriminá-los como forma de nos proteger de sentimentos desconfortáveis. Ouvir alguém falar sobre uma experiência com a vergonha pode às vezes ser tão doloroso quanto experimentá-la em primeira mão.

Assim como a coragem, a empatia e a compaixão são componentes cruciais da resiliência à vergonha. A prática da compaixão nos permite ouvir a vergonha. A empatia, a mais poderosa ferramenta da compaixão, é uma habilidade emocional que nos permite reagir de forma significativa e solidária ao outro. A empatia é a capacidade de nos colocar no lugar do outro, de compreender o que alguém está vivenciando. Quando compartilhamos uma experiência difícil com alguém e essa pessoa reage de forma aberta, profundamente conectada, isso é empatia. Desenvolver a empatia pode enriquecer os relacionamentos que mantemos com nossos parceiros, colegas, parentes e filhos. No Capítulo 2, vou me debruçar sobre o conceito de empatia. Você vai entender como ela funciona, como podemos aprender a ser empáticos e por que o oposto de experimentar a vergonha é experimentar a empatia.

O pré-requisito para a empatia é a compaixão. Só é possível reagir com empatia se estivermos dispostos a ouvir a dor do outro. Pode-se pensar que a compaixão é uma virtude dos santos. Não é. Na verdade, a compaixão é possível para qualquer um que seja capaz de aceitar os conflitos que nos tornam humanos – nossos medos, imperfeições, perdas e vergonha. Quando alguém conta a própria história, só podemos reagir com compaixão se já tivermos assumido nossa própria história – com a vergonha e tudo o mais. A compaixão não é uma virtude – é um compromisso. Não é algo que temos ou não – é algo que escolhemos praticar. Podemos estar com alguém que sente vergonha e nos abrir o bastante para ouvir sua história e dividir sua dor?

Uma visão geral do livro

Este livro é dividido em 10 capítulos, além desta Introdução. No Capítulo 1, compartilho histórias e exemplos com o objetivo de desenvolver uma definição de vergonha e diferenciá-la de outras emoções como a culpa, a humilhação e o constrangimento. No Capítulo 2, exploro os aspectos básicos da resiliência: empatia, coragem, compaixão e conexão.

Os Capítulos 3 a 6 se concentram nos quatro elementos da resiliência à vergonha. Na minha pesquisa, descobri que mulheres com altos níveis de resiliência tinham quatro pontos em comum. Quando praticados em conjunto, esses quatro elementos levam à resiliência. Em cada um desses quatro capítulos, apresento estratégias específicas que podem ser usadas para desenvolver a resiliência à vergonha, além de informações sobre como superar alguns dos obstáculos mais comuns que surgem quando começamos a pôr em prática essas estratégias.

A cultura da vergonha é impulsionada pelo medo, pela recriminação e pela desconexão, e costuma ser uma poderosa incubadora para problemas como o perfeccionismo, os estereótipos, as fofocas e os vícios. Nos Capítulos 7 a 9, exploro essas e outras questões dentro do contexto do desenvolvimento e da manutenção da resiliência à vergonha. O capítulo final apresenta propostas para uma real mudança cultural: o que a resiliência à vergonha significa para nossos filhos, para os homens que fazem parte de nossa vida, para nossa vida espiritual, para nosso ambiente de trabalho e nossa família?

A vergonha é um assunto difícil. Porém, por mais dolorosas que sejam algumas das histórias, a franqueza crua de suas verdades confirma que as informações e as ideias deste livro são tremendas fontes de esperança e promessa para as mulheres. *Acredito que somos todas capazes de desenvolver a resiliência à vergonha.* Somos todas capazes de transformar a dor causada pela vergonha em coragem, compaixão e conexão. Igualmente importante: somos todas capazes de ajudar outras mulheres a fazerem o mesmo.

No entanto, é vital reconhecer a complexidade desse trabalho. Não se trata de "quatro passos simples" para chegar à resiliência nem de uma receita descomplicada para superar a vergonha. Respostas prontas não funcionam quando se trata de lidar com uma questão como a vergonha ou, aliás, com qualquer questão humana complexa. De fato, pode até ser motivo de vergonha acreditar que existem soluções simples para problemas complicados – tendemos a nos recriminar por não sermos capazes de "captá-las".

Já foi dito que a verdadeira liberdade está em libertar os outros. No espírito dessa poderosa definição, minha maior esperança é que possamos superar nossas diferenças e nossa vergonha para compartilhar nossas histórias e nos conectar com aquelas que precisam ouvir: "Você não está sozinha."

UM

Compreender a vergonha

Quando as pessoas me perguntam como acabei me tornando pesquisadora da vergonha, respondo que minha carreira foi construída em torno de uma frase: "Não se pode usar a vergonha ou a humilhação para fazer as pessoas mudarem de comportamento." Aos 20 e poucos anos, eu trabalhava numa instituição terapêutica para crianças. Certo dia, durante uma reunião da equipe, o diretor clínico que supervisionava o trabalho terapêutico oferecido às crianças nos falou sobre como ajudá-las a tomar decisões melhores. "Sei que desejam ajudar essas crianças, mas precisam compreender o seguinte: não se pode usar a vergonha ou a humilhação para fazer as pessoas mudarem de comportamento."

Ele explicou ainda que, independentemente de nossas intenções, não podíamos desencadear mudanças positivas nas pessoas ao diminuí-las, ameaçá-las com rejeição, humilhá-las diante dos outros ou menosprezá-las. No momento em que aquelas palavras foram proferidas, fui absolutamente tomada por essa ideia. Durante semanas, pensei em pouca coisa além disso. No entanto, por mais que eu refletisse sobre o assunto ou repetisse a frase em voz alta, não conseguia assimilar de todo a questão. Havia momentos em que eu achava que era, na melhor das hipóteses, uma ilusão, um mero desejo e então, por breves segundos, eu acreditava que era a coisa mais verdadeira que já tinha ouvido. Apesar da minha confusão, eu reconhecia que ali estava algo de incrível importância para a compreensão da vergonha.

Acabei passando os 10 anos seguintes pesquisando esse sentimento e seu impacto sobre nossas vidas. Por fim, deixei o emprego naquela instituição para fazer pós-graduação. Nos sete anos seguintes fiz mestrado e doutorado em assistência social. Minha formação inteira foi conduzida por aquela afirmativa poderosa: "NÃO SE PODE usar a vergonha ou a humilhação para fazer as pessoas mudarem de comportamento." Eu queria entender como e por que recorremos à vergonha. Também queria compreender as consequências da tentativa de usar a vergonha para mudar as pessoas. Isso não significa que eu publicamente "estudasse a vergonha" – eu apenas ouvia, aprendia e testava cada informação nova à luz daquela afirmação. E aqui está o que aprendi:

- É possível usar a vergonha ou a humilhação para transformar as pessoas ou seus comportamentos? *Sim e não. Sim, é possível tentar. De fato, se você realmente focar em determinada vulnerabilidade exposta, é possível detectar uma mudança imediata de comportamento.*
- A mudança será duradoura? *Não.*
- Ela vai doer? *Sim, a dor é insuportável.*
- Causará danos? *Sim, com potencial de marcar tanto a pessoa que usou a vergonha como instrumento de persuasão quanto aquela que foi envergonhada.*
- Emprega-se a vergonha com muita frequência para tentar mudar as pessoas? *Sim, a cada minuto do dia.*

Também aprendi que a maioria das pessoas, senão todas, constrói partes significativas de suas vidas em torno da vergonha. Indivíduos, famílias e comunidades empregam-na como ferramenta para promover mudanças nos outros e para se proteger. Com isso, criou-se uma sociedade que falha em reconhecer a dimensão do dano que a vergonha causa a nosso espírito e à alma de nossa família e comunidade.

Um dos motivos que nos impedem de ver as relações entre nossos conflitos pessoais e questões culturais mais amplas remonta ao aspecto "silencioso" da "epidemia silenciosa". Não falamos sobre a vergonha. Experimentamos, sentimos e às vezes vivemos com ela a vida inteira, mas não conversamos sobre o assunto. Quando foi a última vez que você teve uma conversa significativa sobre o tema? Se você é como a maioria das pessoas, a resposta é "nunca". Apesar da abertura relativamente recente de nossa sociedade para a discussão de emoções como o medo e a raiva, a vergonha permanece um tabu.

Acho importante compreender que não são apenas os "leigos" que evitam o tema. Também acontece com os profissionais de saúde mental, pesquisadores, médicos e outros especialistas, justamente a quem costumamos recorrer para identificar e deflagrar as primeiras discussões sobre epidemias sociais. Depois que concluí a primeira parte da minha pesquisa, passei sete meses viajando pelos Estados Unidos, apresentando meu trabalho para profissionais da área de saúde. Muitos deles, até mesmo aqueles que praticavam medicina ou psicoterapia havia muitas décadas, compareciam a uma oficina sobre a vergonha pela primeira vez. Nos formulários de avaliação, muitos escreveram que havia sido uma das oficinais mais árduas, sob o aspecto pessoal, de que participaram e vários outros observaram que fora o primeiro contato com uma pesquisa sobre a vergonha.

Diferentemente de muitos outros temas estudados por aqueles profissionais, não existe um "nós e eles" quando se trata de vergonha. Como profissionais, não nos damos ao luxo de pensar: "Deixe-me aprender sobre esse tema que afeta meus pacientes para que eu possa ajudá-los." A vergonha é universal – ninguém é poupado. Se não conversarmos sobre o assunto e examinarmos o impacto em nossa vida, com certeza não teremos condição de ajudar os outros.

Claro, existem pesquisadores e profissionais desenvolvendo um importante trabalho sobre as mulheres e a vergonha – June Tangney e Ronda Dearing, pesquisadoras e clínicas no Stone Center do Wellesley College, Harriet Lerner e Claudia Black, apenas para mencionar alguns nomes. Porém, em minha experiência, constatei que o tema permanece tão silenciado entre os profissionais de saúde mental quanto na comunidade em geral.

É importante compreender esse "silêncio profissional" porque existem estudos que identificam a vergonha como a emoção dominante experimentada por pacientes psiquiátricos, superando a raiva, o medo, o luto e a ansiedade. Assim, se as comunidades de saúde pública e mental não falam no tema nem fornecem lugares seguros para as pessoas receberem ajuda em questões que envolvem a vergonha, como podemos começar a falar no assunto? Como confrontamos um sentimento ou uma experiência que, por sua própria natureza, é algo que não queremos mencionar?

Definindo a vergonha

Essas perguntas mostram o poder absoluto da vergonha. Todos nós a sentimos. No entanto, ao descrevê-la, quando tentamos torná-la compreensível aos outros, temos dificuldade de encontrar as palavras. E, mesmo quando as encontramos, é raro que as pessoas queiram ouvir. É doloroso experimentar a vergonha. Ouvir a experiência de alguém pode ser igualmente doloroso.

Logo considerei que o primeiro passo para a compreensão da vergonha seria criar um vocabulário compartilhado para comunicar nossas experiências. Assim, meu primeiro objetivo foi desenvolver uma definição de vergonha. Quando pedia a participantes da pesquisa que explicassem o sentimento da vergonha, eles me davam uma definição pessoal ou compartilhavam uma experiência como exemplo. Seguem algumas dessas definições:

"A vergonha é aquele sentimento na boca do estômago que é sombrio e dói muito. Não se pode falar sobre ela nem explicar a sensação ruim que ela provoca, porque todo mundo ficaria sabendo do seu 'segredinho sujo'."

"Vergonha é ser rejeitado."

"Você se esforça para mostrar ao mundo o que ele quer ver. A vergonha acontece quando lhe arrancam a máscara e suas partes reprováveis são expostas. A sensação de ser visto é insuportável."

"Vergonha é a sensação de ser um forasteiro – de não fazer parte."

"Vergonha é se odiar e compreender por que os outros o odeiam também."

"Acho que é uma questão de autodesprezo."

"A vergonha é como uma prisão. Mas uma prisão onde você merece estar porque há algo de errado com você."

"Vergonha é ser exposto – as partes inadequadas que você deseja ocultar são reveladas. Você tem vontade de se esconder ou de morrer."

Como se pode compreender por meio desses exemplos, é praticamente impossível explicar a vergonha sem evocar os sentimentos poderosos e avassaladores a que ela está associada. Quando perguntei como era a sensação de vergonha, as mulheres empregaram termos como *devastadora, nociva, desgastante, excruciante, pequena, incrivelmente solitária, rejeição* e *a pior de todas as sensações*. Costumo me referir a ela como uma emoção de "alto impacto". Quando a vivenciamos ou mesmo quando ouvimos o relato da experiência de vergonha de alguém, costumamos ter uma reação física e visceral. É avassalador do ponto de vista emocional, mas também a sentimos no corpo.

Depois de ouvir definições tão diversas e ao mesmo tempo tão fisicamente correlatas, percebi que seria benéfico ter uma definição simples que capturasse a emoção e o significado que ouvi nas entrevistas. Por isso, compilei minhas anotações, analisei-as e desenvolvi a seguinte definição conceitual:

A vergonha é o sentimento ou a experiência intensamente dolorosa de acreditar que somos inadequados e por isso indignos de aceitação ou acolhimento.

Embora essa definição sirva como ponto de partida, o que realmente promove nossa compreensão do que é a vergonha são os exemplos compartilhados por mulheres em seu esforço para encontrar palavras que traduzissem o conceito.

"Vergonha é o comportamento odioso da minha mãe em relação ao meu peso. Toda vez que eu e minha família vamos visitá-la, a primeira coisa que ela diz é 'Meu Deus, você ainda está gorda!' e a última coisa, quando estou saindo pela porta, é 'Tomara que você consiga emagrecer um pouco'. Ela já arrasou tanto a minha autoestima que a essa altura seria de imaginar que estaria satisfeita. Mas não, ela continua."

"Não odeio sexo. Não sou uma praticante muito entusiasmada, mas não odeio completamente. Tenho três filhos e não vejo mais nenhum sentido em fazer sexo. Se nunca mais fizesse, estaria tudo bem, e sei que isso não é normal, o que me deixa muito envergonhada. Como se alguma coisa estivesse de fato errada comigo. Detesto aqueles artigos que dizem que o casal mediano faz sexo três vezes por semana. Fico pensando: 'Minha nossa, não é o meu caso.' E sinto muita vergonha, pois realmente não me importaria de nunca mais fazer sexo. Isso é ruim porque sei que meu marido não pensa assim. Ele poderia muito bem ser uma daquelas pessoas que faz três ou quatro vezes por semana."

"Quando eu estava no ensino médio, minha mãe se suicidou. Enforcou-se em seu quarto, na nossa casa. Um policial do bairro a encontrou. Daquele dia em diante, passei a ser 'a filha da mulher que se enforcou'. Foi a pior coisa que podia ter acontecido na minha vida. Meu pai me obrigou a concluir o ensino médio no bairro onde morávamos, mas, depois disso, nunca mais voltei lá. Papai morreu alguns anos depois e de certo modo me senti aliviada, pois não precisei mais botar os pés naquele bairro. É engraçado, pois acho que, se mamãe tivesse morrido de câncer ou de outra coisa, as pessoas teriam sido mais compreensivas. Não teriam sido tão cruéis. Mas, quando se trata de suicídio, é completamente diferente. Minha mãe passou a ser a louca que se enforcou; logo isso significava que eu devia ser louca também. Acho até que os pais de alguns amigos ficaram com medo de mim e do meu pai. Isto é vergonha."

"Meu filho mais velho é dependente de drogas. Os irmãos o desprezam. Quando ele vem passar o fim de semana em casa ou apenas fazer uma visita, é sempre uma situação horrível. Minha filha diz: 'Mamãe, esconda todas as coisas de valor. Não deixe a bolsa em cima da mesa.' Caramba, eles estão falando do irmão. Acho que têm razão, mas não sei o que fiz, não sei por que isso está acontecendo, e sinto muita vergonha dele e também da forma como o tratamos. Neste momento, acho que é a situação mais difícil que minha família enfrenta."

"Quando eu era adolescente, o namorado da minha tia abusou de mim. Contei para minha irmã mais velha, que contou para os meus pais. Não lembro exatamente as palavras deles, mas chamaram a mim e a minha irmã na sala e disseram que não deveríamos falar daquilo com ninguém. Mamãe avisou que resolveria com minha tia. Não sei o que aconteceu, mas nunca mais o vi. Minha tia nunca conversou comigo a respeito. Minha irmã ficou com raiva dos meus pais durante anos. Eu simplesmente me tornei uma pessoa quieta. Envergonhada e quieta."

"Acho que tudo relativo ao corpo pode causar vergonha. É como se você nunca visse corpos normais nem lesse nada sobre o que costuma acontecer com os corpos normais. Acho que estamos sempre pensando: 'Será que os peitos das outras mulheres são assim?' 'Será que as outras pessoas têm pelo aqui e ali não?' 'Será que também têm esse cheiro?' 'Essa aparência é normal?' 'Será que é comum ter espinhas nesse local?' Quando identificamos algo em nosso corpo que não vemos nas pessoas perfeitas da TV ou das revistas, acabamos nos perguntando se somos os únicos daquele jeito e passamos a ter vergonha. A vergonha é quando alguma coisa em nós mesmas nos causa repulsa – quando seu próprio corpo a deixa doente. Gostaria de encontrar um livro que contivesse toda a informação, como os 20 cheiros que seu corpo pode ter ou fotos de seios de 50 'mulheres normais'. Então poderia olhar e dizer: 'Ah, ok, eu sou normal.' Mas aí vem a pergunta: 'Quem posaria para essas fotos?' Provavelmente não seriam pessoas normais. Então você ficaria se comparando com gente maluca. É simplesmente ridículo que ninguém jamais fale das coisas esquisitas por medo de ser o único a ter tal problema. Então é duplamente pior, porque você sente vergonha e acha mesmo que deveria sentir."

"Há cinco anos pedi demissão, e meu marido e eu pegamos um empréstimo para que eu pudesse iniciar meu próprio negócio de venda de roupas on-line. Depois de dois anos, tive que fechar a loja. Foi uma catástrofe. Você sempre ouve falar de pessoas que desistem de tudo para seguir seus sonhos, e elas são sempre bem-sucedidas e felizes. Estou endividada, arranjei um emprego que odeio e me sinto envergonhada por não ter conseguido fazer meu negócio dar certo. Empolguei todo mundo ao meu redor e então fracassei. Sinto vergonha por ser um fracasso."

"Quando éramos pequenas, minha irmã e eu costumávamos brigar o tempo todo para ver quem era a preferida da mamãe. Agora brigamos para saber quem vai ter de cuidar dela e em que casa ela vai ficar... Aí você olha para si mesma, olha para seus filhos e pensa: 'Meu Deus, um dia eles vão brigar assim para decidir quem cuidará de mim?' Depois diz para si mesma: 'Ah, comigo vai ser diferente.' Então lembra que sua mãe acreditava nisso também e pensa: 'Ai, meu Deus, e se ela soubesse que estamos brigando para ver quem vai ficar com o fardo de tomar conta dela?' Quer dizer, não sei se minha irmã sente vergonha, por essa dificuldade de lidar com minha mãe, mas eu certamente sinto."

"A infertilidade era uma vergonha para mim por ser um sentimento solitário. Era como se ninguém mais pudesse entender minha dor, especialmente as pessoas à minha volta que tinham filhos. Você sente que há algo errado com você ou que está sendo punida por alguma coisa que fez. E se questiona lá no fundo se não seria, de algum modo, algo 'planejado' porque você é inadequada para o papel de mãe."

"Meu marido é um empresário bem-sucedido, é um líder em nossa igreja, bom marido e bom pai. Não há nada seriamente errado com ele, mas acho que é viciado em pornografia. Nunca conversamos sobre isso e só falei sobre o assunto com minha irmã. O conselho dela foi que eu não me preocupasse. Eu só sei que ele fica no computador até bem tarde da noite e que há vários sites na fatura do nosso cartão de crédito. Eu nem desconfiava até o dia em que, ao procurar o endereço de alguém no nosso e-mail, vi as mensagens dos sites pornô. Se alguém descobrir, eu morro. Não só vão achar que ele é pervertido, como vão pensar que há alguma coisa errada comigo. Que, de algum modo, eu sou a culpada de ele precisar buscar sexo na internet. Não consigo nem falar com ele sobre o assunto – eu morreria de vergonha se mais alguém descobrisse."

A dor presente nessas histórias é palpável. Ao mesmo tempo que nossa sociedade adota a vergonha, a recriminação, o julgamento e a rejeição, também valoriza imensamente a aceitação e o senso de pertencimento. Em outras palavras, nunca foi tão impossível "se enquadrar"; ao mesmo tempo, "se enquadrar" nunca foi tão importante nem tão valorizado.

Um apelo precoce por compaixão

Se este livro vai servir como uma ferramenta útil na nossa jornada em busca da resiliência à vergonha, acho que é de suma importância reconhecer, logo de início, como é difícil ler algumas das histórias aqui narradas – e como pode ser doloroso simplesmente ouvir a "vergonha". Quando um amigo ou parente relata uma situação envolvendo a vergonha ou mesmo quando ouvimos falar de uma experiência com um desconhecido, ao ler um livro, por exemplo, com frequência temos uma de duas reações possíveis.

Se nos identificamos, porque se trata de uma questão que já enfrentamos, a experiência é ao mesmo tempo dolorosa e estranhamente reconfortante. A dor brota ao nos vermos forçados a pensar sobre algo que provavelmente tentaríamos varrer para debaixo do tapete. O conforto vem do reconhecimento de que não estamos sozinhos em nossos conflitos. Não somos os únicos.

Uma das razões que tornam a vergonha tão poderosa é sua capacidade de fazer com que nos sintamos sós. Como se fôssemos os únicos a passar por aquilo ou diferentes de todo mundo. Ouvir histórias que espelham nossa experiência ajuda a entender que não estamos sós. Naturalmente, se a história nos atinge "na mosca", podemos realmente nos sentir dominados pela vergonha. Em vez de apenas ouvir e reagir à experiência de outra pessoa, mergulhamos em nosso próprio sentimento de vergonha.

Quando escutamos histórias de vergonha que nunca vivenciamos, nossa primeira reação, com frequência, é o distanciamento: "Minha mãe nunca diria uma coisa dessas" ou "Não entendo mulheres que não gostam de sexo" ou "Ela é tão ingênua; o marido dela é maluco". O distanciamento se transforma muito depressa em recriminação, julgamento e rejeição. Isso alimenta a epidemia de vergonha. Deixe-me dar um exemplo do meu próprio esforço para praticar a compaixão.

Quando entrevistei Allison, a jovem cuja mãe cometera suicídio, fiquei chocada com a reação dos amigos, vizinhos e até dos professores dela. Depois da morte da mãe, durante meses, Allison não pôde ir a lugar nenhum sem ouvir cochichos, experimentar o isolamento – porque as pessoas se afastaram dela intencionalmente – ou ser confrontada por perguntas inapropriadas sobre os detalhes do suicídio. A princípio, Allison sentiu que essa rejeição era injusto; ela sabia que não era sua culpa e que a doença mental da mãe não se refletia nela. Mas, como os cochichos continuaram, ela começou a acreditar que o suicídio da mãe significava, de algum modo, que ela também era "defeituosa" (palavra dela). Foi nesse momento que a vergonha começou e a deixou entregue ao ostracismo e à solidão.

Fiquei pensando nessa entrevista durante umas duas semanas. Sentia grande compaixão e empatia por Allison, porém, fui tomada também por sentimentos de raiva, julgamento e recriminação. Sentia uma raiva "justificada" em relação àquelas pessoas desprovidas de qualquer sensibilidade, que a trataram de forma tão injusta. Passei dias pensando na minha reação àquela história até que, por fim, me vi diante de algumas duras verdades.

Em primeiro lugar, se estamos abertos a compreender a vergonha, devemos procurar compreender não apenas as experiências de Allison, mas as reações daqueles à sua volta. Não podemos simplesmente "transferir a vergonha" de Allison para os "vizinhos insensíveis". Colocar os vizinhos e amigos em uma posição vergonhosa seria igualmente destrutivo. Em segundo lugar, temos que ir mais fundo e ser sinceros sobre como reagiríamos caso fôssemos um vizinho ou amigo de Allison.

Se, ao voltar do trabalho, eu visse uma ambulância e carros de polícia cercando a casa de um vizinho, imediatamente telefonaria para alguém das redondezas para saber o que havia acontecido. Talvez eu não me dirigisse ao local e ficasse ali bisbilhotando, porque prefiro acreditar que estou acima disso – ou pelo menos gostaria que meus vizinhos acreditassem nisso. Mas ligaria para alguém que tivesse ido até o local, o que é ainda pior. A menos que eu estivesse ciente da minha atitude e evitasse as fofocas, provavelmente seria igualmente culpada de falar no assunto, especular os motivos, investigar os detalhes e chegar a conclusões equivocadas. Posso até imaginar conversas em que diríamos coisas como "Sabia que havia algo de errado naquela casa" ou "Sabe, um dia eu a vi...". Talvez eu chegasse mesmo a tirar conclusões a respeito da estabilidade mental do pai de Allison ou da própria Allison, depois de um acontecimento tão traumático. Talvez eu não me sentisse à vontade de permitir que minha filha brincasse na casa da família dela.

Em outras palavras, eu poderia me tornar exatamente aquilo que odiei e, a princípio, recusei a entender. Por quê? Porque sou uma pessoa terrível, como os professores, os vizinhos e os amigos de Allison? Não. Porque sou humana, e situações assim podem despertar nossos medos, ansiedade, pesar e às vezes até nossa própria vergonha. E para aliviar sentimentos tão avassaladores, procuramos uma ligação com os outros – às vezes de formas incrivelmente cruéis e destrutivas, como por meio de fofocas e excluindo pessoas.

Se quisermos realmente chegar ao cerne da questão, precisamos compreender mais do que a sensação da vergonha. Precisamos compreender quando e por que costumamos adotar comportamentos que envergonham os outros, de que forma podemos desenvolver a resiliência à vergonha e de que maneira devemos, conscientemente, nos esforçar para não fazer com que os outros passem por uma situação de vergonha. Nem todas as histórias apresentadas aqui espelharão nossas experiências, mas suspeito que muitas parecerão perturbadoramente familiares. Nosso nível de resiliência à vergonha não depende somente de nossa capacidade de reconhecer tais comportamentos e emoções em nós mesmos, mas também da capacidade de estabelecer conexões com os outros. Essas conexões exigem que compreendamos o que temos em comum quando o assunto é vergonha.

Vergonha para iniciantes

O que precisamos saber e compreender para desenvolver resiliência à vergonha? Como nos conectamos com nosso verdadeiro eu e desenvolvemos relações significativas com outras pessoas? Por que, quando se trata de isolar o sentimento da vergonha, há tanto poder e liberdade na simples compreensão das profundas conexões entre todas as nossas experiências?

São perguntas complexas e antes de responder a elas precisamos examinar o que há de mais básico sobre a vergonha. Nesta seção, vamos desenvolver nossa compreensão sobre o tema – inclusive aprendendo a diferenciar vergonha de culpa, humilhação e constrangimento – e entender como a vergonha opera em nossa vida. Assim que construirmos essa base, muitas das conexões que pareciam fugazes começarão a emergir e fazer sentido no contexto da vida de cada um.

Constrangimento, culpa, humilhação e vergonha

Falar sobre vergonha é difícil, e um dos principais motivos dessa dificuldade é o vocabulário. Com frequência empregamos termos como *constrangimen-*

to, *culpa*, *humilhação* e *vergonha* como se fossem intercambiáveis. Sem pensar muito, cochichamos "Aquilo foi tão humilhante!" ao nos referirmos ao dia que saímos do banheiro com papel higiênico preso no sapato. Ou gritamos "Que vergonha!" para uma criança que teve a infeliz ideia (condizente com a idade) de colorir a mesa em vez de usar o caderno.

Pode parecer exagero enfatizar a importância de se utilizar o termo adequado para descrever uma experiência ou emoção. No entanto, trata-se de bem mais do que semântica. "Falar a língua da vergonha" ou ser capaz de identificar e rotular tais emoções é justamente um dos quatro elementos da resiliência à vergonha.

Na comunidade que pesquisa esse tema, há debates interessantes sobre as relações entre constrangimento, culpa, humilhação e vergonha. Embora haja um pequeno grupo de pesquisadores que acredita que esses quatro sentimentos são relacionados e que representam diversos graus da mesma emoção central, a maioria acredita que se trata de quatro experiências distintas e separadas. Como a maior parte dos estudos sobre vergonha, a minha pesquisa defende enfaticamente que constrangimento, culpa, humilhação e vergonha são quatro reações emocionais distintas.

O constrangimento é o menos intenso dessas emoções. As entrevistadas descreveram "situações constrangedoras" como sendo muito menos sérias do que a culpa e a vergonha. O constrangimento é, por definição, algo fugaz, com frequência até engraçado e bem comum (por exemplo, tropeçar, pronunciar errado uma palavra, etc.). Não importa quão embaraçosa é a situação, sabemos (ou pelo menos já ouvimos falar) que acontece com outras pessoas e que vai passar. Não quero sair do banheiro com papel higiênico grudado no sapato, mas, se acontecer, tenho consciência de que não fui a primeira nem a única a fazer isso.

A culpa é provavelmente o termo que costuma ser usado no lugar de vergonha com mais frequência. E, infelizmente, os efeitos desse equívoco transcendem a semântica e a "confusão de termos". Muitas vezes, quando tentamos envergonhar os outros ou a nós mesmos no intuito de mudar um comportamento, fazemos isso **sem** compreender as diferenças entre vergonha e culpa. E isso é importante, porque com frequência a culpa pode ser usada como motivação positiva para a mudança, enquanto a vergonha em geral leva a um comportamento pior ou à paralisia.

A culpa e a vergonha são emoções de autoavaliação. E as semelhanças terminam aí. A maioria dos estudiosos da vergonha concorda que a distinção entre as duas fica clara na diferença entre as frases "Sou ruim" (vergonha) e "Fiz algo ruim" (culpa). A vergonha diz respeito a quem somos e a culpa, a nossos comportamentos. Se me sinto culpada por colar numa prova, minha voz interior pode dizer coisas do tipo: "Não devia ter feito isso. Foi mesmo uma idiotice. Colar não é algo em que acredito, tampouco algo que quero fazer." Se sinto vergonha por ter colado na prova, minha voz interior provavelmente vai soar assim: "Sou uma mentirosa e uma farsante. Sou muito burra. Sou uma pessoa ruim."

A culpa é consequência de um ato ou de um comportamento que contraria nossa ética, nossos valores e nossas crenças. Avaliamos o comportamento (colar numa prova) e sentimos culpa quando ele é inconsistente com o que queremos ser. A vergonha ocorre quando nos concentramos em quem somos, não naquilo que fizemos. O perigo de dizer a nós mesmos que somos más, farsantes e que não temos valor é que acabamos acreditando nisso. E a pessoa que acredita que "não tem valor" tem mais chances de continuar a enganar e a corresponder a esse rótulo do que aquela que sente culpa.

Como tantos estudiosos, cheguei à conclusão de que é bem mais provável que a vergonha gere comportamentos destrutivos do que funcione como solução. É da natureza humana desejar segurança e valorização. Na vergonha, nos sentimos isolados e desesperados por acolhimento e reconhecimento. É quando sentimos vergonha ou medo da vergonha que temos mais chance de adotar comportamentos autodestrutivos, de atacar ou humilhar os outros ou de nos omitir ao ver que alguém precisa da nossa ajuda.

Por outro lado, quando pedimos desculpas por algo que fizemos, quando acertamos as contas com os outros ou modificamos um comportamento que não nos fazia sentir bem, a culpa é quase sempre o motivador. Reconhecer que *cometemos um erro* é bem diferente de acreditar que *somos um erro*. É claro que é possível fazer uso da vergonha para obrigar alguém a dizer "Sinto muito", mas raramente serão palavras sinceras.

Costumam me perguntar se a mesma experiência pode provocar vergonha em alguém e culpa ou constrangimento em outra pessoa. A resposta é sim. É por isso que precisamos tomar cuidado para não fazer suposições sobre o que provoca a vergonha. Para ilustrar, usarei um exemplo bem trivial: lembrar datas de aniversário. Houve momentos na minha vida em que esquecer o aniversário de alguém próximo, especialmente de parentes ou de amigos íntimos, de fato me deixava constrangida: "Não posso acreditar que esqueci disso." Mas eu me recuperava depressa com um simples telefonema: "Estou tão constrangida por ter esquecido seu aniversário... Espero que tenha sido um dia ótimo."

Houve outras épocas em que me sentia muito culpada por esquecer o aniversário de alguém porque não era apenas um lapso ou um deslize. Aquilo refletia uma falta de prioridades – prioridades que não me agradavam e que eu gostaria de mudar.

No entanto, quando voltei a trabalhar após o nascimento de minha filha, Ellen, pequenas coisas, como esquecer de enviar um cartão de aniversário ou de telefonar para confirmar a presença em uma festa, provocavam em mim sentimentos muito fortes de vergonha. Às vezes eu me pegava elaborando mentiras enormes para explicar por que deixara de telefonar ou de mandar um presente. Naquela época da minha vida, a sensação que eu tinha era de fazer tudo pela metade. Eu me sentia uma professora medíocre, uma mãe e esposa medíocre, uma amiga medíocre, uma irmã e filha medíocre. Assim, ao esquecer um aniversário, eu não pensava: "Puxa vida, não dá para acreditar que fui esquecer logo disso." Eu dizia algo como: "Meu Deus, como sou estúpida. Não consigo fazer nada direito."

Agora Ellen está com 7 anos e voltei recentemente a trabalhar depois de passar vários meses em casa com meu segundo bebê, Charlie. Ainda me esforço para me lembrar de aniversários e combater a sensação de estar sobrecarregada ou de ser medíocre às vezes, mas consegui voltar ao sentimento de culpa. Decidi que lembrar dos aniversários é importante para mim. Porém, também reconheci que equilibrar o trabalho e a criação dos filhos exige muita flexibilidade e planejamento. Agora, além dos cartões convencionais, costumo ter à mão outros, com mensagens de aniversário atrasadas. Portanto, como acabamos de ver, é possível experimentar constrangimento, culpa ou vergonha em relação às mesmas situações. Tudo depende do momento que vivemos.

Humilhação é outra palavra que costuma ser confundida com *vergonha*. Donald Klein captura as diferenças entre os dois conceitos ao escrever: "As pessoas acreditam que merecem a vergonha; não acreditam que merecem a humilhação." Se voltarmos às definições iniciais das participantes da pesquisa, veremos que um dos temas recorrentes é o conceito de "merecimento". Uma mulher disse: "Vergonha é se odiar e compreender por que os outros a odeiam também." Outra chegou realmente a usar o verbo *merecer* e disse: "A vergonha é como uma prisão. Mas uma prisão onde você merece estar porque há algo de errado com você."

Deixe-me dar um exemplo da diferença entre vergonha e humilhação retirado da minha pesquisa recente sobre a forma como a vergonha é empregada na educação dos filhos e na escola. Se um professor anuncia a nota ruim de um aluno diante da turma e o chama de "burro", a criança provavelmente experimenta vergonha ou humilhação. Se ela acredita que a atitude do professor e o adjetivo "burro" são injustos, que ela não os merece, é provável que sinta humilhação, não vergonha. Se, por outro lado, a criança acredita na mensagem de que é burra e de que merece ser chamada assim diante dos colegas, isso leva à vergonha.

Com base na pesquisa sobre o impacto da vergonha na educação dos filhos e na disciplina escolar, acredito que ela costuma ser bem mais destrutiva do que a humilhação por dois motivos. Primeiro, é muito ruim para uma criança ser rotulada de "burra" na escola, mas é ainda mais prejudicial ela realmente acreditar que é burra. Se a vergonha a leva a crer que é burra, esse é o começo de uma batalha que pode durar a vida inteira.

Em segundo lugar, quem experimenta a humilhação está bem mais propenso a chegar em casa e contar o que aconteceu aos pais ou responsáveis do que quem experimenta a vergonha. Quando a criança fala sobre a experiência humilhante, temos a oportunidade de ajudá-la a superar e de tratar da questão com os professores e a direção da escola. Aquela que sente vergonha internaliza as mensagens e costuma se comportar mal ou se fechar.

Naturalmente, precisamos compreender que repetidas humilhações podem se transformar em vergonha. Se uma pessoa que serve de modelo para a criança, como um professor ou pai, a chamar repetidas vezes de burra, há chances de que ela acabe acreditando. De fato, somos todos muito suscetíveis a transformar nossas experiências humilhantes em vergonha, sobretudo quando aquele que está nos humilhando é alguém que estimamos ou que percebemos ter mais poder do que nós, como um chefe, um médico ou um líder religioso.

Uma vez que conseguimos distinguir constrangimento, culpa, vergonha e humilhação, podemos também examinar por que experimentamos a vergonha e como ela nos afeta. Compreender "como e por quê" tem importância crítica, pois a resiliência consiste em bem mais do que sobreviver ao momento vexatório. Se quisermos ter sucesso ao lidar com a vergonha, precisamos compreender por que a sentimos e como ela afeta nossa vida, inclusive os comportamentos, pensamentos e sentimentos que enfrentamos no dia a dia.

A teia da vergonha

Nos anos que passei imersa na pesquisa, uma das perguntas mais difíceis de responder era "Qual é a relação entre as experiências de vergonha de todas essas mulheres?". As participantes eram muito diversas em termos de raça, etnia, idade, orientação sexual, afiliações de fé ou religião, características de saúde física e mental e papéis familiares. Aproximadamente 41% se identificaram como brancas; 26%, afro-americanas; 25%, latinas, e 8%, americanas de origem asiática. As idades variavam entre 18 e 82 anos, mas a média era de cerca de 40 anos.

Enquanto analisava todas as histórias e experiências, eu procurava ligações. Está claro que algo que desencadeia a vergonha em algumas não tem impacto algum em outras. O que é vivenciado como devastador para umas pode parecer apenas ligeiramente incômodo para outras. Porém, ao ler e ouvir as histórias de centenas de mulheres, ficou evidente que existe um elemento central nas experiências de todas com a vergonha.

Eis o que descobri:

As mulheres com frequência experimentam a vergonha como uma teia de expectativas sociocomunitárias, formada por camadas conflituosas e contraditórias. Tais expectativas ditam:

1. quem devemos ser
2. o que devemos ser
3. como devemos ser

Uma vez emaranhadas nessa teia, as mulheres são inundadas por sentimentos de medo, recriminação e desconexão. Talvez seja seguro dizer que cada um desses três conceitos, por si só, já é avassalador. Mas, se compreendemos que o medo, a recriminação e a desconexão estão intrincadamente tecidos de forma a criar a vergonha, fica muito claro por que ela é tão poderosa, tão complexa e tão difícil de superar.

As expectativas que formam a teia costumam ser baseadas em características como raça, classe, orientação sexual, idade ou identidade religiosa. Podem ser específicas aos diferentes papéis que exercemos como mães, profissionais, parceiras, irmãs ou integrantes de determinado grupo. Mas, no fundo, as expectativas que alimentam a vergonha estão relacionadas ao fato de sermos **mulheres**.

A vergonha é organizada por gênero. As expectativas que alimentam a vergonha em nós estão fundamentadas na percepção de nossa cultura sobre o que é aceitável para as mulheres. Em minha recente pesquisa apenas com homens, estou aprendendo que as expectativas que alimentam a vergonha neles são baseadas nas percepções culturais sobre masculinidade – como um homem deve ser, que aparência deve ter e como deve se comportar.

Embora tais expectativas com base em gênero com frequência tenham origem na sociedade, no sentido mais amplo, elas podem se infiltrar em diversas comunidades de diferentes formas. É por isso que as chamo de expectativas sociocomunitárias. Por exemplo, existem expectativas sociais mais amplas para as mulheres em relação à aparência. Espera-se que sejamos jovens, belas, sensuais, etc. Na minha comunidade, porém, não existem expectativas em relação à textura do cabelo ou à cor da pele, enquanto em outras isso pode ser uma questão. Recentemente uma mulher me escreveu uma carta: "Como uma mulher afro-americana de pele escura que cria filhos multirraciais, tive experiências dolorosas relativas a raça, cor de pele e padrões de beleza na comunidade afro-americana. Seu trabalho dá voz e validação a sentimentos que tomam conta de mim naqueles momentos desconfortáveis em que devo explicar a meus filhos que a beleza está em todos, independentemente da cor da pele ou dos olhos, ou da textura do cabelo."

Teia da vergonha

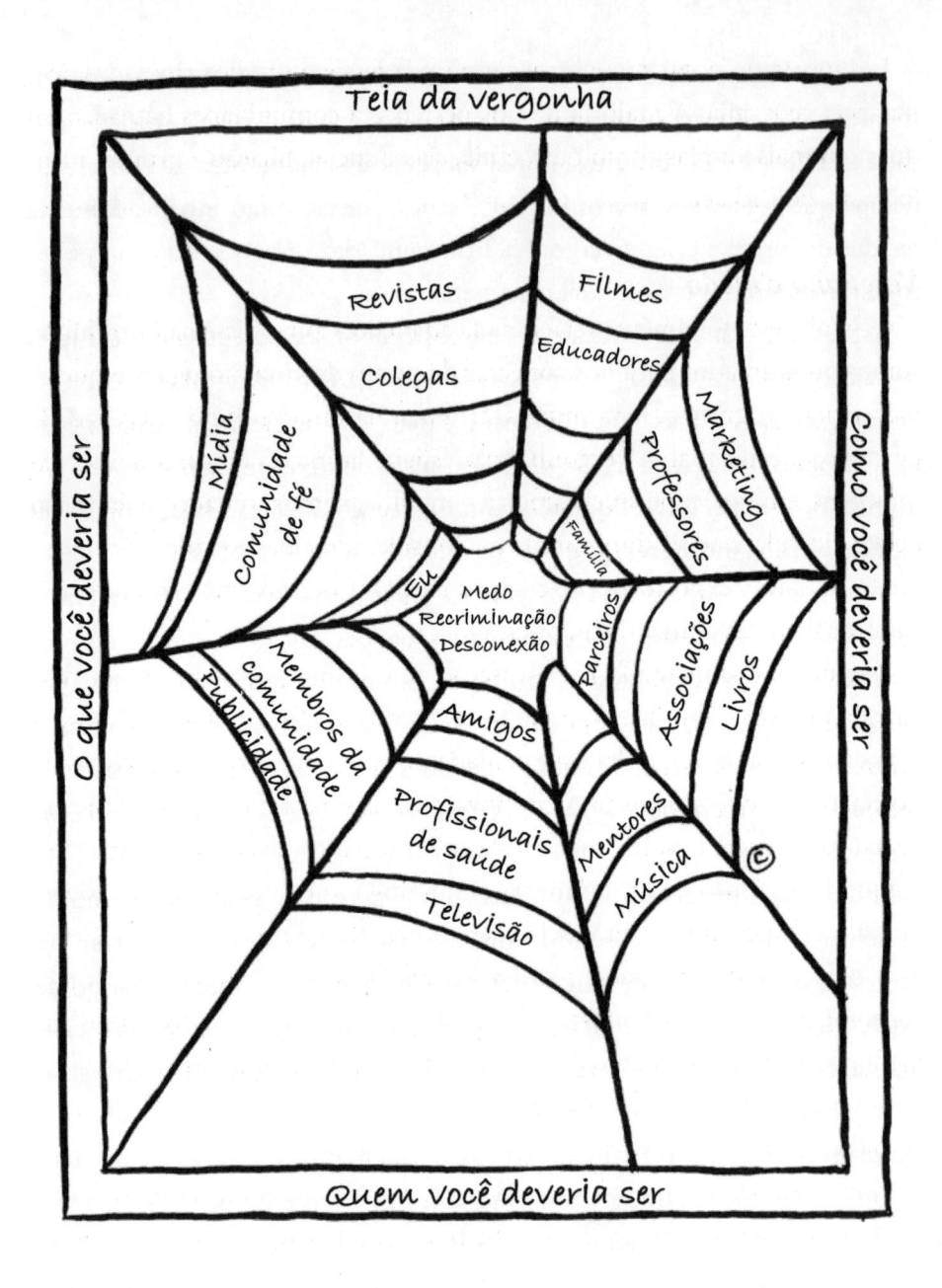

- Revistas
- Filmes
- Colegas
- Educadores
- Mídia
- Professores
- Comunidade de fé
- Marketing
- Eu
- Família
- Medo / Recriminação / Desconexão
- Parceiros
- Associações
- Livros
- Membros da comunidade
- Publicidade
- Amigos
- Profissionais de saúde
- Mentores
- Música
- Televisão

O que você deveria ser · Como você deveria ser · Quem você deveria ser

A saúde mental também pode ser um exemplo. Existem expectativas sociais gerais que ditam que apenas certo nível de "maluquice" é tolerado ou socialmente aceitável. No entanto, em algumas comunidades, mencionar qualquer problema de saúde mental fora do ambiente familiar talvez seja vergonhoso, enquanto em outras, todo mundo faz terapia.

É importante notar que nossas comunidades não são determinadas apenas pela geografia. A maioria de nós pertence a comunidades baseadas em questões mais amplas como raça, etnia, classe social, filiação a grupos, ideologia, fé, política, etc.

Vergonha e medo

A vergonha está totalmente relacionada ao medo. Como disse na introdução, somos programados para nos conectar do ponto de vista biológico, emocional, social e cognitivo. Para muitos, também há uma profunda necessidade de conexão espiritual. A vergonha diz respeito ao medo da desconexão. No momento em que experimentamos a vergonha, somos tomados pelo medo de ser ridicularizados, diminuídos ou considerados inadequados. Sentimos medo de haver exposto ou revelado uma parte de nós que ameaça nossa conexão e o merecimento da aceitação.

Esse medo é alimentado pela sensação de estarmos, de algum modo, encurralados pela vergonha. O receio de se ver encurralado está ligado à forma pela qual a teia da vergonha é alimentada por uma proporção impossível de expectativas e opções. Em primeiro lugar, temos um número absurdo de expectativas despejado sobre nós, muitas nem mesmo viáveis ou realistas. Em segundo, dispomos de um número muito limitado de opções para atendermos a tais expectativas. Para esclarecer a metáfora da teia da vergonha, usemos um exemplo que quase todas nós consideramos relevante: a imagem corporal. Mesmo conscientes da manipulação da mídia e dos distúrbios alimentares, o problema não parece melhorar. De fato, a imagem corporal e o peso emergiram como uma questão de vergonha para aproximadamente 90% das mulheres entrevistadas.

Como se pode ver na ilustração da teia, parceiros, família, amigos e o eu foram desenhados no ponto mais próximo ao centro. A maioria de nós teme perder o vínculo com as pessoas mais próximas. Em outras palavras, a vergonha é mais poderosa quando expectativas são impostas por nós mesmos ou reforçadas por aqueles que nos são mais próximos (parceiros, família ou amigos). Irradiando a partir do centro, temos profissionais da saúde (médicos, terapeutas, etc.), membros da comunidade, associações, educadores, colegas e comunidades religiosas.

Se fomos criadas em famílias que davam grande valor a tipos de corpos inatingíveis, é possível que continuemos a nos impor essa expectativa pouco razoável, mesmo depois de encontrar um parceiro que nos aceita como somos e que quer desesperadamente que nos sintamos à vontade em nosso próprio corpo. Em outros casos, os parceiros podem endossar essas expectativas rígidas, enquanto os amigos oferecem apoio ou talvez nos julguem mal por parecermos excessivamente preocupadas com dietas. Mas, mesmo diante dessas expectativas opostas, ainda queremos ser aceitas e amadas por esses grupos e por isso lutamos para encontrar formas de agradar a todos. No final sentimos vergonha quando acabamos fracassando em cumprir as demandas conflitantes.

Quando se trata das camadas externas da teia, podemos ser expostas à vergonha por médicos, colegas ou companheiros de grupo. E, além desses grupos, há ainda questões sistêmicas mais amplas e insidiosas. Por exemplo, a pesquisa mostra que mulheres com sobrepeso ou obesas têm renda menor (menos 6.700 dólares por ano) e maiores índices de pobreza (10% mais altos) do que suas colegas não obesas.

E no entorno da vergonha, há a mídia. A cultura da vergonha é reforçada pelo que vemos na televisão, na publicidade, no marketing. É o que vemos no cinema, o que ouvimos na música e o que lemos nos jornais e nas revistas. Quando se trata de imagem corporal, não se discute o valor da "magreza". Para piorar, enquanto tipos físicos que enfatizam a fragilidade ou um aspecto doentio foram reciclados nas revistas de moda do passado, o novo corpo ideal ainda é minúsculo, a não ser por traseiros arredondados e voluptuosos e seios imensos. Essa combinação não é algo que ocorra com grande frequência na natureza. A mistura do corpo esquelético com peitos e bumbum grandes em geral faz parte de um pacote esculpido em centros de estética.

Não importa quanto nos esforcemos para driblar a influência da mídia, não conseguimos escapar dela em nossa sociedade. Jean Kilbourne, uma de minhas pesquisadoras e autoras favoritas, é especialista em nos ajudar a identificar e desconstruir mensagens dos meios de comunicação – mesmo as mais sutis. De acordo com seu livro *Can't Buy My Love: How Advertising Changes the Way We Think and Feel* (Não se pode comprar meu amor: como a publicidade modifica a forma como pensamos e sentimos), o americano médio é exposto a mais de 3 mil anúncios por dia e assiste ao equivalente a três anos de publicidade na TV durante a sua vida. Tentar escapar da influência da mídia nos dias de hoje é como se proteger da poluição do ar prendendo a respiração.

Jean Kilbourne também decodifica mensagens contraditórias nas capas das revistas femininas, nas quais normalmente proliferam manchetes atraentes como "Perca 7 quilos em 10 dias" ou "Como ficar mais saudável e mais magra para o verão". No entanto, esses títulos são acompanhados por imagens que nunca condizem. A chamada "Perca peso agora" paira sobre um bolo de chocolate em vez de estar ao lado da figura de uma mulher de 80 quilos que sua a camiseta enquanto se exercita na esteira ergométrica.

Assim, enquanto emagrecemos para o verão, precisamos encontrar tempo para preparar e experimentar a "sobremesa do mês".

É fácil ver a rapidez com que as expectativas ganham camadas e se tornam competitivas e conflitantes. É assim que a teia da vergonha funciona. Temos pouquíssimas opções realistas que nos ajudem a cumprir qualquer uma dessas expectativas. A maioria das alternativas à nossa disposição parece ser um "duplo vínculo". A escritora Marilyn Frye descreve esse conceito como "uma situação em que as opções são muito limitadas e nos expõem a castigos, censuras ou privações".

Com opções limitadas, toda escolha viola outra expectativa. E acabamos com a sensação de que somos obrigadas a escolher entre o ruim e o pior:

- Seja magra, mas não transforme o peso em uma obsessão.
- Seja perfeita, mas não faça estardalhaço em relação à sua aparência nem gaste o tempo que seria dedicado à família, ao parceiro ou ao trabalho para atingir sua meta de perfeição. Tudo deve acontecer tranquilamente nos bastidores de forma que você esteja com uma aparência ótima e nós não tenhamos que ouvir nada sobre o assunto.
- Seja simplesmente você – nada é mais sexy do que a autoconfiança (desde que você seja jovem, magra, bela...).

Se não conseguimos fazer tudo – perder peso, assar o bolo e comê-lo, parecer elegante, permanecer saudável e em boa forma, comprar todos os produtos e, ao mesmo tempo, nos amar por ser quem somos... ARRÁ! –, caímos na armadilha da teia da vergonha. É quando nossos medos começam a se transformar em recriminação e desconexão.

Vergonha, recriminação e poder

Quando sentimos vergonha e medo, a recriminação nunca está longe. Podemos nos voltar para dentro e nos culparmos ou atacarmos e culparmos outras pessoas. Quando nos recriminamos, em geral acabamos em um ciclo de ódio e vergonha. Implodimos emocionalmente, em silêncio. Quando tentamos sair dos escombros da dor da vergonha e do medo recriminando os outros, explodimos. Brigamos com o filho, o funcionário, o parceiro ou até mesmo com a pessoa do atendimento ao consumidor que surge em nosso caminho (vamos explorar a relação entre recriminação e raiva no Capítulo 8). De um jeito ou de outro, implodindo ou explodindo, na maioria das vezes não temos consciência do que estamos fazendo nem por que estamos fazendo. Usamos a recriminação para lidar com nossos sentimentos de impotência.

O poder é um tema difícil para as mulheres. A maioria daquelas com quem falo se sente pouco confortável com a ideia da "mulher poderosa". Muitas logo associam o conceito de ter poder a não ser querida ou ser uma "megera". Por outro lado, todas as minhas entrevistadas reconheceram sem hesitar como é amedrontadora e desesperadora a sensação de impotência. Essa ambivalência sobre o poder representa uma ameaça séria à nossa capacidade de realizarmos o melhor de nós.

Uma das questões que alimentam nossa insegurança sobre o poder é o fato de que ele existe pelo menos em duas formas – o "poder para submeter" e o "poder verdadeiro". Infelizmente, quando a maioria ouve a palavra "poder", a relaciona de imediato com o conceito de submissão – a ideia de que o poder é a capacidade de controlar as pessoas, tirar vantagem dos outros ou exercer força sobre alguém ou algo. Pensamos no poder como algo finito, que existe em quantidade limitada; portanto, se eu quiser algum, sou obrigada a tirá-lo de você.

O poder para submeter é uma forma perigosa de poder. A Dra. Robin Smith, psicóloga e colaboradora do antigo programa de TV da apresentadora Oprah Winfrey, descreveu uma das formas mais insidiosas desse tipo de poder: "Definirei quem você é e então farei com que acredite que essa definição é de sua autoria." Essa explicação estarrecedora captura o que a vergonha faz conosco. Ela nos obriga a botar camisas de força designadas pelo gênero e depois nos convence de que nós a vestimos sozinhas e que gostamos de usá-las. No ano passado, vi um exemplo potente disso no trabalho. Falo com muitos grupos sobre vergonha e imagem corporal. Quando o sabonete Dove lançou a campanha pela Beleza Real, perguntei às mulheres o que sentiam ao ver outras mulheres, "de verdade", de calcinha e sutiã (em comparação com as modelos magérrimas). Não fiquei surpresa ao ouvir metade delas dizer que não gostaram. Muitas descreveram sua reação da seguinte forma: "Sei que provavelmente a campanha é um grande passo, mas tive uma reação emocional bem negativa a ela." Algumas sentiram "vergonha alheia pelas modelos" e outras disseram: "Isso não me inspira a melhorar a aparência ou a perder peso."

O que ouvi na época do lançamento da campanha é basicamente o mesmo que escuto das mulheres hoje: "Sei que é libertador e maravilhoso, mas, bem no fundo, minha reação é: *Você é gorda demais, não é bonita o bastante. Bote uma roupa.*" É importante compreender que a maioria das mulheres em conflito com suas reações emocionais às modelos Dove se parece com essas modelos Dove. É o "poder para submeter" em funcionamento. Bem fiel à definição da Dra. Smith, a beleza nos foi definida com tanta frequência e de tantas formas insidiosas que agora concordamos e endossamos essa definição como se a tivéssemos criado. O resultado é desastroso. Não queremos nos ver espelhadas nas revistas porque não somos perfeitas, magras ou belas o suficiente para sermos valorizadas. De forma irônica, a única maneira de nos libertarmos é reivindicar nosso poder verdadeiro – o poder de criar e viver de acordo com nossas definições.

O Dicionário Merriam-Webster define *poder* como "a capacidade de agir ou de produzir um efeito". O poder verdadeiro é basicamente a capacidade de modificar algo que se quer modificar, de promover mudanças. O poder verdadeiro existe em quantidade ilimitada – não é preciso brigar por ele. E o bom é que temos capacidade de criá-lo. Ele não nos obriga a tirar nada de ninguém – é algo que criamos e construímos com os outros.

Quando falamos sobre vergonha e impotência, estamos realmente falando sobre três componentes específicos do poder verdadeiro: consciência, escolha e mudança. Para promover mudanças de forma eficaz e abordar nossos problemas, devemos em primeiro lugar estar a par do que são exatamente esses problemas. Em segundo lugar, precisamos ser capazes de encontrar soluções e identificar as opções disponíveis para lidar com as questões. Uma vez adquirida a consciência do problema e das opções diante de nós, precisamos promover a mudança – agir com base nas escolhas que fizemos.

Este é um ótimo momento para apresentar Jillian. Eu a entrevistei em 2002 e novamente em 2005. Vou contar agora como foi nosso primeiro encontro. Mais adiante, você descobrirá como a vida de Jillian mudou à medida que ela começou a desenvolver resiliência à vergonha. Essa história ilustra a forma como a vergonha nos cobre com sentimentos intensos de medo e recriminação. Em nossa primeira entrevista, Jillian me falou sobre uma experiência de vergonha pela qual tinha passado, que a fez acreditar que estava "surtando".

Jillian desfrutava de um sábado particularmente relaxante com os dois filhos e o marido, Scott. Jillian e Scott estavam sentados no pátio enquanto as crianças brincavam no quintal. Ela verificava a correspondência da semana quando encontrou um convite para uma festa de aniversário enviado para o filho de 5 anos.

Ao começar a ler, ela foi tomada por emoções – emoções a que ela se referiu como "uma terrível combinação de medo, raiva e ansiedade". Ela descreveu a reação àquela torrente assim: "Juro. Do nada, eu me levantei e comecei a gritar com as crianças por fazerem barulho demais e a brigar com meu marido pela bagunça na garagem. Corri para dentro de casa e tranquei a porta do quarto." Scott a seguiu e ficou do lado de fora, girando a maçaneta. Ele dizia: "Meu Deus, Jillian. O que aconteceu com você? Ficou maluca?"

Quando perguntei a Jillian o que havia deflagrado aquela tempestade emocional, ela falou: "Passei dias sem entender. Achei que estava ficando maluca porque não era a primeira vez que aquilo acontecia. Por fim, me dei conta de que o problema era o fato de o convite ser para uma festa na piscina e dizer que os pais deveriam acompanhar as crianças." Jillian explicou que tinha muita vergonha de usar maiô diante de "mães esguias e perfeitas". Ela disse: "Às vezes, quando sinto vergonha, fico com medo e surto. Eu me sinto perdida. Nem sei o que está acontecendo."

Enquanto Jillian e eu conversávamos sobre a reação ao convite de aniversário e sobre o medo de ficar de maiô diante das "mães perfeitas", ela explicou que sempre havia se sentido pouco à vontade com seu corpo, mas que, depois de ganhar peso com as duas gestações, o problema tornara-se um incômodo maior. Quando pedi que falasse mais sobre a maternidade e a imagem corporal, ela começou a sacudir a cabeça e disse: "Não consigo acreditar."

Explicou que certo dia estava no salão, folheando uma revista de moda enquanto esperava para cortar o cabelo, e viu uma reportagem com supermodelos na praia, junto com os filhos. Ela começou a ler e uma das modelos dizia: "Não é porque sou mãe que posso me descuidar – as crianças não querem mães gordas e desleixadas. Meus filhos têm orgulho da minha aparência." Jillian pareceu surpresa ao me falar da revista. "Eu nem tinha percebido como aquilo ficou na minha cabeça."

Claro que uma única revista não seria capaz de desencadear sentimentos de vergonha tão fortes se já não houvesse uma vulnerabilidade. Mas, junte as fotos e a fala da modelo às questões de imagem corporal enfrentadas pela maioria de nós, e temos uma combinação muito poderosa. Nesse exemplo fica claro que Jillian se sentiu amedrontada, acuada e impotente.

Quando sentimos vergonha, é muito difícil manter o poder. Em um primeiro momento, a maioria de nós não tem consciência do que está sentindo e dos motivos para tais emoções aflorarem. A vergonha costuma produzir sentimentos avassaladores e dolorosos de confusão, medo, raiva, crítica e/ou a necessidade de fugir ou de se esconder da situação. É difícil identificar a vergonha como a questão crucial quando tentamos administrar emoções tão intensas. Nas entrevistas, muitas mulheres descreveram as sensações de impotência que costumam abatê-las nesses momentos:

"A vergonha é aquele sentimento que toma conta de você como uma onda quente e assim que chega você pensa: 'Ai, meu Deus, onde posso me esconder? Como posso desaparecer?'"

"A vergonha é o sentimento que faz com que você acredite não merecer a consideração ou o amor de ninguém. Você crê que é tão ruim que não pode sequer culpar os outros por não se importarem com você. Quer apenas ser engolida pela terra."

"A vergonha me paralisa. Perco totalmente a capacidade de reação."

"De repente, tudo fica escuro e você empaca. Não sabe o que está acontecendo nem sabe o que fazer."

"Eu me retiro, só isso. Nunca sou grosseira com as pessoas. Apenas desapareço. Se alguém pensa que sou tão ruim assim, eu apenas me torno invisível para que ninguém tenha que lidar comigo."

"Uma vez parei para abastecer o carro e meu cartão de crédito foi recusado. O frentista me fez passar por uma situação bem desagradável. Quando saí do posto, meu filho de 3 anos começou a chorar. Eu gritei: 'Cala a boca... cala a boca... cala a boca!' Estava tão envergonhada por causa do cartão. Surtei. Depois senti muita vergonha por ter gritado com meu filho."

Quando passamos por uma situação de vergonha, com frequência somos lançadas no "modo crise". Na maior parte do tempo, mal conseguimos lidar com todos os seus subprodutos – o medo, a recriminação e a desconexão. De fato, uma pesquisa recente sobre o cérebro nos ajuda a compreender que a vergonha pode ser tão ameaçadora que, em vez de processá-la no neocórtex – a parte evoluída do cérebro que nos permite pensar, analisar e reagir –, entramos num modo muito primal de "lutar, fugir ou paralisar".

Nesse modo, o neocórtex é ignorado e o acesso ao pensamento avançado, calmo e racional praticamente desaparece, bem como o processamento das emoções. A parte primitiva do cérebro entra em ação e é nesse momento que nos tornamos agressivas, sentimos vontade de fugir ou de nos esconder, ou ainda ficamos paralisadas, às vezes sem ter a menor ideia do motivo. A boa-nova é que, ao praticar a resiliência à vergonha, podemos alterar essa reação – e sobre isso falaremos mais no Capítulo 3.

Vergonha e desconexão

Se sentir-se conectada é sentir-se valorizada, aceita, merecedora e ratificada, então sentir-se desconectada é sentir-se diminuída, rejeitada, indigna e inferior. Quando perguntei a Jillian por que ela não queria usar maiô diante das amigas, a primeira coisa que ela disse foi: "Não quero ser humilhada ou criticada. Fico horrorizada só de pensar nos comentários sobre a minha aparência feitos pelas costas. Eu não poderia suportar." Quando perguntei se ela acreditava mesmo que iriam se importar com sua aparência, ela pensou por um minuto e disse: "Provavelmente não, mas não posso correr o risco de ser ferida desse jeito. Eu me sentiria totalmente sozinha."

Embora lidar com a vergonha e com sentimentos de desconexão seja uma parte normal de estabelecer relacionamentos, a desconexão pode se tornar mais séria quando se transforma em sentimentos de isolamento. Quando falo sobre isolamento, não me refiro à solidão ou à sensação de estar só. Jean Baker Miller e Irene Stiver, que estudam a teoria cultural-relacional no Stone Center, do Wellesley College, capturaram maravilhosamente a natureza opressiva do isolamento. Elas escrevem: "Acreditamos que o sentimento mais aterrorizante e destrutivo que se pode experimentar é o isolamento psicológico. Não é o mesmo que estar sozinha. É a sensação de estar excluído de qualquer possibilidade de conexão humana e de ser incapaz de mudar a situação. No extremo, o isolamento psicológico pode levar a uma sensação de desespero e desesperança. As pessoas farão praticamente qualquer coisa para escapar da combinação de isolamento e impotência."

A frase "As pessoas farão praticamente qualquer coisa para escapar da combinação de isolamento e impotência" realmente me parece fundamental para a compreensão da vergonha. A vergonha pode nos levar ao desespero. As reações a essa necessidade desesperada de escapar do isolamento e do medo variam de problemas comportamentais e explosões de temperamento até a depressão, automutilação, distúrbios alimentares, vícios, violência e suicídio.

Aprendi que, quando me encontro em uma situação de vergonha, costumo reagir de formas que não são consistentes com a pessoa que desejo ser. Mais uma vez, vemos comportamentos de luta, fuga ou paralisia. Muitas das participantes exprimiram esse mesmo sentimento:

"Quando sinto vergonha, pareço uma maluca. Faço e digo coisas que normalmente nunca faria nem diria."

Às vezes queria apenas fazer com que os outros se sentissem tão mal quanto eu. Tenho vontade de estourar e gritar com todo mundo."

"Fico desesperada quando sinto vergonha. Como se não tivesse para onde ir nem ninguém com quem falar."

"Quando me sinto envergonhada eu me retiro mental e emocionalmente. Eu me esquivo até da minha família."

"A vergonha faz com que você se afaste do mundo."

Ao usar a teia e os conceitos de medo, recriminação e desconexão, quero expandir nossa definição anterior para tratar de como e por que as mulheres experimentam a vergonha. Aqui está a definição completa que usaremos no restante deste livro:

A vergonha é um sentimento ou uma experiência intensamente dolorosa de acreditar que somos inadequadas e, portanto, indignas de aceitação ou de acolhimento. As mulheres costumam experimentar a vergonha quando se veem emaranhadas numa teia de múltiplas camadas de expectativas sociocomunitárias conflitantes e antagônicas. A vergonha cria sentimentos de medo, recriminação e desconexão.

DOIS

A resiliência à vergonha e o poder da empatia

Como superamos a vergonha? O que podemos fazer para evitar a armadilha da teia da vergonha? Infelizmente, não existe uma forma de banir essse sentimento da nossa vida. Enquanto a conexão com outras pessoas for crucial, a desconexão que conduz à vergonha será sempre uma ameaça.

A boa notícia, porém, é que somos capazes de desenvolver resiliência à vergonha. Mais uma vez, quando falo em *resiliência,* refiro-me à capacidade de reconhecer a vergonha no momento em que a vivenciamos e passar por ela de uma forma construtiva, que nos permita manter a autenticidade e crescer a partir de nossas experiências. E nesse processo de enfrentar conscientemente a vergonha, é possível construir conexões mais fortes e mais significativas com as pessoas.

Da mesma forma que compreendemos a vergonha por meio de definições e descrições, precisamos fazer o mesmo com a resiliência. Em primeiro lugar, a resiliência à vergonha não é uma questão do tipo tudo ou nada. Existem diferentes graus de resiliência. Para ilustrar, desenvolvi a Linha da Resiliência à Vergonha.

No lado esquerdo, fica a vergonha. Sob a vergonha, encontramos seus subprodutos: o medo, a recriminação e a desconexão. Para chegar à coragem, à compaixão e à conexão, é preciso descobrir o que nos leva da vergonha à resiliência. Para isso, voltamos às entrevistas com mulheres sobre suas experiências.

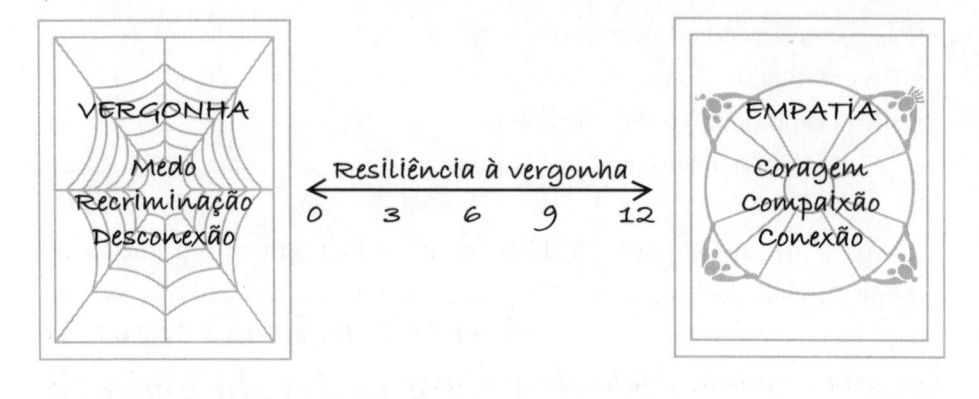

```
  VERGONHA              ←  Resiliência à vergonha  →        EMPATIA
   Medo                   0    3    6    9    12           Coragem
 Recriminação                                              Compaixão
  Desconexão                                                Conexão
```

Muitas mulheres que entrevistei compartilharam suas ideias e estratégias para superar a vergonha. Analisei essas informações fazendo as seguintes perguntas:

- O que permite às mulheres desenvolver resiliência à vergonha?
- Como vocês deixaram de se sentir amedrontadas, recriminadas e desconectadas?
- O que as capacitou a superar a vergonha?

Repetidas vezes, as mulheres explicaram que a *empatia* é o antídoto mais forte para a vergonha. Não se trata apenas de suprir nossa carência de empatia. A resiliência exige de nós a capacidade de reagir aos outros com empatia. **Mulheres com altos níveis de resiliência à vergonha sabiam ao mesmo tempo dar e receber empatia.**

Você se lembra das placas de Petri do laboratório de ciências do ensino médio? Aqueles pratinhos redondos? Se você puser a vergonha numa placa e cobri-la com críticas, silêncio e sigilo, ela cresce sem controle até consumir tudo à volta – você terá basicamente fornecido o ambiente perfeito para ela proliferar. Por outro lado, se colocar a vergonha numa placa de Petri e saturá-la com empatia, ela perde a força e começa a desaparecer. A empatia cria um ambiente hostil à vergonha, e ela não consegue sobreviver.

Quando pedi às mulheres entrevistadas que dividissem comigo exemplos de como se recuperaram da vergonha, elas descreveram situações em que puderam falar sobre sua vergonha com alguém que expressou empatia. As mulheres falaram do poder de ouvir alguém dizer:

- "Eu compreendo. Já passei por isso."
- "Isso também aconteceu comigo."
- "Está tudo bem. Você é normal."
- "Entendo o que você está passando."

Como a própria vergonha, as histórias de resiliência têm um núcleo em comum. Quando se trata de resiliência à vergonha, a empatia é o cerne.

Empatia – mais fácil falar do que fazer

A verdadeira empatia exige mais do que palavras – exige esforço. Ser empático não é apenas saber a coisa certa a dizer a alguém que vivencia a vergonha. Para serem eficientes, nossas palavras dependem de nossa capacidade de estarmos genuinamente presentes e envolvidas enquanto o outro conta sua história.

Defino a empatia como o talento ou a habilidade de se recorrer às próprias experiências para se conectar com a experiência que o outro está relatando. Outra definição de que gosto vem de um livro de aconselhamento de autoria de Arn Ivey, Paul Pederson e Mary Ivey. Eles a conceituam como "a habilidade de perceber a situação do ponto de vista do outro. Ver, ouvir e sentir o mundo singular de outra pessoa". Acredito que a empatia seja mais bem compreendida como uma habilidade adquirida, porque ser empático ou ter a capacidade de demonstrar empatia não é uma qualidade inata ou intuitiva. Podemos ser naturalmente sensíveis, mas a empatia é mais do que sensibilidade. Aqui está um exemplo de como a reação empática de minha amiga Dawn me ajudou durante um momento difícil de vergonha.

Volta e meia, talvez umas três vezes por ano, meus mundos colidem. Não me refiro a pequenos conflitos de agenda, mas a grandes colisões que envolvem quase todos os papéis que desempenho. Num fim de semana de maio, há uns dois anos, aconteceu uma dessas colisões. A primeira apresentação de balé de minha filha ocorreria no mesmo dia da cerimônia de formatura na universidade em que dou aula. A solenidade e a apresentação se sobrepunham durante duas horas. Isso foi um imenso fator de estresse, pois eu havia sido escolhida pelos alunos para desempenhar um papel importante na cerimônia.

Aquele domingo, além de ser a data da formatura e do recital, também era o Dia das Mães, e toda a minha família e a de meu marido, Steve, nos visitariam, alguns parentes vindos até de fora da cidade. A sexta-feira anterior àquele fim de semana monstruoso era o encerramento das aulas, tanto na universidade quanto na escola de Ellen. Para mim, era o dia de entregar as notas aos alunos. Para Ellen, era o da festa em homenagem aos professores.

Steve e eu combinamos de levar biscoitos para a festinha na escola. No meio da correria de correção dos trabalhos, ensaio para a cerimônia, ensaio geral do balé e arrumação da casa para as visitas, esqueci os biscoitos. Steve deixou Ellen na escola pela manhã, e, quando cheguei para buscá-la, o papel com as tarefas de cada família para a festa ainda estava preso na porta. Ao ler meu nome ao lado de "sobremesa", entrei em pânico. Eu gostava muito dos professores de Ellen. Como podia ter feito aquilo?

Entrei de fininho e decidi pegar Ellen e fugir sem ser vista. Mas, ao atravesar o corredor, fiquei cara a cara com a professora de Ellen. Imediatamente entrei no meu modo nervoso, a voz estridente. "Oi, tudo bem? Como foi a festa?" A professora de Ellen respondeu: "Tudo ótimo, obrigada... Foi muito divertido. A comida estava ótima."

Ah, essa não! Por que ela mencionou a comida? Ela devia saber. Passei do modo estridente para o modo mentiroso. Eu disse: "Então, Steve trouxe os biscoitos hoje de manhã?" A professora de Ellen pareceu confusa. "Não tenho certeza. Não estava aqui quando ele a deixou." Fiquei na ponta dos pés, como se estivesse olhando por cima do ombro dela, apontei o fundo da sala de aula, fingindo que estava examinando a mesa de comida, e disse: "Ah, lá estão eles, bem ali... hum, parecem deliciosos. Ótimo, fico feliz que ele os tenha trazido."

Ela me olhou com um ar bondoso mas perspicaz e disse: "Então vejo vocês daqui a algumas semanas. Boas férias." Peguei Ellen e praticamente rastejei de volta para o carro. Eu a prendi na cadeirinha, sentei-me no banco do motorista e as lágrimas começaram a escorrer pelo meu rosto. Ali, ao volante, eu não sabia o que era pior: o fato de ter esquecido os biscoitos, mentido sobre eles ou a vergonha de saber que a professora de Ellen devia estar pensando: "Nossa, foi a pior enrolação que já vi uma mãe que trabalha fora fazer."

Ellen pareceu um pouco preocupada comigo, então repeti algumas vezes para ela: "Está tudo bem. Mamãe está chorando um pouquinho, mas não é nada de mais." Chorei até chegar em casa. Assim que abri a porta, liguei para minha amiga Dawn. Ela atendeu: "O que houve?"

Confessei tudo em voz baixa e apressada. "Roubei biscoitos de alguma mãe na escola de Ellen. Então menti para a professora." Sem hesitar, ela perguntou: "Que tipo de biscoito?" Eu respondi: "Não, é sério. Escute só o que eu fiz." Ela parou de fazer gracinhas e ouviu.

Quando terminei, ela falou: "Olhe, você está fazendo o melhor que pode. Tem um fim de semana impossível pela frente. Só está tentando dar conta de tudo e não quer que a professora de Ellen pense que você não gosta dela. Isso é totalmente compreensível, já que de fato gosta dela e ela é ótima com a sua filha. Não é nada de mais."

Fiquei perguntando: "Você tem certeza? Tem certeza?" Por fim, Dawn disse: "Sei que você acha que não vai dar conta de tudo nos próximos três dias, mas vai. Talvez não faça tudo com perfeição, mas vai fazer e ponto. Provavelmente o que fez na escola foi muito difícil para você, mas todas nós já passamos por isso e está tudo bem mesmo."

Naquela fração de segundo, a vergonha se transformou em outra coisa. Algo com que eu podia lidar. Algo que me afastava de "Eu sou tão idiota e uma péssima mãe" para "Foi uma bobagem... Sou uma mãe sobrecarregada". Ela pôs empatia suficiente na minha placa de Petri para fazer com que a vergonha começasse a se dissipar. Dawn não estava me julgando. Não me fez acreditar que eu deveria guardar segredo desse furo. Eu realmente senti que ela me ouvira e que se importava comigo. Ela validou meu medo de "mal dar conta" e reconheceu meu sentimento pelos professores de Ellen. E o mais importante: ela viu o mundo da maneira como eu o estava experimentando e foi capaz de expressar isso para mim.

Dawn não disse que o fato de eu ter mentido para a professora de Ellen era razoável, mas me fez sentir aceita e conectada. Quando estou passando por uma situação de vergonha, não posso ser boa companheira ou boa professora, ou boa mãe ou boa amiga. Se aquele fim de semana começasse enquanto eu estava sentindo que era uma mãe indigna e mentirosa, que roubava biscoito de criancinhas, eu não teria sido capaz de dar conta.

Dawn também conteve o riso. Posso achar graça agora, mas, quando aconteceu, não foi nada engraçado. Ela podia ter gargalhado e dito: "Você está fazendo uma tempestade em copo d'água... Está tudo bem. Não se preocupe." Mas isso não teria sido empatia. Refletiria o que ela achava, mas com certeza não transmitiria que sabia o que eu estava sentindo. Uma brincadeira como resposta poderia ter me deixado com a sensação de não estar sendo ouvida, de estar sendo diminuída e ainda mais envergonhada – pois, além de ter roubado biscoitos, eu estava também tendo uma reação exagerada.

Eu não me encontrava numa posição que me permitiria dizer: "Veja, Dawn, eu fiz essa coisa horrível. Só estava tentando dar conta de tudo e sei que não sou perfeita." Eu estava assustada demais, me sentindo sem saída, impotente. Se Dawn não tivesse demonstrado tanta empatia, eu provavelmente teria passado o fim de semana com uma sensação de grande desconexão. Estou certa de que em questão de horas eu teria culpado Steve e o atacado sem mais nem menos com algo do tipo: "Você não imagina como minha vida é estressante!" Não seria uma boa maneira de iniciar um grande fim de semana em família.

Aprendendo empatia

Na pós-graduação, quase todas as minhas aulas incluíam um componente para desenvolver habilidades de empatia. Isso acontece com a maior parte das especializações em profissões como psicologia, assistência social, aconselhamento e terapia de casal ou de família.

No crescente corpo de pesquisas, descobrimos que líderes bem-sucedidos costumam demonstrar altos níveis de empatia; que essa habilidade está relacionada ao sucesso acadêmico e profissional; que pode reduzir a agressividade e o preconceito e fomentar o altruísmo. Os estudos também demonstram que a empatia é um componente vital em casamentos bem-sucedidos e em organizações eficientes. A conclusão é que a empatia é essencial para a construção de relações significativas, de confiança, algo que todos nós desejamos e necessitamos. Dado seu poder na superação da vergonha e seu papel fundamental no estabelecimento de muitos tipos diferentes de conexão, seria sábio de nossa parte aprender e praticar a empatia.

Por sorte, trata-se de algo que pode ser aprendido. Teresa Wiseman, acadêmica da área de enfermagem na Inglaterra, identifica quatro atributos da empatia. São eles: (1) ser capaz de ver o mundo como outros o veem; (2) não emitir juízos de valor; (3) compreender os sentimentos dos outros, e (4) comunicar essa compreensão.

Para entender a complexidade da empatia, vejamos cada atributo separadamente. Assim, seremos capazes de ver como a empatia autêntica é uma habilidade incrível – que requer comprometimento e prática.

Ser capaz de ver o mundo como outros o veem. Essa habilidade pode ser compreendida como "assumir uma perspectiva diferente". Acredito que a metáfora das lentes ajude a entender. Vemos o mundo por meio de múltiplas lentes. Essas lentes representam quem somos e de que perspectivas enxergamos o mundo. Algumas delas são constantemente modificadas e outras estão conosco desde que nascemos. É fácil entender um conflito quando usamos essa metáfora. Vinte pessoas testemunham o mesmo evento, ouvem a mesma notícia ou analisam a mesma situação, mas 20 diferentes conjuntos de lentes fazem com que todos vejam, escutem ou deduzam coisas bem distintas.

Para sermos empáticos, devemos estar dispostos a reconhecer que temos nossas lentes e a tentar enxergar a situação do outro por meio das lentes dessa pessoa. Por exemplo, como pesquisadora, preciso compreender como as minhas entrevistadas veem o mundo. Devo me esforçar para não enxergar suas histórias através das minhas lentes, para ouvir atentamente enquanto descrevem o que veem, sentem e vivenciam. No caso do biscoito, por exemplo, Dawn foi capaz de assumir minha perspectiva da situação e reagir de forma empática.

As crianças são muito receptivas ao aprendizado das habilidades para assumir diferentes perspectivas. Além de naturalmente curiosas sobre o mundo e sobre a forma como as pessoas operam nele, são também bem menos convencidas de que as suas perspectivas sejam "as corretas". Aqueles que aprenderam essa habilidade na infância devem ser imensamente gratos. Aqueles que não foram apresentados a ela nos primeiros anos terão de se esforçar mais para adquiri-la na idade adulta.

No entanto, independentemente do esforço, somos todos humanos, e haverá momentos em que examinaremos a vida e as histórias de outras pessoas com nossas próprias lentes. Infelizmente, quando se trata de reagir com empatia com alguém que experimenta a vergonha, é mais provável que, caso tenhamos vivido questões similares, nos mantenhamos presos a nossas perspectivas. Se Dawn tivesse passado por uma experiência de "vergonha materna", talvez não houvesse sido capaz de baixar suas lentes e usar as minhas. A história do biscoito poderia ter tocado um ponto fraco dela. Identificar-se demais com as experiências do outro pode se tornar uma barreira tão grande quanto a ausência total de identificação.

Embora não seja fácil, assumir a perspectiva do outro é possível. Para isso, é preciso comprometimento, esforço, coragem de cometer erros e disposição para ser confrontada em relação a esses erros. Além disso, é necessário que se compreenda que o que se vê é *uma* visão do mundo, não *a única*.

Não emitir juízos de valor. Um dos grandes desafios que enfrentaremos para desenvolver a empatia será superar o hábito de julgar os outros. Todos nós fazemos isso; a maioria, o tempo todo. Julgar se tornou uma parte tão importante de nosso padrão de pensamento que raramente nos damos conta de como ou por que fazemos isso. Tornar-se ciente do hábito de julgar é um processo que exige muito pensamento consciente.

Segundo uma pesquisa conduzida por Sidney Shrauger e Marion Patterson, julgar os outros nos permite avaliar e comparar nossas habilidades, crenças e valores em relação aos dos outros. Isso explica por que julgamos os outros com mais frequência em questões que são importantes para nós.

Por exemplo, em minhas entrevistas, várias mulheres expressaram como se sentem julgadas por outras no que diz respeito à aparência e à maternidade. Por outro lado, os homens entrevistados falaram que os outros homens estão constantemente se avaliando segundo o nível de sucesso financeiro, intelecto e força física. Às vezes, quando estamos sufocados pelos rígidos ideais de gênero de nossa cultura, acreditamos equivocadamente que podemos escapar da pressão julgando os outros: "Olhe só, comparada a ela, eu sou ótima!"

A vergonha, o medo e a ansiedade são grandes incubadoras para o julgamento. Quando experimentamos a vergonha em relação a determinada questão, ou quando nos sentimos ansiosos, ameaçados ou amedrontados, parece impossível deixar de julgar. Em minhas entrevistas, três temas provocaram consistentemente julgamentos duros e dolorosos nas participantes. O surpreendente é que entre esses temas não estavam aborto, política, religião ou nenhuma grande questão que provoque divergências de opiniões. Eram os assuntos que as atingiam mais de perto: vícios, criação dos filhos e casos amorosos. Em outras áreas, as mulheres sentiam remorso ao julgarem os outros, mas, quando se tratava de um desses temas, elas se sentiam absolutamente justificadas em suas opiniões raivosas.

Por exemplo, eu estava conversando com uma mulher que me contava como sentia vergonha quando os pais a criticavam pela forma como criava os filhos. Ela me disse: "Quando se trata da forma como se educam as crianças, todo mundo é um crítico. Pouquíssimas pessoas falam do que você faz bem. Só encontram defeitos." Ela explicou que estava trabalhando com um orientador especializado na educação de filhos, lendo e se esforçando, e que queria apenas que alguém reconhecesse sua dedicação. "O que acontece é o seguinte", continuou ela. "Eu me esforço muito para ser uma boa mãe. Tento não ficar zangada e gritar. Tento não perder a paciência. Nunca bato nem digo coisas horríveis, mas às vezes fico zangada. Quando perco o controle e me zango, eu me sinto muito mal. Se você é do tipo de mãe que bate, empurra ou sacode os filhos, não quero nem conhecer você, pois não temos nada em comum. Se diz coisas cruéis, que magoam seus filhos, não quero ouvir nem estar por perto."

Considerando-se a sensibilidade dessa mãe aos julgamentos de que era alvo, seria fácil rotular suas críticas às outras como "hipocrisia", mas não tenho certeza se esse termo seria adequado, pelo menos não nesse caso. Vi medo e vergonha mais do que raiva.

Trata-se de um círculo vicioso. O julgamento que fazem de nós nos magoa e envergonha e por isso julgamos os outros para nos sentirmos melhor. À medida que entrevistei mais mulheres sobre esse fenômeno, percebi que, para nos abster de julgar, precisamos ter muita consciência do que estamos pensando, sentindo e dizendo. Não é possível fingir que não se está julgando. Essa atitude está nos olhos, na voz, na linguagem corporal. A empatia verdadeira exige que não julguemos e isso é muito difícil se não tivermos consciência de nossas próprias atitudes. Precisamos nos conhecer e nos compreender antes de conhecer e compreender outra pessoa.

Compreender os sentimentos dos outros. Para isso, devemos manter contato com nossos próprios sentimentos e emoções e estar à vontade com eles. Para muitos, esse mundo é completamente estrangeiro – um território complexo de linguagem e pensamentos novos. Por exemplo, se não somos capazes de reconhecer as diferenças sutis mas importantes entre decepção e raiva em nós mesmos, é praticamente impossível reconhecê-las nos outros. Se não conseguimos identificar e dar nome ao medo quando o sentimos, como poderemos nos conectar de forma empática com alguém que esteja com medo? É difícil reconhecer e nomear as emoções, especialmente se não recebemos o vocabulário nem as habilidades necessárias para navegar nesse mundo desde cedo – o que, infelizmente, é o caso da maioria das pessoas.

No exemplo com Dawn, ela deixou claro para mim que sabia o que eu estava sentindo quando disse: "Você só está tentando dar conta de tudo" e "Sei que você acha que não vai conseguir". Ela não precisava ter dito "Percebo pela sua voz que você está experimentando altos níveis de ansiedade associados ao medo de decepcionar os outros". Ela poderia ter falado isso – é uma assistente social –, mas não foi necessário, e nem sei se teria tido o mesmo efeito. O que ela precisava era transmitir para mim que compreendia minha perspectiva e meus sentimentos em relação à situação.

Comunicar essa compreensão. Este último passo às vezes pode parecer arriscado. Nas aulas de habilidades de empatia, é aqui que os alunos costumam tropeçar (todos nós, aliás). Vamos imaginar que Dawn tivesse compreendido mal meus sentimentos ou não houvesse captado completamente minha perspectiva, e que sua reação fosse mais do tipo: "Eu sei, é tão frustrante. Steve bem que podia ter lembrado de levar os malditos biscoitos para a escola. Por que somos nós que temos que lembrar de tudo?" Será que esse comentário teria estragado permanentemente essa oportunidade de troca empática? Claro que não. Repito, a empatia não é apenas uma questão de palavras – é um envolvimento completo com o outro e o desejo de compreendê-lo. Se eu soubesse que Dawn estava envolvida, que apenas tinha compreendido mal, provavelmente eu teria dito algo como: "Não, não estou zangada com Steve. Estou surtando porque fiz tudo errado e o fim de semana ainda nem começou."

Agora, se Dawn não estivesse envolvida nem me ouvindo de fato, eu nem teria me dado o trabalho de permanecer conectada e buscando o que eu precisava dela. Poderia aceitar o comentário sobre Steve e dizer "É, a pressão é sempre nas mães" e mudar de assunto. Mas, quando disse a ela que era sério, ela se calou e eu soube que ela estava atenta e que queria ouvir o que eu tinha a dizer.

Empatia, coragem e compaixão

As histórias exigem vozes que as articulem e ouvidos que as escutem. Elas só são capazes de promover a conexão quando existe alguém para falar e alguém para ouvir. Ao compartilhar meu trabalho sobre as mulheres e a vergonha, espero realizar duas coisas: dar voz e ouvidos a quem não os tem. Meu primeiro objetivo é compartilhar as histórias complexas e importantes que as mulheres costumam guardar para si por causa da vergonha, porque as histórias delas são as nossas. Merecem ser contadas. Meu segundo objetivo é transmitir tais histórias de forma que sejam ouvidas. Com frequência, o problema não está nas vozes, mas em nossos ouvidos. As vozes estão ali – cantando, gritando, desejando serem ouvidas –, mas não as ouvimos porque o medo e a recriminação abafam os sons.

A coragem nos dá voz e a compaixão nos dá ouvidos. Sem as duas, não há oportunidade para empatia e conexão. Repito, não estou falando de bravura ou de heroísmo, mas da coragem comum – a coragem de contar nossa história com o coração. Precisei tomar coragem para telefonar a Dawn e falar sobre os biscoitos. Dawn teve que praticar a compaixão. Tinha de estar disposta a abrir espaço em seu mundo para minha experiência dolorosa. Nas próximas duas seções, vamos explorar essas ideias sobre coragem e compaixão separadamente, mas primeiro queria enfatizar a importância de como elas trabalham juntas.

Empatia e coragem

Na Introdução, falei sobre a importante história da palavra *coragem*. Embora certamente não seja incomum que o significado das palavras mude com o passar do tempo, muitos acreditam que as definições de *coragem* reflitam uma mudança cultural que reduziu o valor das vozes e das histórias femininas. No fim dos anos 1990, 150 terapeutas reuniram-se no estado americano de Vermont para falar da coragem e da evolução da palavra. Elizabeth Bernstein, terapeuta e uma das organizadoras da conferência, explicou que coragem não trata apenas de matar o dragão, mas também de se manter fiel a si mesmo e expressar seus pensamentos.

A reverenda Jane Spahr, ministra presbiteriana e ativista dos direitos LGBT, também compareceu à conferência. A reverenda contou as histórias de São Jorge e Santa Marta para ilustrar as diferentes formas assumidas pela coragem. Explicou que São Jorge matou o dragão porque a fera era má, mas que Santa Marta o domesticou e tornou-se amiga dele. E disse mais: "Esse é um de nossos mitos feministas que se perdeu. A coragem pode significar matar o dragão. Mas será que também não significa domesticar nossos medos?"

Quando ouvi as histórias de Susan, Kayla, Theresa, Sondra, Jillian e das outras mulheres que entrevistei, fiquei impressionada com a franqueza delas. Mas, aos poucos, enquanto ouvia, percebi que era mais do que franqueza. Era coragem. Cada uma das mulheres que participaram da pesquisa mostrou-se disposta a encarar seus medos para que nós pudéssemos aprender. Quando contamos nossas histórias, mudamos o mundo. Sei que parece clichê, mas acredito nessas palavras. Nunca saberemos como nossas histórias podem mudar a vida de alguém – de nossos filhos, amigos, pais, companheiros ou talvez a de um desconhecido que as ouve por acaso ou as lê em um livro.

Mas a coragem, em especial, a coragem comum que precisamos para nos expor, não é simples nem é facilmente conquistada. Com frequência ouvimos as pessoas dizerem: "Simplesmente conte sua história!" ou "Fale o que pensa!". É bem mais complicado do que isso. Às vezes enfrentamos consequências e ameaças apenas por dizer o que se passa em nossa cabeça ou contar nossas histórias. De fato, quando começamos a aprender mais sobre os quatro elementos da resiliência à vergonha, vemos que a maioria de nós deve trabalhar muito antes de ser capaz de procurar o outro e compartilhar histórias. Às vezes, a compaixão está em ouvir o que o outro tem a contar; às vezes, está em se sentar ao lado da pessoa que está dominada pelo medo de não estar pronta para compartilhar.

Em seu artigo sobre coragem comum na vida de meninas e mulheres, Annie Rogers escreve: "Uma forma de compreender a etimologia da palavra coragem é considerar sua história como uma série de perdas. Ao longo de cinco séculos, de 1051 a 1490, a coragem foi isolada de suas origens no tempo, no coração e nos sentimentos. Em outras palavras, ela foi lentamente dissociada daquilo que a cultura ocidental tradicional considera qualidades femininas e passou a significar 'aquele estado da mente que se apresenta ao enfrentar o perigo sem medo e sem se encolher', uma definição que costuma estar relacionada à bravura e ao heroísmo de meninos e homens. O padrão de perdas ao longo da história da palavra parece refletir uma crescente invisibilidade da coragem de meninas e mulheres na cultura ocidental."

Sem coragem, não conseguimos contar nossas histórias. Quando não as contamos, perdemos a oportunidade de vivenciar a empatia e de avançar em direção à resiliência à vergonha.

Empatia e compaixão

Se a empatia é a habilidade para usar as próprias experiências a fim de se conectar à experiência que alguém nos relata, a compaixão é a disposição de estar aberto a esse processo. Ao me preparar para escrever este livro, li tudo que encontrei sobre compaixão. Por fim, achei na obra da monja budista americana Pema Chödrön algo que se ligava de forma poderosa com as histórias que ouvi nas entrevistas. No livro *Os lugares que nos assustam*, ela escreve: "Quando praticamos gerar compaixão, podemos esperar experimentar o medo de nossa dor. A prática da compaixão é audaciosa. Ela implica aprendermos a relaxar e nos permitir seguir suavemente na direção daquilo que nos assusta. O truque é manter a perturbação emocional sem que ela se transforme em aversão, deixar que o medo nos amoleça, não que endureça e se torne resistência."

Quando ouvimos e assistimos a alguém contar a história por trás de sua vergonha, conseguimos nos inclinar em direção ao desconforto dessa dor? Quando Allison, a jovem cuja mãe cometeu suicídio, nos fala o que aquilo significou para ela, conseguimos ficar a seu lado em meio a essa dor? Quando a mulher cujo filho luta contra a dependência química nos fala de sua dor, somos capazes de permanecer com ela e sua vergonha? Ou sentimos a necessidade de sermos "positivos" ou mudar o rumo da conversa? Se estamos dispostos a ficar abertos e presentes, estamos prontos para praticar a compaixão.

Uso a palavra "praticar" porque acredito que a compaixão é um compromisso e requer prática constante. Chödrön ensina que precisamos ser honestos e capazes de nos perdoar nos momentos e nas circunstâncias em que temos vontade de nos fechar. "Sem nos justificar ou condenar, corajosamente nos abrimos para o sofrimento, que pode ser a dor que vem quando erguemos barreiras ou a dor de abrir o coração para a própria tristeza ou para a tristeza de outro ser humano. Aprendemos tanto com os fracassos quanto com os sucessos. Ao cultivar a compaixão, aprendemos com o conjunto de todas as nossas experiências – nosso sofrimento, nossa empatia, bem como nossa crueldade e nosso terror. É preciso que seja assim. A compaixão não é um relacionamento entre quem cura e quem é curado. É um relacionamento entre iguais. Só quando conhecemos nossas próprias trevas temos condições de estar presentes nas trevas de outras pessoas. A compaixão se torna real quando reconhecemos nossa humanidade compartilhada."

Antes tarde do que nunca

Com frequência me perguntam se acho que é tarde demais para expressar empatia. Podemos voltar atrás quando deixamos a oportunidade passar? É interessante, pois muitas mulheres falaram sobre isso nas entrevistas: "Antes tarde do que nunca." O impacto da "empatia tardia" pode ser diferente daquela empatia imediata, mas o potencial para fortalecer o relacionamento continua ali. Vejamos um exemplo pessoal.

Recentemente, saí para jantar com uma amiga. Ambas tínhamos recém-nascidos na ocasião. Ela ficava em casa com o bebê e o filho mais velho, que ainda era bem pequeno, e eu me preparava para voltar a trabalhar. Ela me contava que estava triste porque sentia que ela e o marido provavelmente não teriam mais filhos. Explicou que, apesar de às vezes se sentir sobrecarregada com duas crianças pequenas, sempre desejara ter três ou quatro filhos e enfrentava grande dificuldade para abrir mão dessa visão de família.

Enquanto ela falava, eu ouvia. No entanto, as vozes na minha cabeça abafavam suas palavras. "Meu Deus, o que ela está pensando? Dois é maravilhoso. Estou tão feliz. É perfeito para mim."

Minha resposta foi algo como: "Dois é perfeito. Dá muito trabalho quando entram na escola. Além do mais, você pode voltar a trabalhar, fazer pós-graduação ou algo assim." Ela pareceu chocada com essa resposta e gaguejou para encontrar as palavras certas. "Bem, eu gosto de ficar em casa com eles no momento. Se eu tivesse mais um filho, isso não me impediria de voltar a estudar ou trabalhar... se eu quisesse. Não tenho medo de trabalhar ou de voltar a estudar com três ou quatro filhos."

"Pois deveria", zombei.

Ela rapidamente mudou de assunto e depois de mais uns 10 minutos de conversa superficial e desconfortável, fomos cada qual para casa. Eu me senti péssima. Dois minutos depois de sair do estacionamento, liguei para ela. "Onde você está?"

Minha amiga pareceu surpresa. "Estou na esquina. Por quê? Você está bem?"

Disse que precisava falar com ela e pedi que estacionasse no posto de gasolina do outro lado da rua.

Paramos e fui até ela, que saltou e perguntou: "O que aconteceu?" Expliquei: "Preciso me desculpar pelo que eu disse... e... pelo que não disse. Quando você me falou que estava com dificuldade de aceitar a ideia de não ter mais filhos, eu não a apoiei. Sinto muito. Quero compreender e ficar do seu lado. Posso ver que está mesmo triste. Pode me dar outra chance?"

Tenho sorte. Ela era corajosa. Começou a chorar e disse: "É verdade, o que você disse fez com que eu me sentisse mal. E estou mesmo triste. Está sendo muito difícil para mim."

Comecei a chorar. Conversamos mais sobre o assunto e nos abraçamos. Eu agradeci por ela ter aceitado meu pedido de desculpas e também por ter me dado mais uma chance, o que foi igualmente importante.

É preciso muita coragem para compartilhar sua dor com alguém. E ainda mais para fazer isso duas vezes – sobretudo quando o outro rejeitou você da primeira vez.

Depois de refletir sobre essa situação, compreendi que havia me assustado com a tristeza em sua voz quando ela começou a falar sobre não ter mais filhos. De fato, bloqueei a compaixão. Eu teria sido capaz de lidar com a raiva, o medo e talvez até com a vergonha. Mas não com a tristeza. Eu estava vivendo altos níveis de estresse e ansiedade com o prazo de entrega do meu livro. E também com a minha própria tristeza pelo tempo que ficaria longe do meu bebê ao voltar a trabalhar. Vi sua história através de minhas lentes. Em outras palavras, minhas próprias questões bloquearam o caminho da compaixão.

Haverá ocasiões em que perderemos a oportunidade de ser empáticos. Muitos profissionais da área de saúde mental costumam chamar esses episódios de "falhas empáticas". Também haverá ocasiões em que as pessoas à nossa volta não serão capazes de nos dar o que precisamos. A maioria dos relacionamentos consegue sobreviver a isso (ou mesmo prosperar) se nos esforçarmos para consertar as falhas empáticas. No entanto, é impossível resistir a repetidas tentativas fracassadas de empatia. Isso é especialmente verdade se nos vemos constantemente racionalizando e justificando por que não conseguimos ser empáticos com alguém ou por que alguém não está nos oferecendo a empatia de que necessitamos.

Eu poderia facilmente ter dito a mim mesma: "Sabe do que mais? Ela precisava ouvir aquilo. Está doida de pensar em ter outro bebê tão cedo. Lamento se feri os sentimentos dela, mas alguém precisa lhe mostrar a realidade." E minha amiga poderia ter reagido ao meu pedido para que conversássemos dizendo: "Não. Não é nada importante. Eu estou bem."

Não é fácil desenvolver as habilidades de empatia. A vergonha é um problema complexo que exige uma solução complexa. Cada um dos quatro atributos da empatia demanda que conheçamos a nós mesmos, que ajamos com autenticidade e que nos relacionemos com outros usando o coração e a mente. Esse ato de empatia produz resiliência à vergonha ao se contrapor ao medo e à desconexão.

Empatia e conexão

Para as mulheres, a conexão diz respeito a apoio mútuo, experiências compartilhadas, aceitação e sensação de pertencimento. Como se pode ver na ilustração da página 67, indivíduos e grupos que reforçam expectativas que geram vergonha em determinada área podem se tornar uma fonte valiosa para estabelecer conexões em outras áreas.

Nos relacionamentos, nos são dados fios. Podemos usá-los para tecer teias que aprisionam outras pessoas ou para tecer cobertores de apoio. A escolha é nossa. Por exemplo, um colega pode ser uma tremenda fonte de conexão no caso de experiências de vergonha geradas em uma situação profissional e fazer comentários ou reforçar estereótipos que geram vergonha em outros campos, como a maternidade ou a orientação sexual.

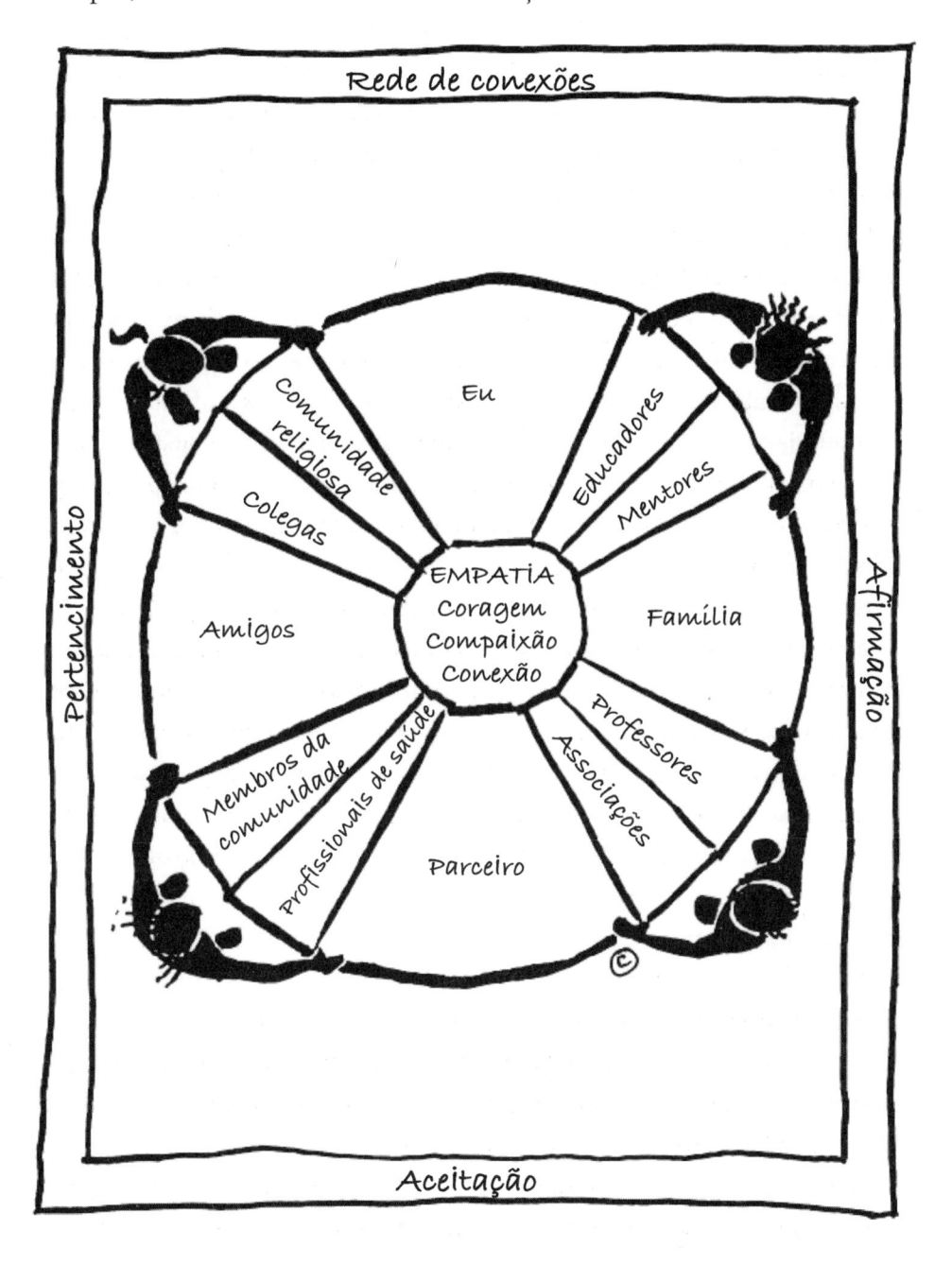

Rede de conexões

Pertencimento

Afirmação

Aceitação

Eu — Comunidade religiosa — Educadores — Mentores — Colegas — Família — Amigos — Professores — Membros da comunidade — Profissionais de saúde — Associações — Parceiro

EMPATIA
Coragem
Compaixão
Conexão

As pesquisadoras e ativistas Lorraine Gutiérrez e Edith Anne Lewis dizem que a conexão tem a capacidade de se contrapor a mensagens, expectativas e estereótipos que formam a teia da vergonha. Elas escrevem: "A conexão serve a dois propósitos: ao desenvolvimento de redes de suporte social e à criação de poder por meio da interação. O envolvimento com outros em situações similares fornece meios aos indivíduos para que se adquira e se ofereça ajuda mútua, criando a oportunidade de aprender novas habilidades por meio de modelos, estratégias para lidar com possíveis represálias institucionais, além de servir, potencialmente, como uma base para ações futuras."

Quando desenvolvemos e praticamos a empatia, a coragem e a compaixão, passamos da desconexão para a conexão. Isso cria a liberação necessária para apreciar o que valorizamos em vez de ficarmos aprisionadas pelas expectativas dos outros. Quando estamos preparadas para praticar a empatia, devemos começar pelo relacionamento mais importante: aquele que mantemos com o nosso próprio "eu". Escrevo sobre autoempatia no Capítulo 9, mas também quero mencioná-la aqui. É importante compreender que não é possível praticar a empatia com os outros a menos que sejamos empáticas conosco.

Se, por exemplo, nos julgamos com rispidez e somos incapazes ou não estamos dispostas a reconhecer nossas emoções, vamos ter dificuldades para nos relacionarmos com os outros. Se cometemos um erro e internamente nos dizemos: "Sou muito burra. Não consigo fazer nada direito", então estamos mais propensas a transmitir os mesmos sentimentos (mesmo sem dizê-los em voz alta) a nossos filhos ou parceiros que tenham cometido um erro. A empatia e a conexão exigem que nós nos conheçamos e nos aceitemos antes de conhecer e aceitar os outros.

Obstáculos à empatia
Simpatia versus empatia

Quando falamos de empatia, com frequência confundimos com simpatia. No entanto, durante as entrevistas, as mulheres elaboraram muito bem as diferenças entre uma e outra. Ao falar sobre a capacidade de superar a vergonha, apontaram com toda a clareza para a empatia: compartilhar sentimentos com alguém que compreenderia e se identificaria com o que falavam. Por outro lado, as mulheres usaram palavras como *odiar, desprezar* e *não suportar* para descrever os sentimentos sobre a busca de simpatia – quer fossem elas que buscassem a simpatia de alguém ou alguém que buscasse a delas.

A busca pela empatia é conduzida pelo desejo de saber que não estamos sós. Precisamos saber que outras pessoas experimentaram sentimentos semelhantes e que nossas experiências não nos impedem de sermos aceitas e apoiadas. A empatia nos ajuda a deixar para trás a vergonha e avançar para a resiliência. A simpatia, por outro lado, pode até mesmo exacerbar a vergonha.

Para ilustrar a diferença, voltemos à história dos biscoitos. Mais ou menos uma semana depois de minha conversa com Dawn, Steve e eu jantávamos com alguns amigos que parecem ser pais ocupadíssimos. Durante o jantar, eles contaram uma história sobre outros pais que tinham tido a coragem de levar docinhos "comprados no mercado", em bolsas de plástico, para a festinha da escola de seu filho de 7 anos.

Claro, eu estou um patamar abaixo daqueles que compram docinhos no mercado. Sou a ladra de biscoitos. Reagi à história dizendo: "Bem, quando lembro de levar doces, normalmente compro no mercado. Raramente tenho tempo de preparar alguma coisa em casa." Eles me dirigiram um sorriso quase amistoso, meio torto, como se estivessem pensando: "Humm... Vamos anotar isso aí."

Por algum motivo, a reação me instou a contar a história da apropriação dos biscoitos alheios. Talvez eu os estivesse testando – considerando-se os comentários sobre comidinhas compradas no mercado, seria possível pertencer ao clube deles? Dawn demonstrara empatia, mas não tinha filhos na época. Talvez eu estivesse procurando redenção junto àqueles superpais. Se conseguissem compreender, eu devia ser uma pessoa legal.

Foi uma daquelas situações em que você começa a contar uma história com entusiasmo e um grande compromisso com a autenticidade, mas, no meio, ao sentir que as coisas não vão tão bem, passa a omitir os piores detalhes e tenta acabar o mais depressa possível. Não sei o que esperava, mas com certeza não era ambos arquejando e cobrindo os olhos com as mãos (como se olhar para mim pudesse cegá-los). Quando concluí, eles balançaram a cabeça no mesmo ritmo e me olharam com ar de piedade. Ela se inclinou na minha direção e disse: "Ah, meu Deus, que coisa horrível! Não consigo me imaginar fazendo algo assim. Sinto muito."

A simpatia deles foi um tapa na minha cara. Como costuma acontecer, a reação deles dizia: "Eu estou aqui deste lado e você está aí. Lamento o que houve e fico triste por você. E, embora eu lamente tudo o que aconteceu, vamos deixar as coisas claras: eu estou aqui deste lado." Isso não é compaixão.

Na maioria dos casos, quando oferecemos simpatia, não nos esforçamos para compreender o mundo como o outro o vê. Olhamos para as pessoas, do nosso mundo, e lamentamos ou ficamos tristes por elas. Na simpatia a seguinte afirmação é inerente: "Não compreendo seu mundo, mas daqui de onde estou as coisas parecem ir mal." Voltando ao episódio do jantar com os superpais, acho que a pior coisa que a mulher me disse foi provavelmente: "Não consigo me imaginar fazendo algo assim."

Ao dizer isso, ficou claro que ela não enxergava o mundo como eu. Via minha experiência a partir de seu mundo, e, repito, isso não é empatia. Em segundo lugar, eu me senti julgada. Nada do que ouvi significava que ela compreendia meus sentimentos e de forma alguma ela expressou sua compreensão da minha experiência. Quando nossa necessidade de empatia é recebida com mera simpatia, podemos afundar mais na vergonha – nos sentimos ainda mais sozinhos e separados. A empatia diz respeito à conexão; a simpatia à separação.

Busca de simpatia

Outra questão complexa é expressar empatia quando alguém está buscando simpatia. Um sentimento que se oculta nessa busca por simpatia costuma ser "Tenha pena de mim porque sou a única pessoa que passa por isso" ou "Minha situação é pior do que a de qualquer um". Naturalmente, isso cria desconexão e separação. Quem busca simpatia não procura empatia nem provas de experiências compartilhadas – procura a confirmação de sua singularidade.

Em oficinas e seminários, quando falo sobre a busca de simpatia, os participantes em geral se mostram agitados e ríspidos. Aprendi cedo a reverter a situação – basta perguntar: "Quantos de vocês conhecem alguém que busca simpatia e estão pensando nessa pessoa enquanto descrevo o conceito?" Nunca falha: vários alunos levantam o braço – os participantes ficam ansiosos para falar da pessoa em quem estão pensando e dizer como ela é irritante.

Muitos me contaram que se sentem manipulados e controlados por pessoas que buscam simpatia. Cheguei a ouvir essas palavras de terapeutas que com frequência se sentem bloqueados ao trabalhar com alguém que está buscando simpatia.

Não é incomum se ressentir ou desdenhar desses pedidos. Parece que, quando a pessoa age assim, todos perdem. Por um lado, ela nos diz que não há ninguém em situação pior no mundo todo e que ninguém a compreende, mas, por outro, procura nossa validação.

Entrevistei uma mulher que disse: "Em minha família, meu marido é aquele que tem o 'direito' de sofrer. Mesmo que eu me encontre em uma situação idêntica à dele, ou pior, quem precisa de atenção é ele. Mas ele não está pedindo ajuda. Quer apenas que eu diga que sua vida é difícil, injusta e pior que a minha. Ele acha que trabalha mais, dorme menos e faz mais. Mas acredite: não é o que acontece."

Às vezes, o melhor que podemos fazer é fingir concordar, dizendo algo como "Sim, isso é mesmo muito duro" ou "Nossa, parece difícil!". Mas, por dentro, é provável que pensemos: "Por favor, já chega" ou "Ei, isso não é nada" ou "Basta de sentir tanta pena de si mesmo". Às vezes, esses pedidos de simpatia nos deixam tão zangados e ressentidos que não conseguimos sequer concatenar uma resposta positiva. No entanto, independentemente do que aconteça, é fácil ver por que esses diálogos quase nunca produzem uma conexão real nem geram compreensão.

Embora a busca por simpatia muitas vezes se resuma a nos colocar sob os holofotes da singularidade, podemos com certeza comunicar "que nos sentimos solitários" e "que nos sentimos os únicos no mundo" sem buscar simpatia. O que separa a simpatia da empatia é nossa motivação para compartilhar as dificuldades. E por ironia, nossa motivação para buscar simpatia costuma ser a vergonha.

No meu primeiro ano como estudante do doutorado, muitas vezes busquei a simpatia. E, como era de esperar, quanto mais eu procurava, mais sozinha me sentia. Estava tão sobrecarregada com as aulas que a vergonha e o medo de fracassar eram reais e imanentes demais para que eu dissesse:

"Estou afundando. Sinto que tudo está além da minha capacidade e que, se eu trancar matrícula ou fracassar, minha vida vai ter chegado ao fim." Embora quase todo mundo possa se identificar com o que relatei, eu não me encontrava numa posição que me permitisse entender com clareza meus sentimentos verdadeiros, muito menos articulá-los.

Eu dizia: "Você não tem ideia de como é a pressão... Não é como fazer graduação ou trabalhar em um escritório." Para as pessoas à minha volta, essas palavras se traduziam em: "Isso é mais importante do que qualquer coisa que você já tenha feito, por isso sinta muita pena de mim." Se os amigos e a família reagiam a meus apelos com simpatia pouco convincente, eu afundava mais ainda pensando: "Eu sabia! Nenhum deles imagina o que é um programa de doutorado."

Quando nos flagramos em busca de simpatia, é bom parar e pensar no que realmente estamos sentindo, no que estamos buscando e no que de fato precisamos. Por outro lado, quando nos pedem simpatia, temos de decidir se queremos apenas demonstrá-la e seguir em frente ou se queremos realmente tentar uma conexão e desenvolver a empatia.

Se quisermos desenvolver conexão e compreensão, às vezes a melhor forma de praticar compaixão é dizer: "Parece que você está passando por uma situação muito difícil. Fale mais." Ou: "Você tem razão. Não faço ideia do que está passando. Como é? Ajude-me a compreender."

Às vezes, quando organizo grupos, há sempre alguém para quem eu digo: "Você está nos dizendo que ninguém pode compreender, mas pede que compreendamos. O que devemos fazer? Queremos nos conectar, mas você está dizendo que é impossível." Com frequência, um diálogo baseado em perguntas como estas pode levar à empatia genuína e à conexão.

Comparando as cartas do baralho

Outra barreira para desenvolver a empatia é o fenômeno que chamo de "comparação das cartas do baralho" e que, em muitos aspectos, está relacionado ao comportamento de buscar simpatia. Repetidas vezes, as mulheres descreveram como ficaram arrasadas depois de finalmente reunir coragem para procurar alguém e ter sua história derrotada pela carta "Você acha que tem problemas?".

- Eu fico com sua "mãe alcoólatra" e você cuida da minha "irmã viciada em drogas".
- Eu fico com "ainda solteira aos 30" e você fica com "mãe solteira".

Quando competimos para ver quem tem a pior situação, quem sofre a opressão mais real ou quem vive o "ismo" mais sério, perdemos de vista o fato de que nossos conflitos nascem no mesmo local – impotência e desconexão.

Se gastamos nossas forças tentando superar a desgraça alheia, competindo pelo "último lugar" ou pisando nos outros para deixar a vergonha para trás, esta sempre prevalecerá. Porque ouvir "Isso não é nada" pode nos fazer sentir como se não fôssemos nada. A maioria de nós alimentará a vergonha com o silêncio antes de arriscar dividir algo que teme não ser tão ruim quanto a situação da outra pessoa ou suficientemente ruim para despertar a empatia.

Lorraine, uma mulher com 20 e poucos anos, falou sobre a vergonha que sentiu quando finalmente se abriu com a colega de quarto na universidade e contou que seu irmão adolescente era esquizofrênico, com um histórico de violência antes de ter sido estabilizado pela medicação. "Ela havia me perguntado sobre ele várias vezes. Enfim contei e comecei a chorar. Expliquei que não sentia vergonha dele, mas sentia vergonha por meus pais o manterem numa clínica. Ela não disse nada."

Quando perguntei a ela o que aconteceu em seguida, Lorraine contou: "Minha colega simplesmente se levantou e disse: 'Não é nada de mais. A irmã mais nova da Kendall [outra colega do alojamento] morreu num acidente de carro. Deve ser bem pior.' Então foi para o banheiro. Eu me senti tão pequena... Preferia não ter falado nada."

Não sabemos por que a colega de Lorraine não conseguiu ou não quis reagir com empatia. Talvez temesse a emoção que viu em Lorraine ou talvez simplesmente preferisse não saber. Há muitas razões possíveis. Vejamos algumas outras reações comuns que mostram como é fácil ignorar a empatia.

"Sinto que meu casamento está desmoronando bem diante dos meus olhos."

Reação A: "Ah, não. Você e Tim formam um casal incrível – tenho certeza de que tudo vai se resolver."

Essa é a reação "Você NÃO foi ouvida" e "não vamos entrar nesse tema".

Reação B: "Pelo menos vocês têm um casamento. John e eu não temos um casamento de verdade há anos."
Eu chamo essa reação de "toda a atenção volta para mim". Ela é completamente isenta de preocupação e de empatia. Não há muitas regras rígidas e precisas para a empatia, mas *"pelo menos"* certamente não é um bom começo para uma reação empática.

"Tive um aborto natural." "Pelo menos você sabe que consegue engravidar."
"Recebi o diagnóstico de câncer." "Pelo menos você descobriu cedo."
"Minha irmã está lutando contra o alcoolismo." "Pelo menos ela não é viciada em drogas."

A reação do tipo "pelo menos" trata essencialmente do nosso próprio desconforto. Usar essa expressão é o equivalente a mandar calar a boca.

Reação C: "Sinto muito. Essa pode ser uma situação muito solitária. Posso ajudar de algum modo?" Esta resposta demonstra empatia. Não faz julgamentos. Não é uma tentativa de se desvencilhar dos sentimentos que a pessoa possa ter. Mesmo que não se sinta solitária, a pessoa tem a chance de responder e sabe que você está tentando compreender o mundo dela.

A pressão para "entender corretamente" ou para "dizer a coisa perfeita" pode ser a maior barreira para a empatia e a compaixão. Começamos a experimentar ansiedade para dizer a coisa certa e, antes de nos darmos conta, perdemos a oportunidade de ser empáticos e compassivos. Diminuímos a pessoa ou a situação, mudamos de assunto, nos afastamos. A colega de Lorraine não precisava dizer nada mágico. Poderia ter apenas replicado: "Puxa, isso deve ser muito difícil para sua família" ou "Isso seria muito difícil para mim também. Como seu irmão está na clínica?".

Em geral, apenas ouvir a experiência de vergonha de outra pessoa é o suficiente para sentir o desejo de se proteger. Não queremos ouvir. É doloroso demais. Um motivo pelo qual a empatia e a compaixão são tão poderosas é o fato de significarem que a pessoa pode ouvir. É como se ela dissesse: "Eu posso ouvir. É difícil, mas posso ficar neste espaço com você."

Cavando mais fundo

Outra forma de evitar a conexão empática é nos convencendo de que realmente não somos capazes de compreender experiências pelas quais não passamos. A colega de Lorraine talvez tenha pensado: "Não tenho a mínima ideia de como é ter um irmão com um distúrbio mental... Como vou ter ideia do que dizer?" Mas é importante lembrar que, se quisermos construir redes de conexão – redes que realmente nos ajudem a passar da vergonha à empatia –, não é possível reservar nossa empatia para uns poucos seletos que tiveram experiências parecidas ou iguais às nossas. Devemos aprender a ir além das situações e acontecimentos que as pessoas descrevem para nos aproximarmos dos sentimentos e das emoções que elas vivenciam.

Uma das participantes da minha pesquisa, por exemplo, falou das dificuldades de ser uma estudante de medicina afro-americana. Ela descreveu sua experiência assim:

> "Sinto vergonha de ser negra demais na faculdade e branca demais para minha família e meus amigos. Na faculdade de medicina, todos olham para mim como se eu não pertencesse àquele ambiente. Sei que pensam que estou ali apenas por causa das cotas. Sempre estudei com bolsas. A maioria dos meus amigos nem terminou o ensino médio. Quando estou na faculdade, fica claro que sou diferente. Quando vou para casa, também enfrento dificuldades. Uma vez minha avó disse: 'Deixe esse jaleco branco e essa atitude de brancos fora de casa. Não pense que vai dar uma de Doutora Sabe Tudo por aqui.' Embora eu tenha a mesma postura de sempre, eles presumem que me considero melhor do que eles. Não me considero. Só quero sentir que pertenço a algum lugar."

Bem, eu me arrisco a dizer que não somos todas estudantes de medicina negras. A maioria nem sequer teve a experiência de conjugar a vida no mundo muito branco e machista da medicina com uma vida familiar afro-americana. Se lermos o depoimento e pensarmos "Nossa, parece bem difícil, mas não consigo me identificar", então perderemos a oportunidade de praticar a empatia. Isso é crucial, pois nosso nível de resiliência à vergonha depende tanto de nossa capacidade de receber empatia quanto de nossa capacidade de oferecê-la.

Jean Baker Miller e Irene Stiver, pesquisadoras e terapeutas do Stone Center, escrevem o seguinte sobre deixar passar a oportunidade de ser empático: "O fenômeno da empatia é básico para todos os relacionamentos. Ou lidamos com os sentimentos presentes em nossas interações, recorrendo uns aos outros, ou nos afastamos. Se nos afastamos dos outros sem manifestar reconhecimento da existência de seus sentimentos, inevitavelmente deixamos a outra pessoa depreciada em algum grau, assim como deixamos de nos envolver de forma plena com a nossa própria experiência, pois estaremos lidando com ela de um modo muito aquém do ideal – em outras palavras, no isolamento."

Se mergulharmos o suficiente em nossas experiências, a maioria de nós será capaz de se identificar com a situação de tentar manter simultaneamente cada pé em um mundo diferente. A gente sabe como é. Quando me abro para ouvir além das dificuldades de equilibrar a faculdade de medicina e a vida junto à família, penso imediatamente em como é manter um pé na maternidade e o outro no mundo acadêmico, ainda dominado pelos homens.

Quando me encontro em um dos mundos, a mensagem que recebo é: "Que bom que você é mãe, mas não queremos ver nenhum vestígio disso por aqui. Se seus filhos adoecerem, você terá que estar aqui; se a creche fechar, preferimos que não os traga." Então mantenho um pé nesse mundo onde tenho permissão para ser mãe, desde que eu não desvie o foco da vida acadêmica, e o outro pé na maternidade, onde me ocupar com uma atividade que eu considero importante é muito bom, desde que eu não cause nenhum transtorno em casa.

Há dias em que consigo manter o equilíbrio. Em outros, tenho medo de que os dois mundos se afastem tanto que eu acabe caindo no meio. A pior sensação para mim é aquela em que sou a única que está prestes a ser partida ao meio.

Não sou uma estudante afro-americana de medicina, mas tive experiências semelhantes no que tange a tentar manter o equilíbrio entre dois mundos que parecem mutuamente excludentes. Para mim, essa experiência me torna solitária, indigna, como se algo estivesse errado comigo. Assim, quando leio o depoimento dessa jovem sobre a vergonha, embora eu saiba que não devo projetar minhas experiências nela, quero conseguir entrar em contato com algumas das emoções que ela talvez esteja sentindo para tentar me conectar com suas palavras.

Eu não preciso contar minha história para ela. Certamente não diria a ela "Sei exatamente o que você quer dizer", porque não é verdade. Talvez eu saiba como é difícil manter o equilíbrio entre diferentes papéis, mas não sei como é ser alvo de racismo. Não imagino como deve ser exaustivo mudar constantemente sua forma de se comportar, para tentar "se encaixar". Não acredito que possamos entender completamente o racismo, o sexismo, a homofobia, o etarismo ou qualquer outra forma de opressão, a menos que tenhamos passado pela experiência. No entanto, acredito que todos devemos desenvolver nossa compreensão da opressão e reconhecer nosso papel em perpetuá-la. A empatia é um excelente ponto de partida.

Percebi que os sentimentos de privilégio indevido eliminam a empatia. Eu me refiro aos privilégios que temos apenas por sermos brancos ou heterossexuais ou integrantes de determinados grupos privilegiados. Empacamos no que eu chamo de vergonha dos privilégios. É diferente da culpa dos privilégios (ou culpa branca). Devemos, sim, sentir culpa por encaminhar um e-mail racista ou contar uma piada de mau gosto. A culpa motiva a transformação e nos ajuda a reconciliar nossas escolhas com nossos valores.

A vergonha não ajuda. Se sentimos vergonha por não sabermos como nos relacionar com alguém que é diferente ou como nos conectar com quem enfrenta uma discriminação injusta, ficamos empacados. Se pensamos "Sou uma pessoa ruim porque não consigo me identificar com ela" ou "Sou uma pessoa ruim pois tenho isso e eles não", paralisamos. Cheguei a um ponto da vida em que desaprender preconceitos é mais importante do que evitar situações em que eu possa ser acusada de dizer ou de fazer a coisa errada. É melhor aceitar que luto contra muitos vieses adquiridos, como a maioria das pessoas. Isso me permite gastar minha energia desaprendendo e alterando meus preconceitos, em vez de ficar tentando provar que não tenho nenhum.

Quando somos honestos em relação a nossas dificuldades, ficamos bem menos propensos a atolar na vergonha. **Isso é crucial, pois a vergonha reduz nossa capacidade de praticar a empatia.** Em última instância, sentir vergonha dos próprios privilégios acaba por perpetuar o racismo, o sexismo, a homofobia, o preconceito de classes, o etarismo, etc. Não preciso saber "exatamente como você se sente": tenho apenas que tocar algo em minha vida que me abra para ouvir sua experiência. Ao acessar esse lugar, evito julgamentos e estendo a mão com empatia. É nesse ponto que a cura pessoal e social começa.

Imagine como seria se tivéssemos que nos comunicar apenas com pessoas que viveram experiências idênticas às nossas. Todos se sentiriam muito solitários. As experiências de vida são como impressões digitais. Não existem duas exatamente idênticas. Além do mais, mesmo que tenhamos passado pelo que acreditamos ser uma experiência idêntica à de outra pessoa, não podemos saber exatamente como essa pessoa se sente. Voltando à metáfora das lentes, existem variáveis demais para que qualquer um de nós seja capaz de ter uma experiência exatamente igual à de outro.

A seguir, mais cinco experiências de vergonha retiradas da minha pesquisa. Após cada uma, listei as emoções que ouvi na entrevista e elaborei algumas perguntas empáticas que podem nos ajudar na conexão com aquela experiência.

Experiência: "Vergonha me faz pensar nos abusos sexuais que sofri enquanto crescia, no que isso causou à minha vida e como mudou tudo. Não se trata apenas do abuso propriamente dito. É tudo com que é preciso lidar pelo resto da vida. É como se você se sentisse diferente do resto do mundo. Nada mais é normal, tudo gira em torno daquilo. Não tenho permissão de ter uma vida como a dos outros. Foi essa experiência que fez de mim a pessoa que sou, portanto tudo está maculado. Vergonha para mim é isso."

Emoções: Sentir-se rotulada, desprezada, incompreendida, diminuída. As emoções podem incluir pesar, perda, frustração e raiva.

Cave mais fundo: Você já foi definida por uma experiência? Já se viu incapaz de se livrar de uma reputação ou "um incidente"? Já foi rotulada injustamente? Já passou pela experiência de ter pessoas atribuindo seus comportamentos a uma identidade que você não merece? Já se esforçou para superar algo só para descobrir que os outros não estão dispostos a esquecer seu passado?

Experiência: "Sinto vergonha porque sempre odiei minha vida. Não importa o que ou quanto tenha, estou sempre decepcionada. Vivo pensando: 'Se tivesse isso ou aquilo, eu seria feliz.' Então consigo isso ou aquilo e ainda não sou feliz. É uma parte horrível de mim e não sei o que fazer para mudar. Não consigo conversar com ninguém sobre o assunto porque todo mundo está cansado de ouvir como me sinto decepcionada com tudo o tempo todo. É o que considero vergonha para mim. Parece que não consigo encontrar a felicidade."
Emoções: Estagnação, raiva. Sentir-se sobrecarregada, decepcionada, confusa, perdida, sozinha.
Cave mais fundo: Às vezes você tem a sensação de que a felicidade está sempre em outro lugar? Já condicionou a felicidade à perda de 10 quilos, à compra de uma casa nova, a mais um filho ou à conquista de uma promoção? Você define o sucesso pelo que não tem? Às vezes desdenha do que tem porque, se você conquistou aquilo, não deve ser grande coisa? Já achou que as pessoas estão cansadas de ouvir suas queixas ou desabafos?

Experiência: "Vergonha é meu marido ter me trocado por outra mulher e meu filho me dizer que foi porque sou gorda. Ele tem só 14 anos e não acredito que tenha falado a sério, ou pelo menos espero que não. Ele só se acostumou a ouvir o pai falar assim. Além do mais, está zangado e talvez acredite que a culpa é minha. Talvez eu também acredite que a culpa é minha."
Emoções: Mágoa, perda, raiva, medo, pesar, autorrecriminação. Sentir-se confusa, isolada, sem saída.
Cave mais fundo: Já precisou se esforçar para não se recriminar? Já foi alvo da raiva e da dor de alguém? Já precisou cuidar de alguém quando

mal conseguia cuidar de si mesma? Já ouviu um filho repetir os insultos de seu companheiro?

Experiência: "Quando virei sócia no escritório de advocacia, tive uma depressão terrível. Tudo aquilo por que eu havia trabalhado parecia não valer nada. Todos os dias eu saía de casa pensando: 'Ai, meu Deus, quando é que vão descobrir que não tenho ideia do que estou fazendo? Eu não merecia essa promoção. Não mereço ser sócia. Vão descobrir que não sou competente.' A pressão era tanta que acabei desistindo. Acho que ninguém me respeita mais. Mas eu não podia continuar. Não sei se eu era boa mesmo e mereci a promoção ou se nunca fui boa e era uma espécie de impostora. Tudo ficou confuso demais."

Emoções: Medo, autorrecriminação, confusão, perda, decepção. Sentir-se sobrecarregada, isolada, insegura.

Cave mais fundo: Já se sentiu uma impostora – como se as pessoas a considerassem mais capaz do que você realmente é? Já temeu "ser pega" quando não havia feito nada de errado? Já sentiu a pressão da decepção dos outros? Da sua própria?

É fácil achar que é mais seguro se distanciar em vez de ir mais fundo, atrás da empatia, mas, como a assistente social Marki McMillan escreve: "A empatia é um dom de validação que, não importa quantas vezes é usado, sempre nos devolve a nossa própria verdade. A empatia cura o outro enquanto nos cura."

Será que não precisamos de um pouquinho de vergonha para andar na linha?

Outro obstáculo para a empatia são nossas crenças sobre a vergonha. Se acreditamos que a vergonha é uma emoção construtiva, podemos não ter interesse em ser empáticos. Vamos ouvir a experiência de outra pessoa e pensar: "Você deveria se envergonhar!"

Ao começar esta pesquisa, não estava certa sobre a distinção entre vergonha boa e vergonha ruim. Há um pequeno grupo de pesquisadores, em especial aqueles que trabalham com perspectivas evolutivas ou biológicas, que acredita que a vergonha tem consequências negativas mas também apresenta uma positiva. A consequência positiva, argumentam eles, é a capacidade de servir como uma bússola para o comportamento moral. Creem que a vergonha nos mantém na linha. Os sete anos testando a afirmação de que a vergonha não pode ser usada para transformar as pessoas aliados à ausência de dados capazes de confirmar essa alegação me deixaram um pouco desconfiada, mas eu estava disposta a permitir que a pesquisa falasse por si.

Não levou muito tempo para que eu chegasse à conclusão de que não há nada de positivo em relação à vergonha. Em qualquer contexto e sob qualquer sistema de avaliação, ela é destrutiva. A ideia de que existem dois tipos, um saudável e outro tóxico, não encontrou sustentação em meu trabalho.

As mulheres entrevistadas sobre a possibilidade de a vergonha ter resultados positivos ou servir de guia para o bom comportamento deixaram claro que a vergonha é tão arrasadora e dolorosa que, independentemente da intenção, as afastava do crescimento, da mudança e de reações que fossem genuínas ou autênticas. A culpa, por outro lado, costumava ser uma forte motivação para a mudança.

Volto a repetir: existem estudiosos que discordam dessa proposição e continuam a acreditar no conceito de uma vergonha saudável, assim como existe um conjunto de evidências cada vez maior que refuta essa ideia. Um dos livros mais abrangentes sobre os estudos da vergonha é *Shame and Guilt* (Vergonha e culpa), de June Price Tangney e Ronda L. Dearing. Nele, as autoras apresentam uma excelente bibliografia sobre vergonha e culpa e expõem um pouco de sua pesquisa original sobre essas emoções.

Em uma seção que questiona se a vergonha tem alguma função adaptativa, Tangney e Dearing explicam que conceituações anteriores talvez não levassem em consideração a forma atual com que as pessoas se autoavaliam e se relacionam com as outras. Elas escrevem: "Com perspectivas e habilidades atributivas cada vez mais complexas, os humanos modernos têm a capacidade de distinguir entre o eu e o comportamento, assumir o ponto de vista de outra pessoa e ter empatia pelo sofrimento alheio. Enquanto os objetivos morais mais primitivos consistiam em reduzir as agressões potencialmente letais, esclarecer a posição social e reforçar a conformidade às normas sociais, a moralidade moderna gira em torno da capacidade de reconhecer os erros, assumir responsabilidade e tomar medidas reparadoras. Nesse sentido, a culpa pode ser a emoção moral do novo milênio."

Se você quer ler mais sobre a culpa – as distinções entre vergonha e culpa, e como se mensura a culpa em pesquisas –, o livro é excelente, embora possa parecer um pouco acadêmico para alguns. Para esclarecer as diferenças entre vergonha e culpa no que diz respeito a resultados comportamentais positivos, eu gostaria de mencionar dois importantes estudos descritos na obra.

O primeiro é o estudo de emoções morais conduzido por Tangney e Dearing durante oito anos, em que acompanharam um grupo de quase 400 crianças. Empregando um instrumento de medição que apresentava situações potencialmente desencadeadoras de culpa ou vergonha, eles descobriram que a suscetibilidade à vergonha em crianças do quinto ano era um forte indicativo de posteriores suspensões escolares, uso de drogas (inclusive anfetaminas, antidepressivos, alucinógenos e heroína) e tentativas de suicídio. Por outro lado, quando as comparações eram feitas com crianças propensas à culpa, os alunos do quinto ano tinham mais chances de entrar para a faculdade e se envolverem com o serviço comunitário. Havia menos probabilidade de tentarem o suicídio, usarem heroína, dirigirem sob o efeito de álcool ou drogas ou começarem a vida sexual precocemente.

O segundo é um estudo sobre o abuso de drogas conduzido por Dearing, Stuewig e Tangney. Os pesquisadores descobriram que, quando a propensão à vergonha aumenta, os problemas de abuso de drogas também aumentam. No mesmo trabalho, constataram que a propensão à culpa pode ter um efeito protetor para evitar o desenvolvimento de padrões problemáticos do uso de álcool e drogas. Veremos mais sobre esse estudo no Capítulo 9.

À medida que aprendemos mais sobre os aspectos positivos da culpa, é importante lembrar que o sentimento de culpa só tem função adaptativa se formos de fato os responsáveis por um resultado, um acontecimento ou um comportamento específicos. Em nossa sociedade é muito comum que as mulheres sejam recriminadas quando não têm responsabilidades e sejam doutrinadas a assumir a responsabilidade por coisas que independem delas. No livro *Changing Course: Healing from Loss, Abandonment and Fear* (Mudança de curso: Curando-se da perda, do abandono e do medo), a Dra. Claudia Black se refere a esse tipo de culpa como "falsa culpa". Ela diz: "Sentir culpa pelo comportamento de outras pessoas e por suas ações é 'falsa culpa'. Assumir a culpa por aquilo que foge ao nosso controle é falsa culpa. Há muitas coisas na vida que são de nossa responsabilidade. Portanto, podemos nos restringir à experiência da culpa 'verdadeira'."

Isso não é um chamado para que criemos crianças propensas à culpa. Essas descobertas são, sobretudo, evidências adicionais que deixam sérias dúvidas quanto à capacidade da vergonha de produzir bom comportamento. Todos nós conseguimos nos lembrar de uma situação de vergonha profunda por que passamos. Nos momentos em que me senti rejeitada, indigna, degradada, sei que estive mais perto de adotar comportamentos inapropriados. Quando eu me senti aceita e bem comigo mesma, os comportamentos saudáveis pareceram mais naturais.

Ao explorar o conceito de que toda vergonha é ruim e destrutiva, somos realmente obrigados a reavaliar a forma como a usamos na criação dos filhos, nas brigas com parceiros e, em um nível comunitário e social, como sistema punitivo. Chegou a hora de deixar de lado o "Você devia se envergonhar", "Que vergonha!" e "Você não tem vergonha?" para explorar a possibilidade de um mundo mais seguro em que as pessoas não estão atoladas na vergonha.

Para pensar sobre esses conceitos, vamos comparar duas abordagens de trabalho com homens que cometem violência doméstica contra suas parceiras. Como assistente social, dedico muito do meu tempo e energia ao tema da violência doméstica. No livro *The Dance of Connection* (A dança da conexão), a autora Harriet Lerner conta a história de Ron, um homem que agredia a mulher, Sharon, com socos no rosto e na barriga, e que foi obrigado a frequentar sessões de terapia por ordem judicial. A Dra. Lerner explica que Ron resistiu à ideia de participar de um grupo de agressores, mas estava disposto e até mesmo interessado em fazer parte de um grupo de homens que tinham dificuldade em controlar a raiva.

Segundo a Dra. Lerner, "Ron resistia à noção de que seu crime o definia. É possível argumentar que Ron é um agressor e que qualquer linguagem que suavize ou obscureça esse fato o torna menos responsável por seus atos; porém, é mais provável que Ron aceite a responsabilidade e sinta remorso se for capaz de se enxergar como mais do que um agressor. Para que as pessoas encarem seus atos lesivos e se tornem genuinamente responsáveis, elas precisam de uma plataforma de amor-próprio na qual subir. Somente a partir de um ponto mais elevado, pessoas que causam dano conseguem ganhar perspectiva. Apenas dali, podem se desculpar."

A Dra. Lerner prossegue explicando que a recusa em assumir uma identidade definida por seus piores atos é um ato saudável de resistência. Se a identidade de Ron como ser humano é igualada a seus atos violentos, ele não aceitará a responsabilidade nem terá acesso a sentimentos genuínos de tristeza e de remorso, pois isso o ameaçaria com sentimentos de ausência de valor. A Dra. Lerner conclui essa seção de seu livro escrevendo o seguinte: "Não conseguimos sobreviver quando nossa identidade é definida ou limitada por nosso pior comportamento. Todo ser humano deve ser capaz de se enxergar como um ser complexo e multidimensional. Quando esse fato é obscurecido, as pessoas se envolvem em camadas de negação para sobreviver. Como podemos nos desculpar por algo que somos, em vez de por algo que fizemos?"

Agora comparemos os pensamentos de Harriet Lerner sobre agressão e a necessidade de um valor próprio às visões do juiz Ted Poe, congressista americano que recebeu atenção nacional por seu método de "punição por meio da vergonha e da humilhação" aos criminosos. Em dois casos diferentes, o juiz Poe ordenou que os homens que agrediram as esposas pedissem desculpas publicamente diante da Vara de Família, no centro de Houston.

Os pedidos de desculpa foram feitos diante de centenas de trabalhadores, no centro da cidade, na hora do almoço. Num editorial escrito por Poe e publicado no *Houston Chronicle*, ele defende seus atos: "Que aqueles que batem na esposa, roubam a propriedade do vizinho e abusam de crianças sintam o ferrão da intolerância da comunidade, ouçam seus nomes nos nossos lábios e paguem o preço aos olhos do povo. Que a vergonha recaia sobre eles, não sobre nós."

Faço então as seguintes perguntas: se seu marido batesse em você e fosse obrigado a se desculpar nos degraus da prefeitura diante de centenas de pessoas, você gostaria de ser a mulher que o receberia em casa depois daquele dia de vergonha pública? Considerando o que sabemos sobre a vergonha e como ela nos afeta, estamos mais seguras com ele envergonhado ou quando se cura da vergonha? Estamos usando a vergonha como punição porque achamos que promoverá mudanças verdadeiras nas pessoas? Ou fazemos isso porque a sensação de fazer os outros sofrerem é boa quando estamos com medo, com raiva ou fazendo julgamentos?

Desenvolvendo resiliência à vergonha

Desenvolver a resiliência à vergonha, essa habilidade de seguir rumo à empatia diante da vergonha, não é um processo fácil. Se fosse, a vergonha não seria uma força tão destrutiva e prevalente em nossa vida. Um dos maiores desafios para desenvolver a resiliência é o fato de a vergonha nos tornar menos abertos a dar ou a receber empatia. Ela protege a si mesma ao dificultar muito o acesso ao antídoto. Quando sentimos vergonha, buscar empatia parece muito perigoso e arriscado. E quando alguém nos procura, é muito difícil cavar mais fundo e encontrar algo além do medo, da raiva e da recriminação.

Enquanto lia as entrevistas que conduzi com essas mulheres corajosas, tentei identificar as qualidades que as ajudaram a desenvolver a resiliência à vergonha. Aquelas que conseguiram superar suas experiências de vergonha tinham algo em comum? As que eram capazes de dar e receber empatia possuíam informações ou habilidades diferentes das que tinham mais dificuldades para superar a vergonha?

A resposta para as duas perguntas é "sim". Encontrei quatro elementos compartilhados por todas as mulheres que demonstraram altos níveis de resiliência à vergonha.

1. A capacidade de reconhecer e compreender os gatilhos que levam à vergonha.
2. Altos níveis de consciência crítica sobre sua teia da vergonha.
3. Disposição para estender a mão aos outros.
4. Capacidade de falar da vergonha.

Em nome da organização deste trabalho, os quatro elementos foram apresentados numa ordem linear (1 a 4). É uma ordem que reflete o que ouvi com mais frequência nas entrevistas. É importante compreender, porém, que as pessoas são diferentes. Algumas mulheres começam pelo quarto elemento, manifestando-se. Outras, com o segundo ou terceiro elemento. Você é quem se conhece melhor. Pense nas informações deste livro no contexto da sua vida e de suas experiências e comece a desenvolver a resiliência ou a praticar a empatia nas áreas em que se sente mais à vontade. O sucesso provavelmente lhe dará a confiança necessária para trabalhar naquilo que você considera mais difícil.

Adicionalmente, nos capítulos dedicados aos quatro elementos, incluí alguns exercícios. Empreguei-os com milhares de mulheres. A maioria acredita que são de grande valia para dar início ao processo. Você está convidada a segui-los e a manter o próprio diário com os exercícios ou apenas pensar na proposta deles.

Muita gente me disse que completou os exercícios junto com uma amiga, irmã ou com um grupo de amigas. Conversei com muitas mulheres que os leram como parte da terapia em grupo. Acredito que trabalhar com outras pessoas é a forma mais eficiente de desenvolver a resiliência. A vergonha acontece entre pessoas e se cura entre pessoas. O importante é que você tenha algum nível de confiança no seu relacionamento, para se sentir segura ao explorar essas ideias.

Também acredito que existe poder no ato de escrever nossos pensamentos, lê-los e refletir sobre eles. Todos os exercícios foram desenvolvidos com a escrita em mente. Mais uma vez, sinta-se à vontade para lê-los e refletir ou para escrevê-los – encontre uma forma que seja significativa para você.

TRÊS

O primeiro elemento: reconhecer a vergonha e compreender nossos gatilhos

Se vamos construir resiliência à vergonha, temos de começar pelo reconhecimento e pela identificação dessa vergonha. Como ela nos inunda com emoções fortes, tais quais o medo e a recriminação, em geral só nos damos conta do que está acontecendo depois que reagimos de uma forma que nos afasta de nossa autenticidade e, em alguns casos, exacerba nossa vergonha.

Por exemplo, a mãe que teve o cartão de crédito recusado: ela estava sobrecarregada pelo sentimento da vergonha e descontou no filho choroso. A maioria das mulheres com filhos conhece esse fenômeno. Acontece numa fração de segundo. O importante é aprender a reconhecer suficientemente rápido quando estamos numa situação de vergonha para evitar reações que atinjam as pessoas à nossa volta. Ou, se já tivermos gritado com o filho, como nesse caso, precisamos aprender a parar de imediato, nos acalmar, respirar fundo e fazer reparações.

De forma um tanto paradoxal, nosso corpo costuma reagir à vergonha antes mesmo que a mente consciente o faça. As pessoas acham estranho quando pergunto onde e como sentem fisicamente a vergonha. No entanto, para a maioria de nós, a vergonha tem uma sensação tão física quanto emocional. É por isso que costumo me referir a ela como uma emoção de contato integral. As mulheres descrevem variadas reações físicas, entre as quais: aperto na boca do estômago, náusea, tremores, ondas de calor no rosto e no peito e tremor. Se conseguirmos reconhecer as reações físicas, talvez possamos limitar o sentimento de impotência que vem nas situações de vergonha.

Quando iniciei este projeto de pesquisa, não estava consciente de minhas próprias reações físicas. Só passei a investigá-las depois de ter entrevistado as primeiras 50 mulheres. Àquela altura, ficou claro para mim que as mulheres com altos níveis de resiliência reconheciam e conseguiam descrever suas reações físicas diante da vergonha. Uma delas me disse: "Fico com a boca muito seca e tenho a sensação de que não consigo engolir. Tento identificar e nomear a sensação na mesma hora." Quando perguntei como, ela disse que começa a murmurar: "Dor, dor, dor, dor, dor, dor." Explicou que, ao reconhecer o que está acontecendo, é capaz de tomar decisões melhores para lidar com a situação.

Achei que era um pouco estranho até experimentar. Talvez não funcione com todo mundo, mas considero um ótimo exemplo de como o ato de reconhecer uma indicação física da vergonha aumenta nossa chance de estarmos atentas e reagirmos de forma consciente.

As perguntas a seguir têm como objetivo nos ajudar a reconhecer as reações físicas à vergonha. Passe algum tempo pensando ou escrevendo as respostas. Algumas podem servir para você e outras não.

Sinto a vergonha fisicamente em meu/minha _____.
A sensação é _____.
Sei que estou com vergonha quando sinto _____.
Se tivesse gosto, a vergonha teria gosto de _____.
Se tivesse cheiro, a vergonha teria cheiro de _____.
Se eu pudesse tocar a vergonha, a sensação seria de _____.

Reconhecer a vergonha é uma ferramenta importante para recuperar o poder. Por exemplo, sei que preciso ficar sozinha durante uns 15 ou 20 minutos quando me encontro em uma situação de vergonha. Agora que os reconheço, os sintomas físicos são a deixa para eu fazer uma saída de cena rápida. Assim que estou só, posso examinar meus sentimentos privadamente. Posso chorar ou respirar fundo. A maioria das entrevistadas falou da importância de ficar sozinha por alguns minutos, para "se aprumar" ou "examinar os sentimentos". Outras disseram que gostam de correr, fazer uma caminhada ou ficar ao ar livre.

Quando sabemos de que forma a vergonha nos aflige, temos uma importante ferramenta de resiliência. Costumamos sentir a vergonha antes de pensar nela. Reconhecê-la permite encontrar o espaço necessário para processar a experiência e adquirir alguma clareza antes de agir ou de se fechar. O próximo passo do exame de nossas experiências é tentar entender melhor os gatilhos que nos levam à vergonha.

Os gatilhos da vergonha

Quando comecei a pesquisa, um de meus objetivos era desenvolver uma lista de gatilhos. A hipótese era bem simples: se soubéssemos quais questões deflagravam a vergonha, poderíamos nos manter alertas, e, se não fosse possível evitar a vergonha, pelo menos aumentaríamos nossa consciência sobre a possibilidade de experimentá-la. Claro que não demorei a perceber que a experiência é altamente individualizada e que não existem gatilhos universais. Junto com outros pesquisadores, descobri que as questões e as experiências que servem de gatilho parecem ser tão únicas e diferentes quanto as mulheres, seus relacionamentos e suas culturas. Também aprendi que enfrentamos a vergonha todos os dias – por mais que possamos reconhecer os gatilhos, é impossível evitá-la.

No entanto, à medida que dava seguimento às entrevistas, vi emergir um padrão de grande força: *As mulheres com altos níveis de resiliência à vergonha reconhecem o sentimento e compreendem seus gatilhos.* Quando falavam sobre sua experiência, demonstravam saber com clareza o que a deflagrara e por que algumas questões eram mais sensíveis do que outras.

Reconhecer e compreender nossos gatilhos não é algo que sabemos fazer por instinto. É um processo. A história de Sylvia é um belo exemplo desse primeiro elemento da resiliência em ação.

Sylvia, uma produtora de eventos na casa dos 30 anos, já chegou na entrevista dizendo: "Queria que você pudesse ter me entrevistado seis meses atrás. Eu era uma pessoa diferente. Estava imobilizada pela vergonha." Quando perguntei o que ela queria dizer com isso, explicou que soubera da pesquisa por meio de uma amiga e se oferecera para participar porque sentia que sua vida tinha sido transformada pela vergonha. Sylvia havia passado recentemente por uma grande descoberta pessoal quando se viu na "lista dos perdedores" no seu trabalho.

Aparentemente, depois de dois anos fazendo um trabalho que o patrão considerava "excelente, vencedor", ela havia cometido seu primeiro grande erro, que levara a agência a perder um cliente importante. A reação do chefe foi colocá-la na "lista dos perdedores". Eu devo ter feito uma careta ao ouvir Sylvia se referir a uma "lista dos perdedores", porque, sem que eu emitisse qualquer comentário, ela completou: "Eu sei, é terrível. Meu chefe tem dois grandes quadros-negros na entrada da sua sala. Um é para os vencedores e o outro, para os perdedores." Ela contou que praticamente não conseguiu trabalhar durante semanas. Ficou insegura e começou a faltar. A vergonha, a ansiedade e o medo tomaram conta dela.

Então, certa noite, ao conversar com a irmã sobre o quadro dos "perdedores", as coisas passaram a fazer sentido. Sylvia e a irmã tinham sido atletas muito competitivas no ensino médio. Sylvia havia até recebido uma oferta para ser atleta bolsista em uma universidade, mas recusara. Enquanto as duas conversavam, a irmã lembrou de como o pai delas usava constantemente a palavra *perdedor*. "Ninguém gosta de perdedores." "Os perdedores nunca deixam de ser perdedores." Ele colocava o tempo das duas na porta da geladeira junto com post-its que diziam coisas como: *Seja um vencedor!*

"Desliguei o telefone, chorei e fui mexer no meu currículo", contou Sylvia. "Percebi que não podia mais trabalhar naquela empresa. Não é só a palavra *perdedor* que me cobre de vergonha. É toda essa ideia de acreditar que ou você é bom ou é ruim, que não é possível ser bom e ter um dia ruim ou tomar uma decisão ruim. Segundo essa forma de pensar, não se pode ser uma boa corredora e ir mal numa corrida. Fico constrangida ou, melhor dizendo, sinto vergonha por ter sido assim. Eu ria das pessoas na lista dos perdedores. Até estar lá. Zombava dos perdedores do mesmo modo que meu pai e meu chefe zombaram de mim. Lamento não ter competido na universidade. Com a bolsa de estudos, eu teria frequentado uma faculdade melhor. Agora entendo que não fui porque não teria sido sempre vencedora naquele nível de competição. Sinto medo de ser menos do que perfeita e minha irmã ainda enfrenta transtornos alimentares. Era mesmo ruim ser um perdedor na minha família." Depois,

Sylvia me contou que ela e a irmã fizeram um pacto de se procurarem sempre que sentissem aquilo que denominaram "vergonha de perdedor".

Isso significa que Sylvia deixou de ser vulnerável à vergonha de fracassar ou de ser considerada perdedora? De modo algum. Nenhum nível de resiliência nos fornece imunidade. Significa apenas que Sylvia terá mais noção do que está sentindo quando a vergonha voltar a acontecer. Esse processo lhe dá ferramentas melhores para dar um passo atrás e pensar no que aconteceu e por que aconteceu. E então ela pode sair da situação – de uma forma construtiva.

Identidades indesejadas

Para dar início ao processo de reconhecimento de nossos gatilhos da vergonha, precisamos examinar o conceito de *identidades indesejadas*. Durante as entrevistas, 12 categorias emergiram como áreas em que as mulheres lutam com mais frequência contra os sentimentos de vergonha: aparência e imagem corporal, maternidade, família, criação dos filhos, dinheiro e trabalho, saúde física e mental, sexo, envelhecimento, religião, estereótipos e rótulos, livre expressão e sobrevivência a traumas.

O que nos torna vulneráveis à vergonha nessas áreas são as "identidades indesejadas" associadas a cada item da lista. Por exemplo, muitas mulheres usaram adjetivos como *escandalosa* e *mandona* para descrever identidades indesejadas associadas à expressão de suas opiniões. Essas identidades indesejadas específicas emergiram nas entrevistas quando as mulheres descreviam a dificuldade de lidar com todas as mensagens e estereótipos que as desencorajam de manifestar opiniões impopulares sobre determinados assuntos ou de dar opiniões que possam incomodar os outros.

Os pesquisadores Tamara Ferguson, Heidi Eyre e Michael Ashbaker argumentam que a "identidade indesejada" é o gatilho mais comum da vergonha. Explicam que identidades indesejadas são características que corroem nossas visões sobre o eu "ideal". Às vezes, temos a percepção de que outras pessoas nos atribuem essas identidades indesejadas e em outras ocasiões nós mesmos nos rotulamos. Por exemplo, não acho que nenhuma de nós se descreveria idealmente como escandalosa ou mandona, nem gostaria de ser descrita assim. Esses estereótipos ofensivos costumam ser usados (com sucesso, devo acrescentar) para manter as mulheres em silêncio. Não precisamos sequer ser escandalosas ou mandonas para temer tais rótulos – isso já nos foi introjetado.

De onde vêm as identidades indesejadas? As mensagens e os estereótipos mais poderosos são aqueles que aprendemos com nossa família de origem. O termo "família de origem" se refere ao núcleo responsável por nossa criação. Em entrevistas com homens e mulheres, ficou óbvio que muitas das "identidades indesejadas" que nos provocam vergonha têm origem em mensagens que ouvimos enquanto crescíamos e nos estereótipos ensinados por nossos pais ou responsáveis. Professores, líderes religiosos e outros adultos influentes podem ter ajudado a moldar nossos pensamentos, porém os pais e responsáveis são, de longe, os maiores influenciadores. Ouso dizer que, quando se trata das 12 categorias de vergonha, toda família possui identidades que são valorizadas e, do mesmo modo, identidades indesejadas consideradas vergonhosas, inaceitáveis ou indignas.

Na minha família, por exemplo, ser "doente" era uma identidade indesejada. Não falávamos de doenças. Nunca ouvi meus pais dizerem algo de negativo sobre enfermidades ou problemas de saúde, mas cresci acreditando que doenças são fraquezas. Curiosamente, meus pais não nos faziam sentir vergonha por "estar doente" e eram empáticos e prestativos com vizinhos e familiares que passavam por problemas de saúde. Porém, eram rígidos consigo mesmos quando adoeciam – o que era raro. Quando ficavam doentes, eles não diminuíam o ritmo. Se passassem por uma cirurgia, voltavam a participar do revezamento de pais do transporte escolar ou retornavam ao trabalho imediatamente.

Assim, ao combinar essa educação que eu recebi com uma cultura que despreza os doentes, é possível perceber de que forma estar doente se tornou uma poderosa identidade indesejada para mim. Mas nada disso foi um problema até eu ficar doente na gravidez, quando tive hiperêmese gravídica – uma condição caracterizada por náusea extrema, vômitos e desidratação. E lá estava eu, vomitando 25 vezes por dia, incapaz de ingerir sequer pedras de gelo, hospitalizada com desidratação severa e gastando a pouca energia que me restara tentando descobrir se algum dos quartos do hospital tinha acesso à internet ou se Steve poderia me filmar para que eu desse aulas no leito do hospital – assim, o reitor não precisaria trazer outro professor para assumir meu curso.

Fiquei repetindo para Steve: "Isso não pode estar acontecendo. Sou forte. Não fico doente." Por fim, frustrado, ele segurou amorosamente meu rosto e disse: "Pois parece que você também fica doente. E neste exato momento, não está tão forte assim. É humana como todos nós. E precisa realmente aceitar que não vai voltar ao trabalho por uns meses. Isso é sério. Precisa tomar um pouco do seu próprio remédio contra a vergonha."

As mensagens familiares são persistentes. E muitas vezes são insidiosas. Tornam-se parte do tecido de nossa família. Até conseguirmos reconhecer e entender por que e como influenciam nossa vida, continuamos a vivê-las e a transmiti-las para a geração seguinte. Não acredito que meus pais tenham conscientemente introduzido as mensagens a respeito de doença e fraqueza em nossa família. De fato, à medida que fico mais velha, sou capaz de olhar para trás com mais clareza e perspectiva: tenho certeza de que também eram prisioneiros dessa mensagem. Os dois foram criados em famílias em que as crenças sobre força e fraqueza pareciam codificadas no DNA. Acho que as passaram adiante sem perceber.

Tenho tido que me esforçar bastante para romper o ciclo com meus filhos. E conforme minha experiência demonstra, isso não tem qualquer relação com o que digo ou com a forma como trato os outros. Preciso observar o que faço e como cuido de mim mesma quando estou doente. Ajuda o fato de ser casada com um médico cheio de compaixão. Ele costuma me lembrar de que "ser forte" é mais uma questão de sorte – e que, quando a doença bate, força não tem nada a ver com isso. Somos todos vulneráveis.

Naturalmente, as famílias não funcionam no vácuo. Como todos os indivíduos, são influenciadas pela cultura e pela história. Entrevistei Deidre, mulher na casa dos 60 anos, que me contou que passara muito tempo sendo envergonhada pela mãe por causa de dinheiro e de seu "comportamento indulgente". Deidre descreveu a própria casa como sendo boa, mas "sem exageros". Porém, quando a mãe aparecia para visitar, atravessava os cômodos pegando objetos e exclamando: "Olhe só este lugar! Quem você pensa que é? A rainha de Sabá? Tudo que você faz é gastar, gastar, gastar. Criou filhos mimados e vivem como se não houvesse amanhã. Não posso acreditar que você é minha filha." A mãe de Deidre cresceu durante a depressão econômica da década de 1930. Para ela, qualquer bem material supérfluo era uma extravagância, um desperdício. E a extravagância e o desperdício eram fortes identidades indesejadas que ela usava para envergonhar a filha.

E não somos apenas influenciados pelas mensagens e pelos estereótipos transmitidos por nossa família de origem; também vivemos num mundo com parceiros, colegas, amigos, membros da comunidade, onde a televisão e as revistas só fazem estabelecer expectativas e definir o que é e o que não é aceitável. Não quero desconsiderar o importante papel que todos esses fatores desempenham em nossa vida, porém, em minha pesquisa, ficou dolorosamente claro que as feridas infligidas por nossa primeira família costumam preparar o cenário para muitos de nossos maiores embates com a vergonha.

Já me perguntaram muitas vezes se acredito que a vergonha só pode ser experimentada em áreas nas quais ela nos foi imposta pelos pais ou responsáveis, mas não acho que seja esse o caso. Acredito que somos mais vulneráveis aos gatilhos da vergonha que se desenvolveram em nossa família de origem, sim. No entanto, entrevistei muita gente que lutava contra a vergonha em torno de questões que haviam surgido em outros lugares – especificamente em mensagens culturais e estereótipos. Isso se aplica especialmente a mulheres e homens com menos de 40 anos. Para muitos nessa faixa etária, a mídia se tornou o principal contador de histórias em sua vida. Ao lado da família, a televisão agora está estabelecendo expectativas e definindo identidades indesejadas.

A força da vulnerabilidade

Quando comecei a escrever sobre vergonha, eu me referia a este elemento da resiliência à vergonha como "Reconhecer nossas vulnerabilidades" em vez de "Compreender nossos gatilhos da vergonha". Mudei o nome por algumas razões. Em primeiro lugar, nos últimos dois anos, recebi centenas de cartas e e-mails de pessoas que estão aplicando as estratégias apresentadas neste livro para desenvolver resiliência à vergonha. Na vasta maioria dessas cartas as pessoas escrevem sobre o poder de "descobrir os gatilhos da vergonha". Em muitos aspectos, acho que o termo *gatilhos da vergonha* parece mais autêntico do que *vulnerabilidades*. Em segundo lugar, acho que as pessoas ainda têm dificuldades com a palavra *vulnerabilidade*, igualando-a à fraqueza, e em nossa cultura há poucas coisas que abominamos mais do que a fraqueza.

Independentemente das palavras escolhidas, reconhecer e compreender nossos gatilhos é essencialmente o mesmo que reconhecer e compreender nossas vulnerabilidades, e isso traz força. Vulnerabilidade não é fraqueza. Às vezes, temos medo de que, ao reconhecer que algo existe, ele fique pior. Por exemplo, se reconheço que ser vista como uma boa mãe é muito importante e aceito que a maternidade é um ponto vulnerável para mim, a vergonha em torno desse tema não vai aumentar? Não. Não é assim que funciona. Quando sentimos vergonha de uma experiência, costumamos experimentar uma combinação avassaladora de confusão, medo e desaparovação. Se acontece em uma área em que sabemos que somos vulneráveis, é bem mais provável que consigamos sair da confusão, do medo e da desaprovação intuindo o que estamos sentindo e o que precisamos fazer para encontrar apoio.

Voltemos à minha história de apropriação dos biscoitos, que serve como exemplo. Quero ser uma boa mãe e quero ser vista como tal. Assim, quando alguém me diz algo ou faço ou sinto qualquer coisa que ameaça meu status de "boa mãe", minha vergonha é deflagrada. Não fico surpresa quando sou tomada por sentimentos de vergonha em relação a esse tema. Ainda sinto dor, confusão, medo, acho que estou sendo julgada, mas tenho informações suficientes para reagir um pouco mais depressa do que faria caso se tratasse de uma vulnerabilidade não identificada – se eu não soubesse que a maternidade é um gatilho de vergonha para mim.

Quando sentimos vergonha, com frequência ficamos confusas, amedrontadas, com a sensação de que estamos sendo julgadas. Isso torna muito difícil acessar a consciência de que necessitamos para avaliar nossas escolhas. Estamos em meio à neblina. É assim que a vergonha nos torna impotentes. Depois da conversa com a professora de Ellen, eu sabia que precisava falar com alguém da minha rede de conexões, mas ainda assim foi um telefonema difícil. Aqui está como quatro outras mulheres descreveram a importância de reconhecer os gatilhos ou identificar as vulnerabilidades:

"Só encontro o terapeuta três ou quatro vezes por ano – toda vez que volto de uma visita à casa dos meus pais. Sei que eles me amam, mas também sei que usam a vergonha e que me julgam por ser gorda e não ter me casado. Faço essas viagens por mim e por eles, mas marco as consultas com meu terapeuta logo em seguida, para cuidar de mim."

"Se existe algo que aprendi é jamais falar de dinheiro perto da minha sogra. Ela fica preocupada comigo e com meu marido e começa a nos recriminar por comprar coisas demais. Levei anos para compreender, mas fez uma grande diferença. Não brigamos mais, e não preciso fugir dela como o diabo foge da cruz."

"Depois de dois anos enfrentando problemas de fertilidade, finalmente aceitei que não podia ir a chás de bebê. Quando você está na casa dos 30, surge um convite para chá de bebê por fim de semana. Eu ia e acabava fazendo um papelão, falando sobre como era maravilhosa a liberdade e a flexibilidade de não ter filhos. Fazia perguntas estúpidas sobre os horrores do trabalho de parto. A única pessoa que sabia que eu estava tentando engravidar era minha melhor amiga. Depois de uma dessas festas especialmente ruim, ela me confrontou. Disse que eu estava me comportando "de forma cruel, diferente do que eu era" e me perguntou se não seria por causa de meus problemas de fertilidade. Quando percebi que era, desmoronei. Ela me ajudou a superar, a entender que não havia problema em não ir a todos aqueles chás de bebê."

"Alguns anos depois da morte do meu marido, comecei a sair com um homem do clube de dominó. Depois de seis meses juntos, perguntei à minha filha se podia falar sobre sexo com ela. Não estava querendo uma conversa do tipo 'como nascem os bebês'. A existência dela provava que eu sabia como as coisas funcionavam. Ela é professora de biologia numa escola de ensino fundamental e eu já a ouvira falar sobre aids. Pois bem, meu namorado tinha feito uma transfusão de sangue anos antes e eu queria saber sobre os riscos. Quando me sentei com ela e comecei a expor minhas dúvidas, ela disse: 'Você só pode estar brincando comigo, mãe! Isso é nojento! Não quero falar sobre esse assunto.' Fiquei mortificada. Perguntei: 'O que você acha nojento?' Ela me disse que era nojento eu sequer pensar em sexo com outra pessoa na minha idade. Até aquele minuto, eu não achava nada de mais, enxergava a situação como natural. Achava que era bom eu estar pensando em sexo seguro. Quando ela disse que era nojento, eu me senti muito ridícula. Perdi completamente a confiança. Refleti: 'O que estou pensando? O que estou fazendo?' Mas minha filha consegue realmente me tirar do sério. Ela age com ar de superioridade – igual ao pai. Por sorte, tenho amigos muito queridos. Conversei com eles, que me ajudaram a entender. Fui em frente com meus planos, mas agora a mantenho na ignorância. É possível dizer que temos uma política de não fazer perguntas nem dizer nada."

Não é apenas a resiliência à vergonha que aumenta quando reconhecemos nossas vulnerabilidades. Diversos outros campos de estudo, inclusive a psicologia social e da saúde, verificaram a importância dessa atitude. Na psicologia da saúde, estudos demonstram que a vulnerabilidade percebida, ou seja, a capacidade de reconhecer riscos, aumenta em grande medida nossas chances de aderir a alguma espécie de regime positivo para nossa saúde. Por exemplo, podemos saber tudo sobre determinada doença, podemos tirar nota máxima numa prova, conhecer pessoas que sofrem de determinado problema, mas, se não nos considerarmos vulneráveis a ele, não faremos nada para impedir que aconteça. Pesquisadores da psicologia da saúde comprovaram que, para garantir que os pacientes sigam as medidas de prevenção, eles precisam trabalhar na percepção da vulnerabilidade. E assim como no desenvolvimento da resiliência à vergonha, o ponto crucial não é o nível de vulnerabilidade, mas o nível em que reconhecemos nossas vulnerabilidades.

Na psicologia social, pesquisadores dos temas influência e persuasão vêm estudando a vulnerabilidade pessoal. São as mesmas pessoas que examinam como as pessoas são influenciadas e persuadidas pela publicidade e pelo marketing. Numa série de estudos muito interessantes, os pesquisadores concluíram que os participantes que achavam que não eram suscetíveis ou vulneráveis à publicidade enganadora eram justamente os mais vulneráveis. E explicaram: "Longe de ser um escudo eficiente, a ilusão da invulnerabilidade enfraquece justamente a reação que forneceria proteção genuína."

Aqui também temos um conceito que contraria em muito o senso comum, pois desafia tudo o que pensamos sobre vulnerabilidade. Judith Jordan, estudiosa da teoria relacional-cultural, do Stone Center, no Wellesley College, aponta outra dificuldade em reconhecer a vulnerabilidade pessoal: "Esse reconhecimento só é possível se sentimos que podemos procurar apoio. Para isso, devemos sentir alguma competência em nossos relacionamentos." A probabilidade de encontrar o insight e a coragem para reconhecer nossas vulnerabilidades pessoais depende de nossa capacidade de compartilhar e falar sobre elas com alguém de nossa confiança, com quem nos sentimos seguros.

Se não temos pessoas de confiança ou se ainda precisamos construir tais relacionamentos, devemos ir além de nossas redes de amigos e família e procurar ajuda profissional. Os terapeutas passam boa parte do tempo ajudando pessoas a identificar e entender suas vulnerabilidades e, como resultado, costumam ser capazes de levar seus clientes a construir ou identificar relacionamentos que servem como redes de conexão.

Para começarmos a identificar e compreender com sucesso os gatilhos da vergonha, devemos primeiro aceitar que assumir nossas vulnerabilidades é um ato de coragem. Devemos estar atentos para não confundir vulnerabilidade com fraqueza. Tenho muita sorte quando se trata desse empreendimento tão difícil. Minha mãe me deu uma tremenda lição sobre vulnerabilidade e coragem. No fim dos anos 1980, o único irmão dela, meu tio Ronnie, foi morto durante um violento tiroteio. Poucos meses depois de sua morte, minha avó basicamente entregou os pontos, mental e emocionalmente. Tendo sido alcoólatra a maior parte da vida, minha avó não tinha a estrutura necessária para superar uma perda tão traumática. Durante semanas, ela vagou pelo bairro, perguntando repetidas vezes às mesmas pessoas, aleatoriamente, se sabiam da morte de seu filho.

Um dia, logo depois da missa em memória a meu tio, mamãe se entregou à dor. Eu já a havia visto chorar uma ou duas vezes, mas com certeza nunca daquela maneira descontrolada. Minhas irmãs e eu ficamos assustadas e também começamos a chorar, apavoradas por vê-la daquele jeito. Por fim, eu disse a ela que não sabíamos o que fazer pois nunca a tínhamos visto "tão fraca". Ela nos olhou e disse numa voz amorosa porém firme: "Não sou fraca. Sou mais forte do que vocês podem imaginar. Estou apenas muito vulnerável agora. Se fosse fraca, já estaria morta." Naquela fração de segundo, soube que minha mãe era provavelmente a mulher mais forte e corajosa que eu conheceria. Ela fez mais do que nos permitir usar a palavra *vulnerável* – ela nos ensinou que assumir nossa vulnerabilidade é um verdadeiro ato de coragem.

Perguntas sobre os gatilhos da vergonha

Como aprendemos a reconhecer nossos gatilhos da vergonha? O que precisamos fazer para assumir nossas vulnerabilidades? Acho que podemos começar examinando cada categoria de vergonha e tentando descobrir as identidades indesejadas que nos provocam vergonha. Enquanto entrevistava homens e mulheres, muitas expressões se repetiam: "Não quero que me vejam como...", "Não quero que as pessoas pensem que sou...", etc. Foram muitas as variações desse tema, inclusive "Eu morreria se as pessoas pensassem..." ou "Não suportaria que pensassem que sou...".

Como as frases indicam, a vergonha está ligada à percepção. Tem a ver com a forma como nos vemos pelos olhos dos outros. Quando entrevistei mulheres sobre suas vivências da vergonha, o problema estava sempre relacionado à "forma como os outros me veem" ou ao "que os outros pensam". E com frequência existe até mesmo uma dissonância entre quem queremos ser e como queremos ser vistos. Por exemplo, uma mulher de 70 e poucos anos me disse: "Fico bem sozinha. Sei que estou mudando. Sei que faço tudo de forma mais lenta e que nada é como costumava ser. Só não consigo suportar a ideia de que os outros percebam e me descartem como pessoa. Porque ser descartada é vergonhoso."

Outro bom exemplo é a imagem corporal. Podemos nos postar diante do espelho, nuas, pensando: "Humm, não sou perfeita, mas está tudo bem." Mas, no momento em que pensamos que outra pessoa pode nos ver – especialmente se for uma pessoa crítica –, sentimos a onda quente da vergonha nos banhando. Mesmo que estejamos em completa solidão, corremos para nos cobrir. Assim que nos cobrimos, lutamos para afastar da cabeça a ideia de "estar exposta". Isso é a vergonha.

Para nos ajudar a reconhecer alguns de nossos gatilhos da vergonha, vamos examinar as perguntas que faço em minhas oficinas. Começamos com lacunas a preencher. Cada uma delas deve ser completada com uma categoria de vergonha.

Quero ser vista como _____, _____, _____, _____ e _____.

NÃO quero ser vista como _____, _____, _____, _____ e _____.

Apesar de estas serem declarações bastante simples, pensar nessas questões em relação às 12 categorias de vergonha é um começo provocador e poderoso para o processo. É importante, no entanto, lembrar que se trata apenas do começo. Como venho dizendo, não existem respostas simples nem fórmulas rápidas.

O próximo passo é tentar descobrir a origem dos gatilhos. Quando os participantes da pesquisa falaram sobre seus gatilhos, conseguiram exprimir uma compreensão de como e por que eles surgiram em suas vidas. A história de Sylvia é um bom exemplo. A dinâmica de vencedor/perdedor é um gatilho para ela. A origem desse gatilho remonta à enorme pressão que enfrentou por parte do pai na época em que era atleta.

Ao examinarmos nossas identidades indesejadas, três perguntas podem nos ajudar a revelar suas origens:

1. O que essas percepções significam para mim?
2. Por que são tão indesejadas?
3. De onde vêm as mensagens que alimentam tais identidades?

Quando se trata da vergonha, a compreensão é um pré-requisito para a transformação. Não somos capazes de, conscientemente, mudar de comportamento até estar cientes do que e por que pensamos. Antes de compreender a origem de sua vergonha, Sylvia chegou a usar a abordagem vencedor/perdedor para envergonhar outros. A mudança de comportamento exigiu que ela reconhecesse o poder que aquele padrão tinha sobre sua vida e compreender a origem daquele poder.

Na Introdução, conhecemos Susan, Kayla, Theresa e Sondra. Vamos dar uma olhada agora nos gatilhos descritos por elas e o papel que essas identidades indesejadas desempenharam em suas experiências.

- Susan contemplava a possibilidade de voltar ao trabalho até o momento da conversa com a irmã que a deixou envergonhada. Nesse exercício, Susan se concentrou em suas percepções sobre a maternidade. Ela escreveu: "Quero ser vista como mãe dedicada, aquela que coloca a maternidade acima de tudo, confiante, tranquila. Não quero ser vista como egoísta, ambiciosa demais, indiferente ou impaciente." Susan me disse que, depois de passar algum tempo olhando para o que escreveu, não ficou nem um pouco surpresa por ter sido dominada pela vergonha com o comentário da irmã. "Ela pintou um retrato meu que reproduzia meus piores medos. Meus pais não acreditam em mães que trabalham fora. Atribuem os problemas mundiais à dissolução da família tradicional. Acho que minha irmã adotou essa crença. É isso que dá combinar as crenças da minha família com toda essa cultura que opõe mães que trabalham a mães que ficam em casa."

- Depois de confidenciar à chefe que se tornaria responsável pelo pai doente, Kayla foi criticada no trabalho por estar sempre envolvida em "dramas familiares". Ela escreveu sobre a forma como gostaria de ser vista: "Quero ser considerada competente, forte, digna de confiança, focada e comprometida. Não quero ser tida como dispersa, pouco confiável, excessivamente emotiva, histérica ou maluca." Ao estudar o que escrevera, Kayla chegou a uma conclusão importante: "Quando penso nas pessoas com quem trabalho e que em geral são muito profissionais, mas que às vezes são dispersas ou emotivas, sou dura com elas. Nunca me preocupei em descobrir o que estava acontecendo ou por que dificuldades estavam passando. Minha atitude sempre foi: 'Deixem seus problemas pessoais na porta... Temos trabalho a fazer aqui dentro.' Não sei bem de onde vêm essas mensagens. Acho que estão por toda parte. Ninguém gosta de gente frouxa e ninguém gosta do tipo que traz problemas pessoais para o trabalho. Meu pai e minha mãe trabalhavam em jornal e eram muito profissionais. Também não gostavam de pessoas excessivamente emotivas. Acho que a razão em parte é o ambiente de trabalho muito competitivo. As mulheres devem trabalhar o dobro. Todas essas características indesejadas são esfregadas na cara delas o tempo todo. Nancy, minha chefe, é a pior. Sobrevive em nossa agência atacando outras mulheres que mencionam assuntos de família no trabalho. Sua forma favorita de depreciá-las é acusá-las de fazer drama ou dizer: 'Não seja tão histérica.'"

- A busca de Theresa pelo corpo perfeito, a casa perfeita e a família perfeita resultou no colapso testemunhado por seu filho. Ela examinou suas identidades relacionadas à família. "Quero que minha família seja vista como divertida, descontraída, organizada, feliz e bonita. Não quero que as pessoas pensem que somos sempre estressados, desestruturados, caóticos ou infelizes." Theresa achou muito difícil falar sobre suas percepções "ideais". Ela me disse: "Não consigo acreditar que me preocupo que minha família seja bonita. É uma coisa horrível se preocupar com isso. É que a gente vê essas famílias em que todo mundo está bem-vestido, sem nenhum amassado na roupa, nenhuma bagunça. As mães e os pais são bonitos e as crianças são umas gracinhas. As casas parecem ter saído de um catálogo de loja de decoração. Aí você olha para si mesma e para seus filhos e se pergunta como os outros conseguem. O que estão fazendo que você ignora? Nós vivemos atrasados. Quando consigo vestir a última criança, a primeira já sujou a roupa toda." Perguntei a ela se conhecia alguma família que correspondia a seus "ideais", e, depois de pensar um pouco, ela respondeu: "Sim, a minha família de origem." E me contou que sua família parecia perfeita e que todos sempre cumprimentavam sua mãe porque as crianças estavam sempre bem-vestidas e bem-comportadas. Ela me contou que a mãe era extremamente preocupada com a aparência, vivia vigiando o peso e vestia-se com capricho. Theresa chorou enquanto me contava: "Mas isso tinha um preço. Depois que ela nos botava na cama, todas as noites, começava a beber. Meus pais sempre tiveram um casamento frio, silencioso. Ela parou de beber há alguns anos, mas não conversamos muito. Sobre isso, com certeza nunca conversamos."

- Sondra conseguiu identificar seus gatilhos rapidamente. Tinha um bloco diante de si e escreveu: "Não quero que as pessoas me vejam como uma idiota que sempre diz as coisas erradas, desinformada ou mal-educada. Quero que me vejam como uma mulher forte, elegante, culta, inteligente, eloquente, que consegue encontrar o equilíbrio entre suas paixões e seus conhecimentos." Sondra então explicou: "No minuto que meu marido me disse que eu o deixava constrangido ao falar de política e religião com Don, eu soube que não falaria mais nenhuma palavra. Ele sabia quanto aquilo me magoaria e foi com tudo." Ela pensou por um minuto e disse: "Talvez eu esteja apenas me machucando ao mostrar isso a ele, mas é onde estou no momento." Sondra explicou que os pais a criaram para "ter orgulho do que é e dizer o que pensa", mas não a prepararam para as consequências. Enquanto crescia, os professores a colocavam em situações de vergonha, o pastor advertia que ela falava demais e que nunca dizia coisa com coisa, o marido sempre tentava fazer com que ela "baixasse o tom" e até a família do marido a criticava por se empolgar demais e ter opinião sobre tudo.

Enquanto você pensa sobre os gatilhos de vergonha dessas mulheres (que talvez sejam seus também), quero falar sobre questões que sempre emergem quando aplico esse exercício em oficinas. Em primeiro lugar, somos muito duras conosco. Quando identificamos essas identidades desejadas e indesejadas, reservamos pouquíssimo espaço para sermos humanas. Em segundo lugar, não é possível negar o poder das mensagens que recebemos ao crescer. Por fim, a maioria de nós julga outras pessoas nas quais identificamos as características que odiamos em nós mesmas.

Quando grandes grupos realizam esse exercício, costumo perguntar quantas acharam a frase "Como quero ser vista" mais difícil de responder do que "*Não* quero ser vista como...". As respostas sempre variam. Aquelas que consideram a "percepção ideal" mais difícil de assumir costumam falar que se sentem mal por colocar tanto valor nessas identidades e às vezes envergonhadas só de pensar que alguém as vê desse jeito. Daquelas que acham mais difícil falar sobre as identidades indesejadas, costumo ouvir que é "doloroso" e "assustador" olhar essa lista.

Há um terceiro conjunto de perguntas muito importantes para esse exercício. Examine sua lista de identidades indesejadas e reflita: "Se as pessoas me reduzirem a essa lista, que coisas importantes e maravilhosas vão ignorar em mim?" Por exemplo, se todas as colegas de Kayla a veem como "dispersiva, pouco confiável, excessivamente emotiva e maluca", vão ficar sem saber que Kayla é muito comprometida com o trabalho, talentosa, uma filha amorosa e dedicada que está fazendo o melhor possível para administrar uma experiência estressante e dolorosa. É muito importante reconhecer que somos pessoas complexas e vulneráveis que enfrentam desafios e possuem pontos fortes – é isso que nos torna humanos e reais.

A maioria dos participantes concorda que é importante fazer os exercícios por escrito. Eu sei, por experiência própria, que é mais difícil escrever essas palavras e encará-las num pedaço de papel. Mas também sei que isso dá a elas mais significado. E permite que a gente se debruce sobre elas e reflita. Às vezes, acreditamos que reconhecer nossos gatilhos os tornará piores. Nós nos convencemos que é mais fácil fingirmos que eles não existem. Não é verdade. Nossos sentimentos, crenças e ações são motivados por esses gatilhos independentemente de escrevermos e assumi-los ou fingir que não existem. Reconhecê-los e compreendê-los é o único caminho para a mudança.

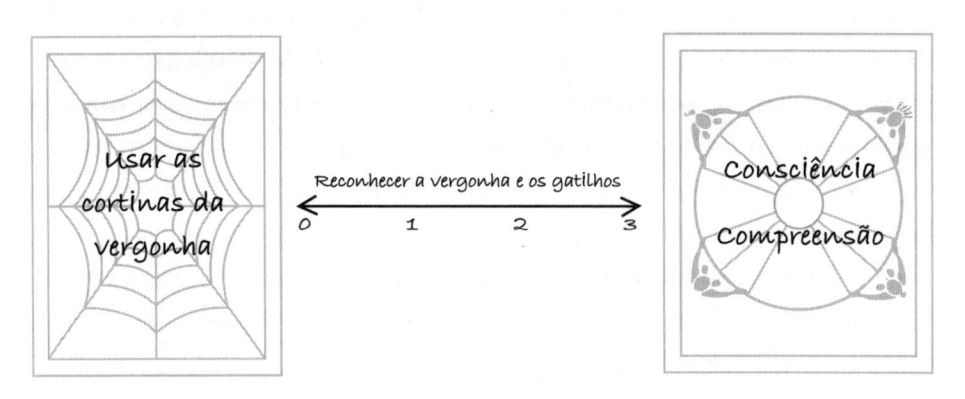

Usar as cortinas da vergonha	Reconhecer a vergonha e os gatilhos 0 1 2 3	Consciência Compreensão

Na próxima seção, vou introduzir o conceito de cortinas da vergonha. Como é possível ver na ilustração acima, quando não reconhecemos a vergonha nem compreendemos as mensagens e expectativas que a acionam em nós, costumamos confiar nessas telas para nos proteger. Como você vai ver, confiar nelas não só é inútil, como também muitas vezes pode levar à própria vergonha.

Cortinas da vergonha
Cheguei ao termo *cortinas da vergonha* depois de analisar informações da primeira centena de entrevistas. À medida que as mulheres explicavam as formas imprevisíveis e por vezes inconscientes com que reagiam à vergonha, percebi que as experiências tinham algo em comum – ao nos ver em uma situação de vergonha, em geral somos tomadas pela necessidade de nos esconder ou de nos proteger a qualquer custo. Ao pensar sobre nossas reações tentando nos proteger da vergonha, me vinham à cabeça cortinas de fumaça – cilindros que expelem uma fumaça densa usados pelos militares para ocultar suas atividades dos adversários.

Infelizmente, essas cortinas não funcionam para nos proteger da vergonha. Não estamos lidando com tanques e infantaria por trás da linha do inimigo, mas com pessoas e relacionamentos. Não seria maravilhoso se carregássemos esses cilindros no bolso e quando alguém ferisse nossos sentimentos, nos fizesse sentir vergonha ou nos deixasse com raiva, pudéssemos pegá-los, liberar a fumaça densa e sair correndo? Ou até ficar no mesmo lugar por trás da parede de fumaça, fazendo gestos obscenos? Por favor. Eu encomendaria caixas e mais caixas se acreditasse que eles funcionariam. Infelizmente, não é assim. A realidade é que, quando lançamos mão da cortina da vergonha, em geral acabamos engasgados com a fumaça.

Ao nos ver em uma situação de vergonha, nossa primeira camada de defesa costuma acontecer de forma involuntária. Remonta a reações primais de fuga, luta ou paralisia. A Dra. Shelley Uram, psiquiatra formada em Harvard, trabalha atualmente em The Meadows, uma instituição que trata traumas e dependência. Em um artigo, a Dra. Uram explica que a maioria das pessoas relaciona eventos traumáticos a acontecimentos *grandes* (como acidentes de carro e desastres). Ela observa, porém, que tendemos a não reconhecer os pequenos e silenciosos traumas que costumam desencadear a mesma reação de sobrevivência no cérebro. Depois de estudar o artigo da Dra. Uram, acredito que é possível que muitas de nossas primeiras experiências com a vergonha, especialmente com pais e responsáveis, tenham sido armazenadas em nosso cérebro sob a forma de trauma. É por isso que com frequência experimentamos dolorosas reações corporais quando nos sentimos criticados, ridicularizados, rejeitados e envergonhados. A Dra. Uram explica que o cérebro não diferencia traumas evidentes ou grandes dos traumas ocultos, pequenos e silenciosos – apenas registra o acontecimento como "ameaça que não somos capazes de controlar".

Em seus estudos, ao opor "lembrar da ferida" a "tornar-se a ferida", a Dra. Uram explica que, na maioria das vezes, quando acessamos uma memória, temos consciência de que estamos no presente, lembrando algo do passado. Porém, quando experimentamos algo no presente que desencadeia a lembrança de um antigo trauma, voltamos a experimentar a *sensação* do trauma original. Assim, em vez de lembrar da ferida, nos tornamos a ferida. Isso faz sentido quando pensamos em como costumamos voltar a um lugar de insignificância e impotência quando sentimos vergonha.

Depois da reação física de fuga, luta ou paralisia, as "estratégias de desconexão" nos fornecem uma camada mais complexa da cortina da vergonha. A Dra. Linda Hartling, estudiosa da teoria relacional-cultural, emprega a obra de Karen Horney sobre mover-se em direção aos outros, mover-se contra os outros e mover-se para longe dos outros ao delinear as estratégias de desconexão que empregamos para lidar com a vergonha. Segundo a Dra. Hartling, em uma situação de vergonha, alguns **se movem para longe**, recolhendo-se, escondendo-se, silenciando-se e guardando segredo. Outros **se movem em direção a seu oponente**, procurando apaziguar e agradar. E ainda há aqueles que **se movem contra**, tentando ganhar poder sobre os outros, usando a agressividade e a vergonha para lutar contra a vergonha.

Recentemente apresentei numa oficina essas estratégias de desconexão numa sequência de letras (*a, b, c*). Uma mulher levantou o braço e perguntou: "Existe uma letra *d* para quem usa todas elas juntas?" A turma toda riu.

Acho que a maioria de nós está na categoria *d* – podemos nos identificar com as três estratégias de desconexão. Sei que já usei todas, dependendo dos motivos ou da forma como me senti envergonhada e com quem estava. É menos provável que eu me *mova contra* quando existe um diferencial de poder (chefes, médicos) ou alguém que estou tentando impressionar (novos amigos, colegas). Em tais situações, estou mais propensa a *mover-me em direção a* ou *para longe*.

Infelizmente, acho que reservo o *mover contra* para as pessoas com quem mantenho os vínculos mais profundos – parentes e amigos próximos. Em quem parece mais seguro despejar a raiva e o medo.

Desenvolvemos nossas cortinas de vergonha durante anos. Muitas vezes, a forma como lidamos com a vergonha se torna tão profundamente arraigada que nem conseguimos vê-la. Em certas ocasiões, leremos livros ou ouviremos as histórias de outras pessoas e reconheceremos nossos padrões. De um jeito ou de outro, é preciso bem mais do que um livro para mudar nossas crenças e a forma como nos sentimos e nos comportamos.

Podemos aprender e entender melhor quem somos e como nos comportamos a partir da leitura de um livro, mas precisamos pôr essas ideias em prática. Mudamos nos nossos relacionamentos com os outros e por meio desses relacionamentos. Às vezes, conseguimos fazer isso com os amigos e a família. Em outras ocasiões, precisamos do apoio de um terapeuta que possa nos acompanhar no processo. É uma jornada singular, individual. Como chegamos lá depende de quem somos.

Outro ponto para ter em mente: a resiliência não é uma cura definitiva. Não pense que dispendi todo esse tempo e energia dissecando minhas experiências e como resultado "nunca mais vou precisar de cortinas de vergonha". Ainda uso esse recurso nada eficiente o tempo todo. A diferença é só que agora tenho maior probabilidade de passar mais rápido pela situação e deixar menos vítimas pelo caminho.

O próximo exercício é identificar nossas cortinas. Ao pensar em cada uma das categorias de vergonha e os gatilhos associados a elas, tente lembrar uma experiência específica. Como você reagiu? Essa reação é um padrão? Como se protege nessas situações?

Vejamos os casos de Susan, Kayla, Theresa e Sondra.

> **Susan:** Definitivamente, sou alguém que se move para longe ou se move em direção a. Não gosto de conflitos. Não fico agressiva nem ajo com crueldade. Apenas tento deixar todo mundo feliz. Claro que isso nunca funciona e posso ficar ressentida. Vai ser muito difícil dizer

para minha mãe e para minha irmã que os comentários delas me enchem de vergonha. Ainda não estou pronta, mas acabarei dizendo.

Kayla: Deveria haver uma cortina chamada "imitação"... Acho que eu me transformo em Nancy e reproduzo tudo o que ela diz. É assim que lido com ela. Se não pode ir contra eles, junte-se a eles. Nunca percebi quanto me magoa ser o alvo dessa atitude. Acho que é uma combinação de mover-se em direção a e mover contra. Sou péssima quando estou com ela – eu confio nela quando não deveria. Então envergonho outros colegas pelos mesmos motivos que ela me envergonha. É minha cortina.

Theresa: Com toda a certeza, me movo em direção ao outro. Quero agradar e corresponder às expectativas.

Sondra: Faço de tudo. Eu me fecho, faço cena, represento – tudo que você imaginar. Naquele caso, eu me fechei até começar a entender o que estava se passando. Não podia dar esse exemplo para minhas filhas. É perigoso demais. Minha tendência é me mover para longe – principalmente quando se trata do meu marido. É como uma forma de punição, porque sei que ele sentirá falta da minha pessoa espalhafatosa.

No próximo capítulo, vou discutir a importância de "testar a realidade" dos nossos gatilhos. Isso nos ajuda a desenvolver a resiliência ao fazer a ligação entre nossas identidades indesejadas e as expectativas sociais mais amplas que conduzem à vergonha. Isso é essencial para desenvolver a resiliência à vergonha, pois não importa quanto a vergonha nos faça sentir sozinhos, estamos nisso juntos.

QUATRO

*O segundo elemento:
praticar a consciência crítica*

Há alguns anos, dei uma palestra para um grande grupo de estudantes e professores de medicina e médicos residentes. Durante essas palestras, indústrias farmacêuticas ou outros patrocinadores costumam fornecer almoço para os presentes. Depois de falar uns 20 minutos sobre vergonha e saúde, comecei a explicar o conceito de consciência crítica. Logo percebi uma onda crescente de atenção perdida. Olhei para a plateia. Quase todo mundo estava comendo. Perguntei de repente: "Como está a pizza?" Todos pararam de mastigar, inclinaram-se para a frente e me fitaram com expressões intrigadas.

Apontei para uma mesa cheia de embalagens vazias e disse: "Estou ciente de que havia pizzas naquela mesa e que a maioria de vocês pegou algumas fatias a caminho da cadeira. Isso é consciência." Eles não pareceram muito impressionados. Então falei: "Também estou ciente que vocês têm muito pouco tempo para o almoço e que o representante de vendas da indústria farmacêutica ofereceu comida como incentivo para que comparecessem a essa apresentação. Sem pizza, vocês provavelmente não estariam aqui. Se não estivessem aqui, não me ouviriam, porém o mais importante: não ganhariam a caneta e o bloco com a nova logomarca da empresa e os pacientes não os veriam com a caneta... Isso é consciência crítica."

Eles se viraram, se entreolharam, olharam para mim e depois para seus pratos. Eu sorri. "Ter consciência é saber que algo existe. Ter consciência crítica é saber por que algo existe, como funciona, de que forma impacta a sociedade e quem se beneficia disso." Acho que eles começaram a entender.

O conceito de consciência crítica também costuma ser chamado de perspectiva crítica. É a crença de que é possível incrementar o poder pessoal ao compreender o elo entre nossas experiências pessoais e sistemas sociais mais amplos. Quando examinamos as categorias da vergonha – aparência e imagem corporal, maternidade, família, criação dos filhos, dinheiro e trabalho, saúde física e mental, sexo, envelhecimento, religião, estereótipos e rótulos, livre expressão e sobrevivência a traumas –, ficou claro que a maioria de nós não foi ensinada a ver a relação entre nossa vida privada e influências sociais, políticas e econômicas.

A vergonha funciona como uma lente de aumento colocada na câmera. Quando sentimos vergonha, damos zoom, fechamos o ângulo de visão, e tudo o que conseguimos ver é nosso eu inadequado, solidão e dificuldades. Pensamos com nossos botões: "Sou o único. Algo está errado comigo. Estou só."

Quando diminuímos o zoom, surge um quadro completamente diferente. Vemos muita gente com as mesmas dificuldades. Em vez de pensar "Sou o único", começamos a pensar "Não posso acreditar! Você também? Então eu sou normal? Eu achava que isso só acontecia comigo!". Assim que começamos a ter uma visão mais ampla, temos mais condições de examinar à luz da realidade gatilhos e expectativas sociocomunitárias que alimentam a vergonha.

Acho que a melhor forma de aprender a consciência crítica é aplicar os conceitos a um problema real. Comecemos pelo exame da questão da aparência e da imagem corporal. Gosto de usar esse tema como exemplo porque ele é um gatilho quase universal. Para começar a entender a visão mais ampla, precisamos fazer as seguintes perguntas panorâmicas sobre aparência.

- Quais são as expectativas sociais e comunitárias em torno da aparência?
- Por que essas expectativas existem?
- Como essas expectativas funcionam?
- Como nossa sociedade é influenciada por essas expectativas?
- Quem se beneficia com essas expectativas?

Embora, com base em idade, raça, etnia, orientação sexual, etc., cada um de nós provavelmente tenha respostas específicas para essas perguntas, para fins de exemplificação vou responder de forma ampla e genérica.

Em primeiro lugar, quais são as expectativas sociais e comunitárias em torno da aparência? Do ponto de vista da sociedade, a aparência inclui tudo, de cabelo, pele, maquiagem, peso, roupas, calçados e unhas até atitude, confiança, idade e riqueza. Expectativas específicas a comunidades incluem itens como textura e comprimento do cabelo, cor de pele, pelos faciais e corporais, dentes, aparência "produzida", aparência "não produzida", roupas e joias.

Por que existem expectativas em relação à aparência? Eu diria que é para que continuemos a gastar recursos valiosos – tempo, dinheiro e energia – tentando alcançar um ideal inatingível. Pense nisto: os americanos gastam mais dinheiro com beleza do que com educação.

Como funcionam? Acho que as expectativas são ao mesmo tempo óbvias e sutis – são tudo o que vemos e o que não vemos. Se você lê revistas de moda ou assiste à TV, sabe bem como "esperam" que você pareça e como "esperam" que você se vista e aja. Se procurar com atenção, percebe também tudo que está faltando – as imagens de pessoas reais. Se combinar o que está lá com o que está faltando, logo vai acreditar que, se não tiver determinada aparência, você se tornará invisível, não importará mais.

Qual é o impacto dessas expectativas? Pois bem, vamos ver...

- Cerca de 30% da população mundial é obesa.
- Cerca de 7 milhões de meninas e mulheres sofrem de transtornos alimentares.
- Quase 19% das mulheres em idade universitária sofrem de bulimia.
- Os transtornos alimentares ocupam o terceiro lugar entre as doenças crônicas mais comum entre mulheres.
- Os últimos levantamentos mostram que meninas muito jovens fazem dieta por acreditar que são gordas e pouco atraentes. Em uma pesquisa realizada nos Estados Unidos, 81% das meninas de 10 anos já haviam feito dieta pelo menos uma vez.
- Uma pesquisa descobriu que o maior grupo de alunos do ensino médio que considera ou tenta o suicídio é formado por garotas que acham que estão acima do peso.
- Há 25 anos, as modelos pesavam apenas 8% menos do que a mulher mediana. Hoje, elas pesam 23% menos. O ideal feminino propagado

pela mídia nos dias atuais é possível para menos de 5% da população feminina – e isso apenas em termos de peso e manequim.
- Entre as mulheres com mais de 18 anos, pesquisas indicam que pelo menos 80% estão infelizes com o que veem no espelho. Muitas não enxergam sequer um reflexo real. Sabemos que pessoas com anorexia se veem bem maiores do que realmente são, mas estudos recentes apontam que esse tipo de distorção na imagem corporal não se limita àquelas que sofrem de transtornos alimentares. Em alguns estudos, 80% das mulheres superestimaram seu manequim. Cada vez mais mulheres sem problemas de peso nem transtornos psicológicos se olham no espelho e veem feiura e gordura.
- De acordo com a Sociedade Americana para Cirurgia Plástica Estética, desde 1997 houve um aumento de 465% no número total de procedimentos estéticos.
- As mulheres fizeram quase 10,7 milhões de procedimentos estéticos, 90% do total. O número de procedimentos estéticos para mulheres aumentou 49% desde 2003.
- Os cinco procedimentos cirúrgicos mais realizados em mulheres são: lipoaspiração, aumento dos seios, correção de pálpebras, abdominoplastia e lifting facial.
- Os americanos gastaram quase 12,5 bilhões de dólares em procedimentos estéticos em 2004.

Quem se beneficia das expectativas com aparência?
- O mercado de produtos para o cabelo: 38 bilhões de dólares.
- O mercado de dietas: 33 bilhões de dólares.
- O mercado de produtos para a pele: 24 bilhões de dólares.
- O mercado de maquiagem: 18 bilhões de dólares.
- O mercado de perfumes: 15 bilhões de dólares.
- O mercado de cirurgias estéticas: 13 bilhões de dólares.

São muitas pessoas dependendo de que a gente veja e acredite em mensagens que vendem as expectativas sociocomunitárias da aparência. Se não acreditarmos que somos gordas demais, feias demais e velhas demais, então os produtos não vão ser vendidos. Sem a venda de produtos, ninguém paga os boletos. A pressão está no ar!

Quando perguntamos e respondemos a essas questões panorâmicas, começamos a desenvolver a consciência crítica. O passo seguinte é aprender como usar essa informação para submeter nossos gatilhos ao teste da realidade. Para isso devemos examiná-los e fazer as seis perguntas seguintes:

- Minhas expectativas são realistas?
- Posso ser tudo isso o tempo inteiro?
- Existe conflito entre essas expectativas?
- Estou descrevendo quem eu quero ser ou quem os outros querem que eu seja?
- O que acontece se alguém me associa a uma dessas identidades indesejadas?
- Posso controlar como os outros me veem? Como tento fazer isso?

Durante nossa segunda entrevista, Jillian respondeu a esse teste de realidade. (Suas identidades ideais eram: magra, sexy, confiante, natural e jovem. Suas identidades indesejadas eram: de meia-idade, cansada, gorda e desleixada.) Aqui estão suas respostas para essas perguntas:

Minhas expectativas são realistas? "Não. Estou na meia-idade e me sinto cansada com frequência. Não é sempre que pareço tão cansada, mas não posso mudar minha idade. A verdade é que não vamos ser uma pessoa magra e sexy para sempre. Quando iniciei esse processo, pensei que estava sendo realista. Mas quanto mais aprendo sobre as expectativas que tenho a meu respeito e as imagens com que me comparo mais percebo que não é possível. As garotas nas revistas têm 16 anos, 20 no máximo. Posso me sentir sexy e em boa forma, mas não de acordo com os padrões do cinema. A verdade é que não é aceitável aparentar 40 anos. É aceitável ter 40 anos, desde que você pareça ter 25 ou 30. Vi um anúncio outro dia em que a modelo dizia: 'Não me importo de ter a minha idade. Só não quero aparentar essa idade.' Por que não? Se ela dissesse 'Olhem só! Esta é a aparência de uma mulher de 40 anos!', então todas nós íamos querer aparentar nossa idade."

Posso ser tudo isso o tempo inteiro? "Não, não posso. Às vezes estou bonita sim. Tenho orgulho da minha aparência de vez em quando. Mas ainda me cobro muito por não ter essa aparência o tempo inteiro. Fico em casa de robe e chinelo, de rabo de cavalo e penso: 'Que desleixada.' Até nesses momentos, penso que deveria estar usando lingerie da Victoria's Secret. Estou começando a odiar a televisão."

Existe conflito entre essas expectativas? "Sim! Foi a pergunta mais reveladora para mim. Não posso parecer confiante se tenho medo que as pessoas pensem que sou gorda e desleixada. E não posso parecer natural se estou usando uma cinta que me deixa sem ar. Penso também no bronzeamento artificial. Aqui faz frio durante seis meses do ano. Quando chega a primavera, todos querem parecer bronzeados. Então, no verão, está todo mundo laranja por causa do bronzeamento artificial. Isso não é muito natural. Não dá para fingir que você é natural e confiante assim. Admiro mulheres que dizem 'Tenho 50 anos e é assim que eu sou. É pegar ou largar'."

Estou descrevendo quem eu quero ser ou quem os outros querem que eu seja? "Um pouco dos dois. Quero ser confiante e natural e quero que as pessoas me vejam assim. Não me importo tanto em ser sexy e magra. Quero ser saudável, mas acho que quero parecer jovem e sexy porque é o que se espera. Conversei muito sobre isso com meu marido. Ele não faz muitos comentários. Quando falei a primeira vez sobre esse assunto, ele ficou chocado com quanto isso me magoa. Minha sogra ainda é muito crítica."

O que acontece se alguém me associa a uma dessas identidades indesejadas? "Houve um tempo em que eu diria que ficaria constrangida por pensar que as pessoas me viam gorda, desleixada e velha. Agora sei que o nome desse sentimento é vergonha. Acho que nada aconteceria. Eu apenas sentiria que estavam rindo de mim, me ridicularizando. Mas, para falar a verdade, não acho que alguém diria isso de mim a não ser eu mesma."

Posso controlar como os outros me veem? Como tento fazer isso? "Antes de aprender sobre a vergonha, eu achava que podia controlar a forma como os outros me veem. Agora sei que não é possível, então minha resposta é 'tapeando um pouquinho'. Eu realmente acreditava que dava para controlar a percepção dos outros se você cuidasse de tudo. Agora sei que ninguém se beneficia disso. Eu costumava tentar controlar as coisas evitando situações em que poderia ser julgada. Não caía na piscina para não tirar o short, por exemplo. Mas, se você faz isso, vai ser julgada também. Não importa o que faça, não é possível controlar como as pessoas a veem."

Ao ler as respostas de Jillian, você percebe que não é fácil submeter nossos gatilhos de vergonha ao teste da realidade. E é quase impossível se não tivermos uma noção do panorama mais amplo. Jillian com certeza usou o zoom para ver suas questões de aparência e sua reação à mídia. Ela não se enxerga como inadequada e incapaz de cumprir expectativas razoáveis. Sabe o que está enfrentando – são todas as mulheres contra a imensa indústria da beleza, que é muito eficiente em nos fazer sentir mal em relação a nós mesmas. Jillian parece ter uma boa noção sobre o funcionamento de seus gatilhos e como eles a afetam.

Durante nossa segunda entrevista, ela falou: "É cansativo. Não dá para saber todas essas coisas e só pensar nelas vez ou outra. É preciso lembrar constantemente ou você é sugada de novo. É difícil. Sobretudo quando as pessoas à sua volta não entendem."

Jillian tem razão. Esse elemento se chama **praticar** a consciência crítica. Se só fizermos as perguntas e respondermos a elas, é provável que nos sintamos empacadas, zangadas e sobrecarregadas. Já é muito ruim que soframos uma pressão imensa para ter uma beleza impossível, mas, quando descobrimos que essa pressão é patrocinada por indústrias multibilionárias, podemos nos sentir derrotadas e resignadas.

Praticar a consciência crítica significa ligar nossas experiências pessoais àquilo que aprendemos com essas perguntas e respostas. Quando o fazemos, avançamos rumo à resiliência ao aprender como:

- contextualizar (eu vejo o panorama geral);
- normalizar (não sou a única); e
- desmistificar (vou compartilhar o que sei com outras pessoas).

Quando falhamos ao fazer essas conexões, aumentamos a vergonha:

- individualizando (sou a única);
- patologizando (algo está errado comigo); e
- reforçando (eu deveria estar envergonhada).

Reforçar
Individualizar
Patologizar

Praticar a consciência crítica
0   1   2   3

Desmistificar
Contextualizar
Normalizar

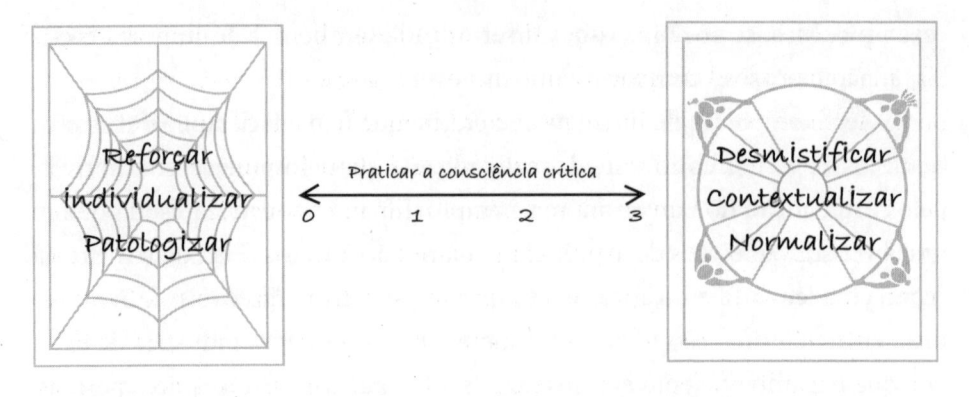

Sempre acho que os exemplos são úteis, sobretudo quando é preciso absorver novos conceitos. Por isso, neste capítulo também incluí as respostas de Susan, Kayla, Theresa e Sondra às perguntas panorâmicas e ao teste da realidade.

A compreensão do panorama costuma exigir investigação. Por exemplo, a lista de números e estatísticas relacionados à beleza neste capítulo veio de livros ou da internet. Realmente encorajo que você faça o trabalho investigativo – pode ser uma grande fonte de poder. Claro, você quer ter certeza de que suas informações vêm de fontes confiáveis – em especial ao usar a internet –, mas existem muitos indivíduos e organizações que fazem um trabalho maravilhoso expondo como as expectativas sociocomunitárias impactam nossa forma de pensar, sentir e agir.

Durante uma oficina recente, uma mulher contou para o grupo que ela enfrentava sérias questões relacionadas a dinheiro. Depois da oficina ela me procurou e disse: "Em vez de fazer compras, vou dedicar meu tempo a investigar como as dívidas nos cartões de crédito prejudicam as mulheres." Perfeito!

Vejamos como Susan, Kayla, Theresa e Sondra aplicaram os princípios da consciência crítica às situações que viviam:

Depois que Susan respondeu às perguntas panorâmicas e ao teste de realidade, ela escreveu: "Fico surpresa por me ver no meio dessa grande guerra da 'maternidade'. Não achei que fosse acontecer comigo. Não sou uma pessoa muito politizada nem tenho uma opinião formada quando se trata de trabalhar ou ficar em casa. Não tinha ideia de que minha decisão de voltar ao trabalho em meio período provocaria tais emoções na minha irmã." Ela prosseguiu: "Não sei quem se beneficia de toda essa pressão. Com certeza não são as mães", disse Susan. "Até colocar no papel, eu não tinha ideia de quanto me preocupo com o que as outras pessoas pensam. Sei que sou uma boa mãe, uma mãe dedicada. O que importa se as pessoas percebem isso ou não?" Ao final, Susan me disse que a coisa mais difícil era desapegar da ideia de que era possível controlar a forma como é vista pelos outros, em especial pela mãe e a irmã. "Eu continuo a me esforçar para convencê-las de que é uma boa decisão para mim e para minha família. Quero que mudem a forma como veem isso. Talvez seja possível, talvez não. Não tenho controle, o que é muito difícil."

Kayla leu ambas as séries de perguntas relacionadas à consciência crítica e escreveu uma frase simples mas poderosa: "Eu fui convencida pelas mensagens que são usadas para me causar vergonha." Explicou que se importava com o que Nancy, sua chefe, pensava e dizia porque a admirava e admirava sua visão inflexível sobre misturar trabalho e família. Kayla disse: "Ninguém se beneficia disso. Ninguém. Todos têm uma vida fora do trabalho, que pode ser difícil. E não só as mulheres. Havia um sujeito na agência que tinha um filho doente. As coisas ficaram tão estressantes que ele precisou deixar o emprego. Eu me senti mal por ele quando tudo aconteceu, mas não o bastante para dizer alguma coisa." Perguntei se a empresa se beneficia dessa política não oficial, e, depois de pensar por um minuto, ela falou: "Não, na verdade não se beneficia. Todo mundo fica estressado demais. Esse profissional que precisou largar o trabalho para cuidar do filho era incrível. Precisávamos dele e ele foi embora. Talvez as pessoas pensem que seja bom para os resultados, mas não é." Kayla me contou que o próximo passo seria considerar seriamente uma mudança para outra agência. "Talvez haja a mesma cultura competitiva em todos os lugares", disse ela, "mas eu poderia recomeçar com outros limites e novas expectativas."

Theresa teve grande dificuldade com as perguntas, como explicou: "Não sei se estou inventando desculpas para os meus sentimentos ou se só estou em busca de algo que vai fazer com que eu me sinta melhor. Não consigo parar de pensar que é possível ter uma versão melhor, mais bem-acabada do que eu tenho. Uma coisa está clara: com toda certeza não posso viver tão estressada e sobrecarregada e ter uma família divertida, descontraída e feliz." Apesar de Theresa e a mãe manterem um relacionamento distante, ela disse que acha que às vezes julga sua família com o olhar da mãe. "Minha decepção constante com a vida cria desgastes com meu marido e no nosso casamento. É injusto com as crianças. Elas com certeza não estão atrás de mais perfeição. Só querem que eu seja feliz. Estou extrapolando essas expectativas. Minha mãe está na minha cabeça."

Quando Sondra examinou como sua experiência em falar o que pensa se encaixava no panorama de sua comunidade, chegou a uma complicada encruzilhada de raça e gênero. "Por um lado, as mulheres negras são consideradas fortes e assertivas. Principalmente ao lidar com os brancos. Mas, quando se trata de homens negros, esperam que baixemos a cabeça. Não acho que meu cunhado acredite nisso, mas certamente meu marido e a família dele pensam que não estou demonstrando respeito suficiente quando coloco em xeque suas opiniões." Sondra acrescentou que acredita que isso afeta a vida de mulheres e meninas negras. "Não consigo ser super-humana às vezes e recuar em outras. Na realidade, estou em algum ponto entre esses dois extremos." Ao usar essas ideias para testar suas percepções ideais diante da realidade, ela escreveu: "Todas essas expectativas me fazem ficar calada. Se não sou perfeita, não posso falar. Preciso aceitar a ideia de estar errada. Preciso ter a permissão para dizer 'não sei'. Também preciso aceitar a ideia de me afirmar. Às vezes é tão difícil estar certa quanto estar errada."

Nas próximas seções, vamos explorar as estratégias que nos levam rumo à resiliência e os obstáculos mais comuns que existem no caminho.

Contextualizar versus individualizar

A palavra *contexto* vem do latim *contexere*, que significa "juntar por meio de urdidura ou tecelagem". Quando compreendemos o contexto de uma experiência, enxergamos o panorama geral. Voltemos à ideia do zoom. Quando estamos envergonhados, vemos apenas nossas dificuldades. À medida que abrimos o ângulo, começamos a ver outras pessoas envolvidas em conflitos semelhantes. Quando o abrimos totalmente, vemos um panorama ainda mais amplo – enxergamos como as forças políticas, econômicas e sociais moldam nossas experiências pessoais. Contextualizar é a chave para fazer a conexão com a vergonha.

Se compreendo como negócios e indivíduos se beneficiam da vergonha que tenho da minha aparência, ela vai embora? Não, infelizmente não. Mas identificar os contextos em que sentimos vergonha nos ajuda a construir a resiliência.

Se sentimos vergonha por não parecermos a modelo na capa da revista, apesar de todos os esforços, é útil saber que provavelmente a modelo também não tem aquela aparência. As manchas foram retocadas, as pernas, alongadas no computador, o sorriso foi clareado e as roupas são emprestadas.

As revistas ganham dinheiro com publicidade, não com assinaturas. O objetivo é que, ao ver a mulher na capa, nos sintamos mal e em seguida compremos todos os cremes anunciados nas páginas. Se compramos muitos produtos, as indústrias de cosméticos podem adquirir mais espaço publicitário na revista, e assim por diante.

Se compramos o pacote completo de como deveríamos parecer e achamos que não conseguimos aquela aparência apenas por não ter força de vontade suficiente ou genes favoráveis, afundamos na vergonha. O contexto pode nos ajudar a compreender como as expectativas sociocomunitárias, a economia e a política são urdidas para criar uma imagem coesa. Não podemos desembaraçar a verdade se não reconhecermos os fios que se entrelaçam.

Muitas de nós somos vítimas das mesmas fontes de vergonha e experimentamos reações muito similares. Porém, devido à natureza isoladora e secreta da vergonha, temos a sensação de que a fonte da vergonha é só nossa e portanto devemos escondê-la a todo custo. Por sua vez, isso nos leva à falsa crença de que a vergonha é um problema pessoal – até mesmo uma espécie de defeito psicológico. E não é.

Sim, é fato que a vergonha pode criar problemas pessoais ou mesmo desempenhar um papel na doença mental, mas ela é também um constructo social – acontece entre pessoas. A vergonha é o que sinto quando me vejo por meio dos olhos do outro. Rotulei a vergonha de constructo psicossocial cultural.

Gosto de explicar do seguinte modo: se a vergonha pudesse ser examinada por meio de um microscópio psicológico, só seria possível ver uma parte do quadro. Se fizéssemos o mesmo com lentes sociais ou culturais, o resultado seria o mesmo: só se veriam partes do problema. Porém, se as três lentes fossem combinadas – a psicológica, a social e a cultural –, obteríamos o retrato completo. A meu ver, o maior perigo é encarar a vergonha como um problema estritamente pessoal, pois assim acabamos buscando apenas soluções pessoais e altamente individualizadas, que deixam intactas e inalteradas as camadas formadas por expectativas divergentes e conflitantes que a alimentam.

Se uma ou duas, ou talvez até mesmo uma centena de mulheres dissessem ao mesmo tempo que sentem vergonha de seus corpos, isso provavelmente não apontaria uma conexão social mais ampla. Mas a vergonha do corpo não ocorre apenas com um punhado de mulheres; ocorre com mais de 90% das entrevistadas. Se apenas Sondra falasse sobre o medo de vivenciar a vergonha quando manifestava suas opiniões ou falava sobre questões públicas ou privadas, então "dizer o que pensa" não seria uma categoria de vergonha. No entanto, trata-se de uma categoria, pois um padrão emergiu nas entrevistas, indicando que um número significativo de mulheres permanece em silêncio, em vez de lidar com o medo de serem menosprezadas, ridicularizadas ou de parecerem estúpidas.

O mito da fuga às responsabilidades e da culpabilização

Muitas pessoas confundem a contextualização como um meio de fugir às responsabilidades pessoais e "culpar o sistema". Por exemplo:

- Não é culpa minha se não consigo arranjar um emprego – é porque sou mulher.
- Não é culpa minha se não consigo perder peso – é da indústria das dietas.
- Não é culpa minha se estou endividada – é desses bancos gananciosos.

Para mim, contextualizar é o oposto de jogar a culpa e evitar responsabilidades. Quando as entrevistadas falavam da importância de obter uma visão geral, elas não se referiam a inventar desculpas. Falavam em encontrar o poder de promover mudanças ao compreender o panorama geral e saber que não eram as únicas em dificuldade:

> "No último ano do ensino médio, minha mãe me obrigou a participar de um grupo com garotas que também tinham tricotilomania. A princípio, fiquei danada da vida. Nem acreditava que outras meninas sofriam do mesmo problema. Nesse grupo, no entanto, descobri que milhões de pessoas passam por isso. Não sou uma completa aberração. Inclusive consegui ajudar uma menina três anos mais nova que eu explicando como havia conversado com meus amigos sobre o problema."

Observação: Tricotilomania é um transtorno do controle de impulsos que faz com que as pessoas puxem os pelos corporais (da pele, da cabeça, das sobrancelhas, dos cílios, etc.). Parece ocorrer com mais frequência na pré-adolescência ou no início da adolescência.

"Tenho muito medo de ser estuprada. Estou muito bem informada sobre o que é abuso sexual e sei que 'não é não'. Apoio as iniciativas e acredito nelas. Mas sinto muita vergonha, pois, quando imagino algo que me deixe mais excitada ou com mais vontade de fazer sexo, esse é o tipo de fantasias e de situações que passam pela minha cabeça. Penso naquelas cenas dos filmes em que a garota diz 'não, não, não' e tudo acaba se transformando numa cena incrível e intensa de sexo. O que é isso? Como uma das coisas que mais me assusta na vida real pode também ser uma grande fantasia? Perguntei para minha irmã mais velha a razão disso e ela me explicou que é porque nunca se vê sexo delicado, amoroso, vulnerável nos filmes. Ela disse que ninguém compraria ingressos, acha que as pessoas querem ver sexo proibido ou assustador e que, depois de um tempo, elas começam a acreditar que sexo bom tem que ser daquele jeito. Perguntei se eu era normal e ela me disse que muita gente sente a mesma coisa mas ninguém fala no assunto porque tem vergonha. Ela disse que o perigo é que os homens também acreditam que as mulheres gostam de ser obrigadas a fazer sexo."

"Acho que você cresce sentindo vergonha das coisas que seus pais não permitiam que você falasse quando era criança. Assim, qualquer coisa que um pai estabeleça como sendo 'proibido' é o que vai deixar você maluca quando ficar mais velha. Se quiser que seus filhos sejam normais, deixe que falem sobre tudo, aí eles não terão vergonha dessas coisas, que deixarão de ser assuntos 'delicados'. Se você foi criada rodeada de um monte de coisas 'proibidas', é preciso fazer perguntas e resolver essas questões. Quanto mais souber, mais se tornará ciente de que não é a única."

Quando lutamos para compreender o contexto ou ter uma visão mais ampla, não abrimos mão da responsabilidade. Nós a aumentamos. Quando identificamos um conflito pessoal enraizado em questões maiores, devemos nos responsabilizar por ambos. Talvez nossa tarefa não seja melhorar as coisas para nós mesmas, mas aprimorar aquela questão para nossos filhos, nossos amigos e nossa comunidade.

Se compreendemos a forma com que sistemas maiores contribuem para nossa vergonha e mesmo assim escolhemos limitar as mudanças a nós mesmas, nos tornamos tão negligentes quanto a pessoa que diz: "Eu não vou mudar porque o sistema é ruim." O contexto não é o inimigo da responsabilidade pessoal. O individualismo é o inimigo da responsabilidade pessoal.

Um bom exemplo da importância do contexto e da ação coletiva é o câncer de mama. Para muitas de nós, não poderia existir um problema mais pessoal. Porém, por mais pessoal que seja, ainda precisamos do panorama mais amplo. Houve avanços importantes na pesquisa nos últimos 10 anos. Esses avanços não poderiam ter acontecido se não houvesse militantes que reconhecessem o contexto econômico, político e social da pesquisa de saúde.

Esses militantes trouxeram o câncer de mama para o topo da pauta de saúde nacional, arrecadaram milhões de dólares e ampliaram drasticamente os fundos federais para a pesquisa. Há atitudes individuais que reduzem os riscos, mas sem a ação coletiva não saberíamos como gerenciar esses riscos e com certeza não disporíamos do nível de tratamento existente nos dias atuais.

Quando falamos sobre contextualizar as questões para aumentar nossa consciência crítica e desenvolver a resiliência à vergonha, precisamos perceber que teimar na culpabilização do sistema é tão destrutivo quanto a autorrecriminação. Quando a forma mais eficiente para transformar uma situação é examinar o panorama geral mas preferimos individualizar o problema, há pouca chance de conseguirmos alterá-lo.

Normalizar versus patologizar

Quando se trata de ampliar a consciência crítica e aumentar a resiliência à vergonha, as palavras mais poderosas que podemos ouvir são: "Você não está sozinha." Quando as participantes da pesquisa falavam sobre consciência crítica, frases como "É preciso descobrir que você não está sozinha" ou "Você precisa saber que não está sozinha" ou "Você precisa descobrir que não é a única" apareceram, *ipsis litteris*, em pelo menos 80% das entrevistas. A vergonha funciona apenas quando pensamos que estamos sozinhas com ela. Se entendemos que há mais alguém, um grupo de mulheres, uma cidade cheia de mulheres, um país cheio de mulheres, um mundo cheio de mulheres enfrentando o mesmo problema, o conceito de vergonha fracassa.

No entanto, se não compreendermos nossos gatilhos e não praticarmos a consciência crítica, é provável que não busquemos o outro, muito menos com a frequência necessária, para que alguém tenha a oportunidade de dizer: "Ei, você não está sozinha."

Do lado oposto da normalização está a patologização, que é a classificação de alguém como sendo anormal ou desviante. Sem a consciência crítica, acabamos acreditando que as expectativas sociocomunitárias são viáveis. Individualmente, é fácil acreditar que somos as únicas pessoas que não atendem a essas expectativas. Portanto, há algo de anormal ou desviante em nós. Se vamos desenvolver e praticar a consciência crítica, precisamos ser capazes de normalizar experiências a ponto de saber que não estamos sozinhas.

O exemplo do divórcio

Conversei com muitas mulheres sobre a vergonha do divórcio. Algumas abordaram os próprios divórcios e outras, o divórcio dos pais. Um ponto recorrente em muitas das experiências eram as consequências econômicas. Para muitas, o divórcio tem um custo financeiro muito alto, além do emocional. Seguem quatro exemplos:

> "Deixei de ser a mãe e a esposa perfeita para me tornar uma pessoa sem dinheiro, desempregada e sozinha. Ninguém vai chamar você de pobre quando se é casada e fica em casa com os filhos – nem mesmo quando todo o dinheiro é de fato do marido. Você pensa: 'O dinheiro dele é nosso.' Então, um belo dia, ele vai embora e leva tudo, menos as crianças. Eu nem sabia como fazer o pagamento das prestações da casa. No momento, eu e meus filhos moramos com meus pais. Quando você tem 20 e poucos anos e volta para a casa dos pais, as pessoas acham que você está perdida, em busca de um caminho. Quando você volta com 40, todo mundo acha que você é patética. A verdade é que também nessa idade estamos apenas perdidas e em busca de um caminho."

"As pessoas dizem que ninguém deve se envergonhar do divórcio dos pais. É mais fácil falar do que fazer. Experimente explicar a seu filho que os avós não vêm para o *bar mitzvah* dele porque não conseguem ficar no mesmo lugar. Quem sente essa vergonha? E que tal implorar dinheiro a seu pai para comprar os medicamentos de sua mãe? Papai sempre diz: 'Você está do lado dela.' Ele simplesmente não compreende. Ele a deixou sem nada. Não estou do lado de ninguém, mas é claro que vou cuidar da minha mãe."

"Meus pais se divorciaram quando eu tinha 10 anos. Os últimos oito anos eu passei ouvindo minha mãe contar histórias horríveis sobre meu pai. Ela repetia constantemente: 'Se ele a amasse, faria mais por você.' Ele a deixou numa situação muito ruim, mas também estava mal. Se ela tivesse mais dinheiro, provavelmente não ficaria tanto no pé dele. Amo meu pai. É uma pessoa boa, decente e é um bom pai. Ela me faz sentir vergonha por amá-lo. Ironicamente, é meu pai quem me faz sentir melhor em relação à minha mãe. Nunca fala mal dela – na verdade, até chega a defendê-la algumas vezes. É tudo tão confuso..."

"Eu sabia que precisávamos nos divorciar. Ele já havia tido diversos casos e nossas brigas começavam a afetar as crianças. Eu acreditava que seria capaz de recomeçar sozinha, construir uma vida nova. Pensei que poderia arranjar uma casinha bonita, um trabalho em meio período e que ficaríamos bem. Seis meses depois de vender a casa, eu tinha uma dívida de 14 mil dólares, um emprego que pagava 6 dólares por hora e mal conseguia dar conta do aluguel. Em vez de me ajudar, meu ex-marido sugeriu ficar com as crianças até que eu acertasse minha vida. Fiquei envergonhadíssima por não conseguir sustentar meus filhos. Não deveria ter deixado aquilo acontecer. Então arranjei um segundo emprego e agora não tenho tempo para ficar em casa com as crianças. Elas ainda moram com ele."

Como a maioria das mulheres, ao ler essas histórias sinto um misto de tristeza, medo e necessidade de me proteger da consciência de que algo parecido possa acontecer comigo. Quando fazemos isso, porém, reforçamos os estereótipos de mulheres que enfrentam dificuldades financeiras depois do divórcio ao individualizar a situação delas:

- "Ela mesma criou o problema."
- "É um problema pessoal, não da comunidade."

E, em muitos aspectos, entendemos as mulheres como inadequadas, degeneradas ou anormais:

- "É burrice não acompanhar as finanças da família."
- "Ela se esforçaria mais se quisesse mesmo um bom emprego."

Para desenvolver consciência crítica, iniciemos pelo reconhecimento da importância do contexto. Assim que tivermos uma compreensão melhor do panorama geral, podemos começar a estabelecer ligações. Quais são as realidades políticas, sociais e econômicas enfrentadas pelas divorciadas? O que sabemos é o seguinte:

- Os pesquisadores encontram dados consistentes apontando que depois do divórcio as mulheres sofrem perdas econômicas significativas muito maiores do que os ex-parceiros.
- Os pesquisadores concordam que a renda da mulher depois do divórcio é determinada por sua participação no mercado de trabalho. Mulheres que trabalham fora, especialmente aquelas que têm formação superior e são capazes de arranjar emprego com salário mais alto, saem-se melhor depois do divórcio. Aquelas que não trabalharam fora durante o casamento enfrentam obstáculos financeiros maiores.
- Noventa por cento dos filhos ficam com a mãe.
- A cada quatro mães divorciadas, uma não recebe a pensão estabelecida pela justiça.
- Entre as mães divorciadas com direito a pensão, 50% recebem o valor integral, 25% recebem apenas parte e 25% não recebem nada.
- Pais e mães divorciados estão mais propensos a pagar as despesas dos filhos quando mantêm um relacionamento com as crianças.

A pesquisa também demonstra que a capacidade de recuperação financeira das mulheres depois do divórcio cresceu nos últimos anos. É fácil compreender por que as mulheres da geração da minha mãe sofreram grandes perdas pessoais e financeiras com o divórcio: elas não trabalhavam fora como as mulheres de hoje. Quando trabalhavam, em geral era em funções tradicionais de suporte ou serviço. Se tinham emprego de status mais elevado, ganhavam bem menos que os homens. E não havia lei que estabelecesse pensão para os filhos.

À medida que compreendemos as questões em seu contexto econômico, político e social, somos capazes de deixar de individualizar os problemas e de vê-los como consequência de uma falha de caráter. Também nos tornamos menos propensas a patologizar as mulheres e temos mais condições de compreender como e por que as coisas funcionam de determinada forma.

Quando derrubamos os mitos sobre o divórcio e analisamos as realidades e os contextos, começamos a desenvolver uma nova compreensão que nos fornece uma maior consciência crítica. Tendemos assim a recriminar bem menos as mulheres – inclusive nós mesmas.

A consciência crítica também exige que questionemos a noção de culpabilizar a vítima. Alguns psicólogos de uma linha mais pop pregam que "não existe essa coisa a que chamamos realidade, apenas uma percepção". Isso não é apenas impreciso: é também perigoso. O racismo é real, a violência doméstica é real, a homofobia é real. As consequências econômicas de um divórcio também são reais.

Quando se diz para as pessoas que sua situação é apenas uma "percepção" e que elas podem mudar tudo, essas pessoas estão sendo envergonhadas, diminuídas e, no caso da violência doméstica, submetidas a um grande perigo. Em vez de descartar a experiência de alguém como apenas uma percepção, poderíamos perguntar: "Como posso ajudar?" ou "Existe alguma forma de apoio que eu possa lhe oferecer?".

Talvez seja correto dizer que cada um de nós vê as coisas de uma forma diferente, mas o mundo lida tanto com a realidade quanto com a percepção.

Desmistificar versus reforçar

O último benefício da prática da consciência crítica é a desmistificação. Se queremos desmistificar alguma coisa, basta analisá-la e despi-la do "mistério". Quantas vezes vemos algo incomum e interessante e, mesmo que estejamos morrendo de vontade de saber mais, sentimos que não somos dignos de perguntar o que é, quanto custa ou como funciona? Se começamos a desmistificar com as perguntas de consciência crítica, com frequência descobrimos que as respostas são mantidas em segredo por algum motivo.

Quando indivíduos, grupos ou instituições desejam excluir pessoas ou elevar o próprio status, tendem a envolver a si mesmos, seus produtos ou ideias em mistério. Um exemplo é o poder misterioso do doutorado. A cada semestre, infalivelmente, alunas batem à minha porta e, com a cabeça baixa, dizem: "Acho que teria interesse em fazer o doutorado e não sei se consigo, mas fiquei pensando se você poderia me contar sobre suas experiências e como funciona, se não estiver muito ocupada."

Pois bem, adoro que me façam essa pergunta porque, para mim, parte da construção de uma consciência crítica não é apenas buscar desmistificar questões para mim mesma, mas ajudar os outros a fazer o mesmo. Acredito firmemente que, se temos "poderes misteriosos" – se sabemos como algo sagrado funciona –, temos obrigação de compartilhar nosso conhecimento. Conhecimento é poder e o poder nunca diminui quando é compartilhado – apenas aumenta. Meu título de doutora não perde valor se eu ajudar outras mulheres a entenderem como entrar na pós-graduação. Adoro descascar as camadas de mistério que envolvem esse processo.

O oposto de desmistificar é reforçar, ou seja, proteger o mistério em torno de algo para que possamos nos sentir mais importantes e seguros. Estamos mais suscetíveis a praticar o reforço quando sentimos vergonha em relação a alguma questão. Mas, ao reforçá-la, tecemos teias que aprisionam outras mulheres e a nós mesmas.

Aqui estão duas respostas possíveis para as perguntas que as mulheres costumam me fazer sobre a pós-graduação:

"É empolgante! Que bom que me perguntou. Fiquei muito nervosa ao me matricular, mas algumas pessoas me deram boas orientações. Fico feliz em dividir o que eu sei."

"Bem, podemos falar sobre a forma como esse programa se encaixa com seus interesses epistemológicos, pois é muito importante desenvolver um forte programa de investigação antes da matrícula. Você vai querer ter certeza, metodologicamente, que seus objetivos de pesquisa são compatíveis com os objetivos da universidade e os dos seus professores."

Essas foram respostas reais que recebi quando pedi ajuda ao me candidatar. No dia em que ouvi a segunda resposta, o que me salvou da vergonha e de me render à intimidação foi meu nível de vulnerabilidade assumida. Quando procurei as pessoas, sabia que estava vulnerável, sabia que ser vista como "não suficientemente inteligente" era um importante gatilho da vergonha para mim.

As participantes da pesquisa discutem com frequência o importante relacionamento entre a compreensão de seus gatilhos, a desmistificação e o reforço. Quando não compreendemos algo e "não compreender" é um gatilho da vergonha, em geral ficamos amedrontadas demais para pedir ao menos uma explicação. Batizei essa situação de "ameaça edamame".

A *ameaça edamame: mais do que um grão de soja*

A palavra edamame significa "feijões nos ramos". Trata-se de um grão de soja verde incorporado a muitos pratos e que costuma ser consumido como aperitivo.

Há alguns anos, Steve e eu fomos jantar na casa de colegas. Eram pessoas que havíamos conhecido recentemente, "chiques" e eu estava ansiosa para causar uma boa impressão. Quando chegamos, ofereceram um aperitivo – uma grande baixela de prata cheia de vagens. Ao ver aquilo, pensei que eram feijões que ainda precisavam ser descascados para o jantar. Então me serviram como aperitivo e tenho certeza de que minha expressão era de surpresa.

– O que é isto? – perguntei.

Nunca vou me esquecer dos olhares que recebi. Estavam estupefatos.

– Como assim?

Senti no mesmo instante a onda quente da vergonha.

– É vagem? – perguntei em tom de desculpas.

– É edamame – respondeu a anfitriã. – Não me diga que nunca experimentou edamame. Você não come comida japonesa?

Então, como se fosse ao mesmo tempo inacreditável e fascinante, ela virou-se para os outros convidados e anunciou:

– Eles nunca experimentaram edamame... Dá para acreditar?

Tive ímpetos de dar meia-volta e ir embora, coberta de vergonha.

Algumas semanas depois, estava no meu escritório trabalhando e comendo os tais grãos de soja (acabei realmente gostando de edamame), quando uma estudante bateu na porta e perguntou se poderia entrar e conversar sobre um trabalho. Essa aluna mexeu muito comigo, provavelmente porque lembrava a pessoa que eu era no fim da casa dos 20 anos – inteligente, por vezes dolorosamente insegura, e me esforçando bem mais do que o necessário.

Ela olhou para o pacote e perguntou:

– O que é isto?

Numa fração de segundo, voltei a ser tomada pela vergonha que senti naquele jantar. No que deve ter sido uma tentativa de "desviar a vergonha", transferindo parte da minha para ela, respondi:

– É edamame, claro. Nunca experimentou?

Ela pareceu constrangida.

– Não, acho que não. É gostoso?

E então, num estilo bem afetado, eu disse:

– Não posso acreditar que você nunca tenha experimentado. É um superalimento. É fa-bu-lo-so!

Quando ela deixou o escritório, eu estava estarrecida. Não podia acreditar. Por que tinha feito aquilo? Por que me importava tanto? Não sou esnobe com comida. Não tenho interesse especial por soja. Pensei no assunto durante vários dias até a ficha cair.

Não sentia vergonha por nunca ter experimentado edamame. Não "reforcei" a noção porque era importante eu me sentir mais esperta do que a aluna. Senti vergonha porque, para mim, conhecer comida japonesa era uma questão de classe e cultura. As pessoas no jantar eram realmente elitistas em relação a comida, do tipo que viaja pelo mundo e sabe tudo sobre arte e vinho. Seus filhos pequenos comem alimentos cujo nome eu nem sequer consigo pronunciar.

Quanto mais pensava no assunto, mais percebia que a classe social era um poderoso gatilho da vergonha para mim. Para algumas pessoas, isso é difícil de compreender pois sou professora universitária e meu marido é pediatra.

Nossos colegas de profissão costumam presumir que temos a mesma origem deles, mas não é o caso.

Quando eu tinha uns 20 anos, não estava comendo sushi nem estudando em Harvard. Eu trabalhava numa companhia telefônica e era membro da mesma associação sindical a que meus pais pertenceram quando tinham minha idade à época. Meus pais davam duro para que tivéssemos acesso a diferentes culturas, músicas, livros e comida, mas com certeza esse acesso não era o mesmo dos amigos "chiques".

Alguns meses depois daquele incidente, Dawn veio me visitar. Quando se trata de desmistificar questões de classe, ela é a minha referência. Para ela, posso perguntar ou dividir qualquer coisa. Viemos do mesmo lugar e acabamos no mesmo lugar. Enquanto preparava o almoço, eu disse:

– Olha só, vou preparar edamame. Já experimentou?

Ela olhou para mim:

– Não, mas já ouvi falar. O que é?

Eu sorri.

– Acho que é o nome para soja em japonês. A gente ferve, salpica sal, tira as sementes e come. É muito bom mesmo. Experimentei pela primeira vez há alguns meses.

Desmistificar é uma escolha. Se você sabe algo e tem a oportunidade de desmistificar, pode avançar e alcançar a resiliência à vergonha. Quando escolhemos reforçar, devemos nos perguntar por que achamos melhor manter como um mistério aquilo que sabemos.

Contei essa história em palestras e seminários muitas vezes e é incontável o número de e-mails e cartas que recebi falando dela. Algumas mensagens eram apenas sobre o conceito geral de desmistificação, mas, por estranho que pareça, muitas eram especificamente sobre edamame. Uma jovem mandou um e-mail que dizia: "Nunca quis experimentar edamame antes e, embora tivesse visto nos cardápios, nunca quis pedir porque não sabia como pronunciar. Depois de ler sua história, eu ri e pedi para uma boa amiga, uma daquelas que não me julgaria, que pedisse uma porção quando estávamos no restaurante japonês. Pedi a ela que me mostrasse como comê-los. Eu adorei e penso em você toda vez que como edamame. Como venho de uma família pobre de imigrantes mexicanos, eu realmente me identifiquei."

Desmistificando títulos

Durante as entrevistas, muitas mulheres associaram a vergonha a educadores e profissionais de assistência. Como educadora, não fiquei nada surpresa ao encontrar a vergonha identificada como uma questão em sala de aula. De fato, acredito que ela seja um dos grandes obstáculos ao aprendizado. Temo que a pressão sociocomunitária para parecer *culto* tenha se tornado mais importante do que o processo de *aprendizado*. Quando gastamos tempo e energia construindo e protegendo nossas imagens de "mestres", é bem difícil que corramos o risco de admitir que não compreendemos algo ou de fazer perguntas – ambos essenciais para a construção do verdadeiro conhecimento.

Fiquei, porém, chocada ao descobrir que o simples conceito de títulos evocava vergonha nas mulheres. Elas falavam como a vergonha as impedia de voltar a estudar, de fazer psicoterapia, de ir a um médico, consultar-se com um dentista e até mesmo de falar com um líder religioso. Nesta seção, quero dividir minhas observações sobre títulos e como costumamos abrir mão de nosso poder assim que vemos que alguém é mestre ou doutor.

Pessoas com títulos têm três grandes vantagens sobre aqueles com quem trabalham: (1) têm permissão para "não saber algo", (2) têm permissão de "não contar algo" e (3) sua objetividade não é questionada. Quando as pessoas ouvem uma pergunta que as põe na berlinda, são pressionadas a encontrar uma resposta – de preferência, a correta. Se não conseguimos responder ou se oferecemos a informação errada, nos sentimos julgados. Com títulos, porém, ganhamos automaticamente o direito de não saber ou de não responder.

Os títulos também são uma espécie de passe livre. Por exemplo, na graduação, não responder ou dar uma resposta incorreta refletia minha falta de preparo ou de conhecimento. Na maior parte do tempo, eu me sentia constrangida, mas ocasionalmente ficava envergonhada. No programa de mestrado, porém, eu podia responder a perguntas com um simples "não sei mesmo". Não era a melhor resposta, mas na maior parte das vezes me deram crédito por responder com sinceridade.

No doutorado, se alguém me fazia uma pergunta a que eu não soubesse responder, as pessoas presumiam que a pergunta era ruim ou que eu era inteligente demais ou ocupada demais para me preocupar com assuntos tão tolos. Um dos benefícios dos títulos é ganhar permissão para não saber nada.

Este privilégio raramente é concedido àqueles que não estão protegidos por placas, títulos, certificados ou abreviaturas junto a seus nomes.

A segunda vantagem é o que chamo da filosofia "Pergunte – Não diga". Em todas as áreas em que há titulações, um comportamento escorregadio pode ser ensinado formalmente ou, no mínimo, ser modelado informalmente. A maioria dos educadores e dos profissionais que prestam atendimento – terapeutas, médicos, assistentes sociais, líderes religiosos, etc. – foi treinada para extrair informações de consumidores relutantes e dizer o mínimo sobre si. Essa regra silenciosa determina que quanto maior o título e o status, mais você pode saber sobre os outros e menos precisa revelar sobre si.

Pense bem. Sua médica talvez conheça seu histórico sexual, seu peso, quantas vezes você vai ao banheiro durante a semana. Porém, seria questionável se você perguntasse a ela se é casada ou se tem filhos. Muitos profissionais vão disparar: "Não estamos falando de mim" ou "Isso não vem ao caso".

Aqui estão quatro exemplos:

"Esperei até os seis meses de gravidez para ir ao médico e providenciar cuidado pré-natal. Esperei até ser tarde demais para interromper a gravidez. Tinha medo de que o médico dissesse: 'Você é gorda demais para ter filhos. Não devia ter engravidado.' Estava com tanto medo e com tanta vergonha que simplesmente esperei. Não posso acreditar que pus em risco a mim e ao bebê por me sentir humilhada em relação ao meu peso. Simplesmente odeio médicos."

"Minha filha morreu de câncer aos 6 anos. Meu pastor disse que eu era egoísta por chorar a morte dela pois ela se encontrava num lugar melhor – estava junto a Deus. Ele é um homem muito inteligente, mas o que disse foi cruel. Aquilo me fez odiá-lo, odiar minha igreja e odiar Deus. Ainda odeio esse pastor. Não voltei mais à igreja e ainda estou tentando me conciliar com Deus. Como alguém ousa envergonhar uma pessoa que chora a morte de um filho? Nenhum terno, nenhum diploma dá direito a isso. Tem ideia de quantos anos levei para me livrar da vergonha por estar triste? Tenho permissão de viver o luto. Uma parte de mim sempre estará de luto. O que ele disse foi uma injustiça terrível – ele se aproveitou de sua posição."

"A primeira vez que meu filho teve uma infecção no ouvido, o pediatra disse: 'Bem, o que vai ser? Sua carreira ou a audição de seu filho?' Apenas um médico se sentiria no direito de dizer algo parecido. Perguntei a ele se os filhos dele frequentavam uma creche e ele respondeu: 'Meus filhos não estão no consultório médico com uma infecção no ouvido.' Você se ressente deles por se comportarem como se fossem muito melhores do que o resto do mundo, entretanto depende totalmente deles."

"Tinha 58 anos quando voltei a estudar. Não sabia sequer como mandar um e-mail ou usar o computador. A última vez que havia pisado na faculdade, achávamos o corretor para máquina de escrever algo revolucionário. Sabia que seria intimidante, mas, quando estou na sala de aula, viro uma idiota. Se quero fazer uma pergunta ou um comentário, tropeço nas palavras. Não é por causa dos outros alunos, mas por causa desses jovens professores. Eles me deixam tão nervosa... Alguns são mais novos que meus filhos. Detesto me sentir tola diante deles."

A terceira vantagem de ter títulos é a presumida objetividade. A maioria dos profissionais titulados de fato recebe algum tipo de treinamento sobre como ser objetivo, mas há um debate corrente sobre o que é verdadeiramente viável. Alguns aprendem que a objetividade é possível e são treinados para substituir suas lentes pessoais por lentes profissionais quando estão com clientes ou pacientes.
\Na minha experiência, a ameaça mais séria à objetividade é a própria crença de que a "objetividade pura" e a "neutralidade de valores" existem. Tenho maior confiança naqueles que questionam a objetividade e que acreditam que as pessoas, os valores e as experiências influenciam nossa pesquisa e prática – são eles que fazem os maiores esforços para apresentar suas opiniões dentro do contexto apropriado.
Quando entrevistamos médicos, terapeutas e outros profissionais certificados, não podemos presumir a objetividade. Não temos o direito de invadir a vida privada deles, mas temos o direito de compreender seus valores profissionais, éticos e a motivação para trabalhar conosco. Isso se aplica especialmente a profissionais que oferecem aconselhamento e orientação.

Quero um pediatra que apoie mães que trabalham fora. Quero um obstetra que compartilhe de algumas das minhas crenças básicas sobre gravidez e parto. Quero um contador que compreenda meus valores e minha ética. E com certeza quero um terapeuta que compartilhe dos meus valores básicos sobre a maneira como as pessoas mudam.

Considerando-se o poder dos títulos, é fácil compreender por que a vergonha frequentemente emerge de interações com quem os detém. Para construir conexão e poder nessas situações, precisamos praticar as habilidades de consciência crítica, determinar quem se beneficia do nosso medo e nossa vergonha e decidir como buscar apoio. Para isso, não devemos hesitar em pedir indicações. E também devemos aceitar que temos o direito absoluto de entrevistar os profissionais para saber como trabalham antes de expor nossas informações mais pessoais ou nossas vulnerabilidades.

No capítulo seguinte, vamos aprender sobre o poder de procurar o outro. Embora os quatro elementos da resiliência à vergonha nem sempre apareçam numa ordem específica, descobri que a compreensão de nossos gatilhos e algum nível de consciência crítica em relação a nossos problemas torna a busca de ajuda menos assustadora. Isso é importante, pois buscar o outro é o mais poderoso dos atos de resiliência.

CINCO

O terceiro elemento: buscar o outro

Gostaria de começar o capítulo com três cartas que recebi de mulheres que vêm aplicando os conceitos deste livro em sua vida. A primeira, Leticia, me contou sua experiência via e-mail:

Certa tarde, eu falava com minha mãe ao telefone, contando sobre um cara que queria namorar comigo mas em quem eu não estava realmente interessada. Minha mãe ainda o defendia e, ao explicar suas razões, ela disse: "Ele gosta de você mesmo você não sendo magra. Não se importa que esteja acima do peso – ainda acha que você é bonita." Fiquei de queixo caído do outro lado da linha. Há alguns anos passei por um tratamento para cuidar de um transtorno alimentar. Por causa disso, cheguei a me consultar com até quatro médicos ao mesmo tempo. Minha mãe conhece bem essa história.

A primeira coisa que me passou pela cabeça foi: "Uau, há alguns anos isso teria me deixado desesperada!" Eu teria desligado na cara dela e depois choraria de vergonha por causa do tamanho do meu manequim, achando que ninguém poderia me amar de fato com esse corpo e que eu precisava ser grata a qualquer um que demonstrasse ter amor por mim.

No entanto, depois de ler sobre a vergonha, percebi que tanto minha mãe quanto meu peso funcionavam como gatilhos para mim e consegui me distanciar da situação e enxergar o comentário dela como uma tentativa – fracassada – de apoio em vez de reagir com raiva, como no passado. Fiquei um pouco abalada e incomodada pela atitude negativa da parte dela, mas estava ciente do que se passava e em condições de ligar para uma boa amiga para conversar sobre o assunto e diluir o impacto emocional. Aquilo também me ajudou a ter uma percepção melhor sobre a origem de muitas das minhas questões em relação ao meu corpo.

A segunda é uma carta mais longa sobre a aplicação dos elementos da resiliência à vergonha.

Dra. Brown,
Seu trabalho afetou duas áreas da minha vida. Primeiro, aprendi a identificar o que sentia como sendo vergonha; e segundo, aprendi a lidar com isso: "falando de vergonha". Aprendi que sou muito influenciada pela vergonha, que tinha todos os "sintomas" descritos, mas que nunca os havia relacionado ao conceito de vergonha. É mais ou menos como ter uma série de sintomas estranhos sem saber a origem. Sem saber qual é a doença, não é possível tratá-la. Em episódios dolorosos, meu rosto corava, eu sentia um nó no estômago e tinha vontade de me esconder. Apesar das reações idênticas, as situações eram todas diferentes, por isso eu não conseguia identificar especificamente a emoção que sentia. Assim, nunca fui capaz de lidar com ela. Além do mais, estava tão ocupada experimentando velhos métodos, ou melhor, tentando desenvolver amnésia em relação aos eventos, que não dedicava muito tempo para desvendar o que se passava e como poderia lidar com aquilo de forma mais eficiente.

De fato, eu me mantinha tão dissociada do conceito de vergonha que nem tinha certeza de que ele poderia ser aplicado a mim. De algum modo, a "vergonha" era para os outros. Só depois de ler seu trabalho fui capaz de perceber até que ponto ela havia se infiltrado em minha vida e como eu tinha sido pouco eficiente tanto em identificá-la quanto em lidar com ela.

Minha parte favorita da Teoria da Resiliência à Vergonha é "falar a língua da vergonha". Para mim, isso significa identificar a emoção e lidar com ela de maneira mais apropriada. Eu agora consigo reconhecer com mais eficiência as situações em que sinto vergonha. Em geral, elas têm início com uma intensa reação fisiológica – como rubores faciais, aperto na boca do estômago – enquanto revejo repetidas vezes o incidente na minha cabeça e tento, ao mesmo tempo, ativamente esquecer que aquilo aconteceu. Essa estratégia não funciona bem, e, anos depois, a lembrança de um episódio ainda me faz gemer e corar. Mas agora sou capaz de parar e rotular essa reação como sendo "vergonha".

Tenho à minha disposição um nome para a emoção e algumas ações eficientes que posso tomar. A mais efetiva delas é encontrar alguém receptivo para contar minha história de vergonha em vez de guardá-la para mim. Adoro a sua metáfora da placa de Petri, pois quando mantinha minha vergonha silenciosa, no escuro, ela crescia de forma exponencial. Porém, agora que a exponho à luz do dia, ela perde o poder e chega a encolher. Em vez de sentir calafrios, quase chego a rir com algumas de minhas experiências. Às vezes, fico até ansiosa para contar minha história aos outros. Outras vezes, divido o que se passou com mais relutância.

Por exemplo, um dia recebi um grupo de ex-vizinhas na minha casa nova. Sempre me senti insegura junto às amigas do antigo bairro, pois eram o tipo de mulher que se veste muito bem e que decora a casa com perfeição. Mantive todo o tempo relações cordiais com esse grupo, mas me sentia um pouco de fora, pois me importava menos com roupas e decoração. Por sua vez, elas pareciam me encarar com um espanto paternalista, "pobre Barbara, tão desastrada". Eu me sentia um tanto inferiorizada na presença delas.

Pois bem, eu havia me mudado para uma casa nova e passado muito tempo cuidando da decoração. Estava muito orgulhosa do meu gosto mais sofisticado. Então eu as convidei para uma visita, junto com outros velhos amigos do bairro. Estava tão ansiosa para agradar e impressionar que realmente exagerei na comida. Minha grande mesa de jantar quase gemia sob o peso de tantos pratos lotados com queijos maravilhosos, salgadinhos, pastas e doces. No entanto, não vieram muitas pessoas, além desse grupo de mulheres que eu queria tanto impressionar. Elas adoraram a casa e nós pusemos a conversa em dia. Mas lá estava aquela mesa abarrotada de comida, da qual elas comeram pouquíssimo (mencionei que eram todas magras também?!).

Depois que elas foram embora, eu me senti arrasada. Até aquele momento, não tinha notado que estava tentando impressioná-las e compensar minhas antigas fraquezas percebidas ao convidá-las para a casa nova. E, em vez de consertar a vergonha do passado, eu havia criado mais vergonha ao apresentar aquela mesa cheia de comida que ficou intocada. Para mim, aquelas travessas representavam minha vergonha. E estavam transbordando!

Eu me vi como uma tola, me esforçando tanto para impressionar esse grupo de mulheres e fracassando mais uma vez. No passado, teria tentado esconder a vergonha e talvez jogado fora a comida, como forma de ocultá-la. Porém, com minhas novas habilidades, liguei para uma amiga em quem poderia confiar, alguém que compreenderia e dividiria minha dor, contei-lhe a história e chorei. Ela apareceu no dia seguinte e comemos as sobras no almoço.

Depois de uma conversa séria sobre essas questões, cheguei a ser capaz de rir de minhas tentativas de obter aprovação e ainda fiz piadas sobre a comida. E me senti melhor. Ao colocar tudo para fora, pude ver com mais clareza que eu procurava aprovação nos lugares errados, das pessoas erradas. Podia me libertar da vergonha.

Hoje, quando penso nessa experiência, geralmente sorrio e não mais me encolho. Penso em mim e em minha amiga sentadas à mesa, rindo e comendo, em vez de lembrar da festa fracassada. Foi uma mudança real para mim, pois no passado eu teria engolido a vergonha em vez da comida.

Meu marido teve a oportunidade de ouvir uma versão abreviada de sua apresentação sobre a vergonha e isso também o ajudou. Falamos de vergonha juntos e usamos isso para melhorar nossa comunicação como casal.

Eu também acho que aprender sobre a vergonha me tornou uma pessoa mais empática. Sempre me orgulhei por ouvir os outros, sem julgar. Agora, porém, eu me encontro em outro patamar. Percebo o que está em jogo quando alguém decide compartilhar histórias de vergonha comigo e sei o dano que posso causar se receber tal história com julgamentos em vez de empatia.

Estou mais ciente de como tentar reconfortar aquela pessoa e fazer com que saiba que todos nós escorregamos na vergonha de tempos em tempos, que eu posso ser a pessoa em terra firme, jogando a boia salva-vidas, dessa vez, mas que, na próxima, pode ser que seja eu afundando na vergonha e precisando de ajuda. Estou bem mais ciente de que se distanciar dos outros e empregar estratégias como "nós" e "eles" são atitudes que separam as pessoas e dão um falso senso de superioridade. Portanto, estou bem mais consciente da minha vergonha e da vergonha dos outros, e realmente me esforço para ter compaixão por todos nós.

Este é um e-mail de uma terapeuta que usa o trabalho com suas pacientes e na sua vida pessoal:

Querida Brené,
Como responsável pelo aconselhamento de vítimas de violência sexual e doméstica, lidar com a vergonha sempre foi uma parte difícil do meu trabalho. Sua obra tem sido uma grande ferramenta para aplicar com minhas clientes. Emprego as atividades individualmente e em grupos. Acho que, para mim, o mais útil do livro é que agora consigo, com mais frequência, identificar a vergonha e como ela afeta minhas clientes. Tenho as ferramentas para ajudá-las a reconhecer suas vulnerabilidades pessoais, usando a consciência crítica e fomentando-lhes a capacidade de falar sobre a vergonha. É quase mágica! Ser capaz de dissolver a vergonha e seguir em frente é uma parte poderosa do processo de cura.

Na minha vida pessoal, também usei o que aprendi. Converso sobre vergonha com meus amigos. Muitos leram sua obra. O simples fato de ser capaz de falar sobre a vergonha já ajuda muito. Lidar com minhas próprias questões trouxe contribuições para aspectos da vida nos quais eu parecia ter empacado. Como também fui vítima, conversei com amigos sobre a vergonha relativa à violência contra as mulheres. Mas este livro me ajudou a identificar outras áreas de vergonha na minha vida, aspectos comuns, cotidianos, fáceis de serem ignorados. Ser capaz de falar sobre a vergonha, seja em relação ao meu corpo (achando que sou gorda demais) ou sobre meu trabalho (temendo não ser suficientemente boa) é muito poderoso. Precisei de muita coragem no começo, até mesmo para abordar esses sentimentos. Nunca tenho vontade de falar sobre a vergonha, mas, sempre que faço isso, sinto um grande alívio. E quanto mais falo, mais fácil fica. E, em geral, deixo de me sentir envergonhada. Sem seu trabalho, talvez eu nunca tivesse encontrado a coragem de falar.

Quando leio essas cartas, a primeira coisa que me vem à mente é o seguinte: eu não inventei as estratégias contidas neste livro. É altamente significativo saber que as ideias apresentadas aqui ajudam as mulheres, mas essas ideias pertencem a outras pessoas além de mim. Ouvi centenas contarem suas histórias e explicarem as estratégias que aplicavam para lidar com a vergonha. Estudei suas experiências, organizei-as e as descrevi. Para compreender melhor o que estava ouvindo, estudei os trabalhos de muitos clínicos e pesquisadores. Essas obras, citadas ao longo do livro e referenciadas no final, tornam possível o meu próprio trabalho.

A leitura dessas cartas apenas confirma o que aprendi ao estudar a Teoria Relacional-Cultural: nós nos curamos por meio das conexões com os outros. A teoria nasceu de um processo colaborativo iniciado por acadêmicos do Stone Center, no Wellesley College. No livro *The Healing Connection* (A conexão da cura), Jean Baker Miller e Irene Stiver escrevem: "Se observarmos com cuidado a vida das mulheres, sem forçar nossas observações para que se conformem a padrões preexistentes, descobrimos que um sentimento interior de conexão com outros é o fator central de organização no desenvolvimento da mulher. Ao ouvir e examinar com seriedade as histórias de vida das mulheres, descobrimos que, contrariando as expectativas baseadas nos modelos prevalentes de desenvolvimento que enfatizam a separação, a noção de identidade e valor das mulheres está mais frequentemente fundamentada na capacidade de fazer e manter relacionamentos."

A necessidade de conexão e a capacidade de usar essas estratégias de resiliência à vergonha estão dentro de todas nós. Como Barbara indica em sua carta, às vezes estamos chafurdando na vergonha e precisamos de ajuda; outras vezes somos aquelas que podem lançar a boia para quem está se afogando.

Existem com certeza diferenças reais que nos separam de muitas formas, mas, no fim das contas, somos mais semelhantes do que diferentes. Precisamos nos sentir valorizadas, aceitas, reconhecidas. Quando nos sentimos desvalorizadas, rejeitadas, indignas de acolhimento, sentimos vergonha. Cartas longas ou e-mails curtos, vindos de jovens ou de profissionais experientes, não importa. A mensagem é a mesma: um dos benefícios mais importantes de buscar o outro é aprender que as experiências que mais nos fazem sentir sós têm, na realidade, um caráter universal.

Independentemente de quem somos, de como foi nossa educação ou de quais são as nossas crenças, todas nós travamos batalhas ocultas e silenciosas contra a ideia de não ser suficientemente capaz, de não ter o suficiente e de não ser boa o suficiente para ser acolhida. Quando encontramos a coragem para dividir nossas experiências e a compaixão para ouvir o que outras têm a contar, obrigamos a vergonha a deixar seu esconderijo e damos fim ao silêncio. Aqui está como três mulheres transformaram suas experiências com a vergonha em conexão:

"Engravidei aos 16 anos. Meus ciclos menstruais sempre foram irregulares, por isso nem sabia que tinha engravidado antes de completar três meses. A única pessoa para quem eu contei foi minha irmã. Não contei nem para o meu namorado. Mais ou menos uma semana depois de descobrir a gravidez, tive um aborto espontâneo. Foi muito assustador. Minha irmã me levou ao médico. Ao voltar do consultório, ela me disse que perder o bebê era a melhor coisa que podia ter me acontecido. Isso faz 25 anos e todos os anos ainda me lembro do dia que deveria ser o aniversário do meu bebê. Sabia que não tinha permissão de ficar triste porque para começar eu nem deveria ter engravidado. Tenho vergonha por ter engravidado, mas também tenho vergonha por não ter permissão para ficar triste. Agora, quando vejo uma pessoa envergonhada e triste, digo como é importante falar com alguém e pôr tudo para fora. Digo isso a minhas filhas, minhas amigas, minhas sobrinhas... a qualquer um que pareça ter medo de viver seu luto. Todo mundo tem direito ao luto e à tristeza."

"A mulher de meu pai é mais nova do que eu e o novo namorado da minha mãe já foi casado seis vezes. Minha família é ridícula. Espera-se que fiquemos à vontade com tudo isso e que está tudo bem porque todas as famílias são malucas. Pois bem, isso só funciona quando se está perto de outras pessoas que falam abertamente sobre a maluquice de suas famílias. Quando se está perto daqueles que fingem ter famílias perfeitas, não é nada bom. De fato, é muito vergonhoso, porque você é julgada com base nos seus parentes malucos. Você tenta evitar a conversa e fala sobre outro assunto. Quando vejo pessoas admitirem algo sobre suas famílias esquisitas e os outros começarem a julgá-las e a dizer coisas horríveis, faço questão de entrar na conversa. Falo da minha família. Se todos dissessem a verdade, ninguém se sentiria a única pessoa na face da Terra com uma família problemática. Tento ajudar quem enfrenta essa situação porque já passei por isso. É muito solitário."

"Acho que não saber a verdade sobre algo é realmente vergonhoso – em especial quando você está crescendo e ouve coisas ou fica mal informada. Quando era adolescente, achava que era possível engravidar de um absorvente interno e que a masturbação transformava qualquer uma em estrela pornô. Nem sei como aprendi essas coisas, mas durante um ano recusei-me a usar absorventes internos. Quando minhas amigas perguntavam por que eu usava absorventes comuns, eu não conseguia responder, porque não tinha certeza de que a história da gravidez era verdade. Não era algo que eu podia perguntar para os meus pais. Por fim, vi um absorvente interno na bolsa de uma das babás que tomavam conta da gente às vezes e perguntei a ela, que riu e me contou tudo sobre menstruação, sexo e rapazes. Os pais não fazem ideia de como as informações truncadas prejudicam os jovens. Quando uma criança me faz perguntas ou mesmo diz coisas erradas, explico a ela tudo o que quer saber. Tento evitar que passem pelo mesmo sofrimento que eu."

Quando não estendemos a mão para os outros, os deixamos sozinhos com a vergonha, alimentando-a com o mistério e o silêncio pelos quais ela tanto anseia. Da mesma forma que não podemos usar a vergonha para mudar as pessoas, não podemos nos beneficiar da vergonha de outras pessoas. Podemos, porém, nos beneficiar da empatia compartilhada.

Não buscamos os outros para "consertá-los" ou "salvá-los". Nós os procuramos para ajudá-los a reforçar sua rede de conexões e a nossa. Com isso, nossa resiliência aumenta ao:

- compartilhar nossa história
- criar mudanças

Quando não procuramos os outros, alimentamos nossa vergonha e criamos o isolamento ao:

- separar
- isolar

| Separar / isolar | ← Buscar o outro → | Compartilhar nossa história / Criar mudanças |

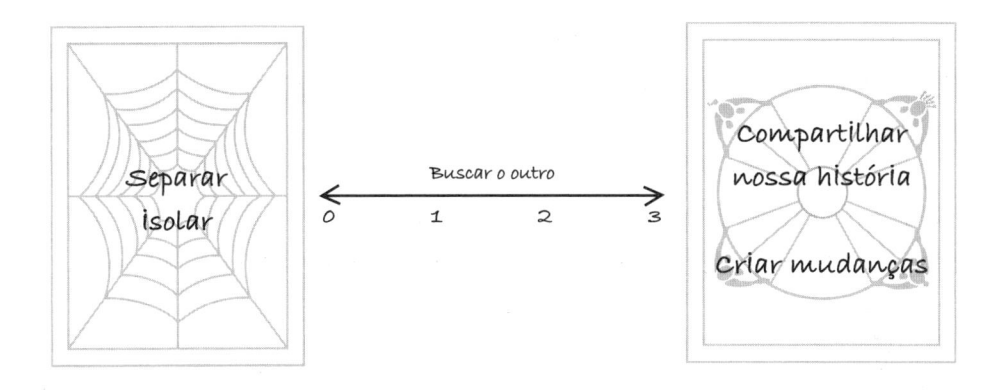

0   1   2   3

Um dos benefícios de compartilhar nossas histórias é experimentar "o riso esclarecido". Defino esses riscos como aqueles que resultam do reconhecimento da universalidade de nossas experiências compartilhadas. Tenho esperanças de que, se você riu ao ler minha história dos biscoitos, você tenha rido comigo, não de mim. Esse é o "riso esclarecido".

Não se trata de usar o humor para se autodepreciar ou para desviar a atenção. Esse não é o tipo de riso doloroso atrás do qual às vezes nos escondemos. O riso esclarecido abraça o absurdo das expectativas que formam a teia da vergonha e a ironia de acreditar que estamos sós, presas, emaranhadas naqueles fios. Quando penso no riso esclarecido, penso no incrível volume de escritos de Erma Bombeck e no humor tocante de *Cathy*, as tiras em quadrinhos de Cathy Guisewite. Essas obras criativas, que têm como tema a maternidade e a vida de solteira, capturam nossas vulnerabilidades de uma forma que nos faz rir e sentir que somos normais.

Há algo de comovente, espiritual e essencial no ato de compartilhar o riso esclarecido com quem compreende nossas dificuldades. Minha definição favorita de riso vem da maravilhosa escritora Anne Lamott: "Uma forma borbulhante, efervescente do sagrado."

Ao longo dos últimos anos, tive a oportunidade de trabalhar com algumas alunas incríveis. Passamos muitas horas lendo, analisando entrevistas e conversando sobre a vergonha. Lembro-me de quando a equipe de pesquisa começou a explorar o conceito de riso esclarecido. Intuitivamente, sabíamos que rir das experiências de vergonha compartilhadas desempenhava um papel significativo em nossas reuniões, mas, ao ouvir um número cada vez maior de participantes mencionar isso, ficamos um pouco surpresas. Por fim, percebemos que a linguagem universal do riso nos dava uma forma de falar sobre a vergonha, um conceito que de outro modo resiste a palavras e descrições.

Marki McMillan, uma das pesquisadoras, escreveu: "O riso é a evidência de que o estrangulamento da vergonha foi afrouxado. No momento do riso esclarecido sentimos que nossa vergonha foi transformada. Como a empatia, ele despe a vergonha até o osso, rouba seu poder e a obriga a sair do armário."

Quando buscamos os outros e dividimos histórias, aumentamos o poder e o potencial de criar a mudança. Para a maioria, a comunicação com o outro resulta em tremenda transformação individual e inspira algumas mulheres a ir ainda mais adiante e se envolver na mudança coletiva.

Promovendo mudanças

A princípio, talvez pareça difícil, ou mesmo impossível, acreditar que temos realmente a capacidade de promover mudanças em nossa vida, mas esse é um dos passos mais empoderadores no caminho para desenvolver resiliência. Quando falamos em mudanças individuais e coletivas, é importante perceber que nem todas vão se envolver em atividade política, militância ou mesmo em pequenos esforços coletivos. Algumas de nós podem promover a mudança alterando a forma como interage com as pessoas ou transformando relacionamentos. Outras podem aumentar a consciência crítica junto a amigos e familiares.

Precisamos encontrar um método de mudança que nos inspire e nos mobilize. Às vezes, como indivíduos, nossos esforços variam de acordo com a questão. Existem questões que me motivam a me envolver completamente na ação coletiva. Existem outras em que sinto que minha maior contribuição é na implementação de mudanças pessoais. Quando falamos de formas para criar a mudança, gosto de pensar em seis pontos – pessoal, escrita, eleições, participação, compras e protestos. Quer estejamos tentando mudar algo na escola das crianças, lutando para o recolhimento de revistas com conteúdo ofensivo da loja de conveniências local, tentando obter melhores condições de licença-maternidade no trabalho ou batalhando para mudar uma política nacional, esses seis pontos funcionam.

Pessoal: Até mesmo a mais pessoal das mudanças costuma exercer um poderoso efeito cascata na vida das famílias, dos amigos e dos colegas. Jillian, por exemplo, começou a monitorar os programas vistos pelos filhos e deixou de assinar revistas de moda. Sondra, a mulher silenciada pelos comentários do marido, voltou a debater política e religião com o cunhado. Também está transmitindo para as filhas o maravilhoso legado dos pais de ter orgulho do que se é e dizer o que pensa, assim como ferramentas para lidar efetivamente com a vergonha que é usada por algumas pessoas para nos manter caladas. A mudança pode assumir muitas formas – nada é mais inerentemente político do que romper as expectativas sociocomunitárias para cumprir todo o potencial de uma vida e ajudar os outros a fazer o mesmo. Praticar a coragem, a compaixão e a conexão diante da vergonha é um ato político.

Escrita: Escreva uma carta. A maioria dos líderes de organizações e dos legisladores respondem a cartas ou e-mails. Minha amiga e colega Ann Hilbig faz lobby por questões ligadas à infância. Ela me contou que os congressistas americanos precisam apenas de umas 10 cartas para pedir que alguém de sua equipe pesquise determinado tema. Eu envio e-mails o tempo todo. Se encontrar um anúncio extremamente ofensivo, mande uma mensagem para a empresa. A Organização Nacional para as Mulheres, dos Estados Unidos, patrocina o Dia de Amor ao Seu Corpo. Na página da organização na internet, eles reúnem anúncios ofensivos que promovem a vergonha da aparência, o fumo entre os adolescentes e o consumo de álcool. Há um abaixo-assinado pronto para ser baixado e passado entre seus amigos ou enviado às empresas. Nele está escrito o seguinte:

Prezado diretor de marketing,
Nós nos recusamos a passar fome para vestir a roupa da moda deste ano. Rejeitamos sua ideia de que o tabaco ajuda no emagrecimento e denunciamos a indústria de dietas por nos fazer duvidar de nossa dignidade. Não seremos apertadas, espremidas, reduzidas, achatadas, alisadas ou retocadas. Não mapearão meu rosto ou meu corpo para encontrar a perfeição nos olhos, no nariz, no pescoço, nos seios, na barriga, nos quadris, nas coxas ou no traseiro... Não seremos retalhadas como carne para aumentar seus lucros. Somos belas do jeito que somos!

SABEMOS que os cigarros viciam e matam. SABEMOS que as dietas de fome nos roubam tecido muscular e capacidade cerebral. SABEMOS que as imagens de mulheres colocadas nas revistas e na TV são ofensivas, danosas, perigosas e desrespeitosas. Esses anúncios são uma agressão a mulheres e meninas. Esses anúncios são uma afronta à minha inteligência. Esses anúncios são uma agressão à igualdade da mulher.

Eleições: Vote. Descubra o que os candidatos pensam sobre as questões que afetam sua vida e vote.

Participação: Saiba mais sobre as organizações que apoiam as questões que a afetam. Junte-se a elas na luta. A maioria dessas organizações informa as pessoas sobre o que estão fazendo por meio de e-mails ou atualizações no site. Elas também ajudarão você a dizer o que pensa através de e-mails pré-formatados.

Compras: O dinheiro é mais poderoso do que a espada. Pare de comprar de quem não compartilha de seus valores. Pesquisas de marketing mostram que as mulheres são responsáveis por cerca de 85% das decisões domésticas de compras. Aqui vai um exemplo. Há alguns anos, Ellen e eu fomos alugar DVDs. Eu estava lendo o texto nas capas quando Ellen puxou minha camisa e me perguntou: "Elas são princesas?" Olhei para baixo e, no lugar dos filmes de sempre, vi três moças em biquínis exíguos. O título do filme era algo parecido com *Procura-se: encrenca nos subúrbios*. Tirei o DVD da mão dela e o examinei de cabo a rabo. Era um filme "adulto".

Peguei imediatamente a mão de Ellen e me dirigi apressada ao caixa. Pedi para falar com o gerente da locadora. Depois de esperar alguns minutos, chegou uma moça e se apresentou. "Quando vocês começaram a oferecer esse tipo de filme?", perguntei. Ela olhou para a caixa e suspirou: "Os filmes pornô chegaram mais ou menos na mesma época em que eles cortaram nossos benefícios e aumentaram nossa jornada de trabalho." Ela explicou que uma enorme empresa tinha adquirido essa rede de locadoras. Depois da aquisição, começaram a oferecer filmes adultos. A jovem explicou que aquela loja havia recebido apenas 50 daquele tipo, mas que as filiais em bairros mais pobres estavam abarrotadas, com centenas de títulos.

No carro, a caminho de casa, expliquei para Ellen por que fiquei zangada e por que achava que alguns filmes prejudicavam meninas e mulheres. Ela me ajudou a destruir meu cartão de sócia. Mandamos pelo correio o cartão destruído e uma carta ao gerente regional. Depois encontrei um ótimo serviço on-line que entrega os DVDs na minha porta, sem cobrar extra pelos atrasos e sem filmes adultos. Nossa antiga locadora talvez não pare de oferecer pornografia, mas Ellen e eu não vamos fazer parte disso.

Protestos: Um protesto nem sempre é uma passeata com centenas de pessoas desfilando pelas ruas. Às vezes são apenas quatro ou cinco comparecendo a uma reunião na escola ou no escritório de alguém. Não importa o tamanho ou o alcance, quando nos juntamos para pedir o que precisamos, algumas pessoas rotulam nossas ações como "protesto". Se isso nos deter, temos que perguntar: "Quem se beneficia disso?"

Em *A ciranda da intimidade*, Harriet Lerner escreve: "Embora as conexões nem sempre sejam óbvias, a mudança pessoal é inseparável da mudança política e social." Acredito que seja verdade. Buscar o apoio dos outros nos permite identificar e nomear o que temos em comum e cria a oportunidade para a mudança social e pessoal.

Barreiras ao buscar o outro

Ao praticar buscar o apoio do outro, precisamos estar muito cientes dos obstáculos que podem surgir no caminho. No restante deste capítulo examinaremos dois dos principais problemas que costumam nos impedir de pôr em prática a coragem e a compaixão. A melhor forma de introduzir esses conceitos é com a história de Jennifer e Tiffany, que ilustra maravilhosamente essas barreiras e demonstra por que vale a pena lutar para superá-las.

Quando fiz a primeira entrevista com Jennifer pelo telefone, ela e o marido Drew estavam concluindo seus MBAs e tinham um filho de 3 anos, Toby. Nossa entrevista se concentrou em seu esforço para expor suas ideias em turmas predominantemente masculinas e na vergonha que sentia ao mandar o filho ainda pequeno para a creche enquanto ela trabalhava e frequentava aulas em fins de semana alternados. Acabei conhecendo Jennifer pessoalmente alguns anos depois numa oficina de resiliência à vergonha que comandei. Ela me abordou durante o intervalo e perguntou se poderia compartilhar uma importante história com o grupo. Eis a sua história.

Depois de se formarem e arranjarem emprego, Jennifer e Drew se mudaram para sua primeira casa, no bairro dos seus sonhos. Os vizinhos da frente eram Tiffany e o marido, Andy. Jennifer e Tiffany tinham filhos da mesma idade e Tiffany também tinha uma bebezinha. Jennifer estava grávida na época da segunda entrevista.

Enquanto os filhos se tornavam melhores amigos, a relação entre Jennifer e Tiffany caminhava num ritmo mais lento. "As coisas nunca foram muito profundas entre nós", contou Jennifer. "Falávamos basicamente sobre as crianças. Tentei me aproximar algumas vezes, mas ela não parecia interessada. Depois de um ano, eu não sabia muito sobre ela e ela não sabia muito sobre mim... bem... até que tudo começou."

Jennifer explicou que Carly, sua irmã mais nova, lutava contra o alcoolismo desde a adolescência. A mãe, que era uma alcoólatra em recuperação, havia ligado para Jennifer para dizer que Carly fora internada numa clínica de reabilitação e que ela, a avó, cuidaria da filha de Carly, Emma, até a alta. A mãe de Jennifer perguntou se ela e Drew poderiam participar de um fim de semana familiar na clínica e Jennifer garantiu que estariam lá. Jennifer nunca havia deixado o filho sozinho uma noite inteira com uma babá, por isso decidiu perguntar a Tiffany se o menino poderia ficar com ela.

Assim Jennifer relembrou a cena: "Atravessei a rua, bati na porta e respirei fundo. Tiffany atendeu e eu disse: 'Minha irmã Carly está num programa de reabilitação. Daqui a algumas semanas, eu e Drew vamos visitá-la. Toby poderia passar uma noite com vocês? Normalmente, eu pediria ajuda para minha mãe, mas ela também vai visitar minha irmã.'" Jennifer disse que Tiffany pareceu chocada, mas respondeu depressa: "Claro que ele pode passar a noite aqui. Sem problema." Jennifer ficou aliviada. Então começaram as perguntas de Tiffany. "Qual de suas irmãs está com problemas? Achei que tinha apenas uma."

"Sim, só tenho uma irmã, a Carly. Você a conheceu há alguns meses quando esteve aqui com a filha. Ela mora no norte do estado, perto da minha mãe", respondeu Jennifer.

Tiffany parecia confusa. "Carly? Você está brincando! Ela é tão bonitinha. Era aquela com a menina? As duas que usavam vestidos combinando?"

"É, ela mesma", respondeu Jennifer, que começou a ficar cada vez menos à vontade enquanto Tiffany parecia organizar suas ideias. Eis como transcorreu o restante da conversa:

Tiffany: "Ela não parece o tipo de gente que vai para a reabilitação. O que aconteceu?"
Jennifer: "Ela é alcoólatra."
Tiffany: "Está brincando! Ela não parece alcoólatra. O que o marido dela acha disso?"
Jennifer: "Ela não é casada."
Tiffany: "Está brincando. O que sua mãe acha disso?"
Jennifer: "Sobre ser alcoólatra ou ser mãe solteira?"
Tiffany: "Minha nossa, não sei."
Jennifer: "Minha mãe acha que Carly e Emma são ótimas e também é uma alcoólatra em recuperação."
Tiffany: "Uau, que família! Muito complicada."
Jennifer: "É, acho que sim. Então, Toby pode ficar com você?"

Como dá para imaginar, essa conversa não contribuiu muito no aprofundamento da conexão entre Jennifer e Tiffany. E as coisas ficariam piores antes de melhorar.

Poucos meses depois, os filhos de Jennifer e Tiffany entraram para o jardim de infância. Passadas as duas primeiras semanas de aula, houve um incidente horrível na fila de carros pegando as crianças na saída da escola. Jennifer já havia buscado o filho e estava na cozinha quando Tiffany bateu na porta. Jennifer atendeu e a vizinha relatou, agitada, todos os detalhes do incidente. "Você não vai acreditar. Viu as viaturas da polícia? A ambulância?" Jennifer ficou assustada. "Não! O que aconteceu?"

Ela contou: "Um dos carros não avançava na fila e as pessoas começaram a buzinar. Uma mãe saltou e foi até o veículo que não saía do lugar. Uma mulher estava caída sobre o volante. A mãe começou a gritar e vários professores apareceram. Acharam que a mulher ao volante estava morta. Alguém chamou a ambulância, que, quando chegou, viu que ela não estava morta. Estava apagada de tanto beber! Dá para acreditar?"

Jennifer mal conseguiu reagir. Seus olhos ficaram cheios de lágrimas. "Ai, meu Deus. Que coisa horrível...", replicou.

Tiffany a interrompeu. "Eu sei! Dá para acreditar... Na nossa escola? No nosso bairro? O que estou dizendo é que essa mulher podia ter matado alguém. Podia ter atropelado nossos filhos. Eu também quase comecei a chorar. Só de pensar naquela maluca dirigindo até a escola daquele jeito."

Jennifer ficou sem palavras.

Tiffany reagiu ao silêncio dizendo: "Eu sei, eu sei. É horrível. Estou arrasada também. Aconteceu bem aqui... no final da rua. No nosso bairro."

Jennifer balançou a cabeça: "Estou arrasada por aquela mãe. Por seus filhos. Pela família. Mas não acho que estejamos arrasadas pelas mesmas razões, Tiffany."

Tiffany, que olhava pela porta, não reagiu ao comentário. Estava distraída ao ver outra vizinha se aproximar de casa com o carro. "Ah, vou contar para Leena o que aconteceu... Até mais tarde."

Jennifer estava com raiva e magoada. Ao recontar para mim a história, repetiu várias vezes que não conseguia acreditar que pudesse manter a amizade com alguém tão superficial, tão sem noção. Tiffany sabia que a mãe e a irmã de Jennifer eram alcoólatras. No entanto, não foi capaz de fazer a relação. Jennifer disse: "Nunca vou me esquecer de vê-la falando que não podia acreditar que aquilo tinha acontecido em nosso bairro, em nossa escola, diante de nossos filhos", explicou Jennifer. "Queria perguntar a ela: 'Onde é que você acha que isso deveria acontecer? Quais crianças deveriam ver algo assim?'"

A amizade entre as duas esfriou ainda mais, mas isso não impediu Tiffany de convidar Jennifer para trabalhar com ela na festa de inverno da escola. Tiffany vendeu a ideia como uma grande oportunidade de conhecer algumas das mães que participavam da associação de pais e mestres – Amber Daniels, em especial. Jennifer concordou, relutante. Concluiu que seria uma boa forma de diminuir sua culpa de mãe que trabalha fora.

Amber Daniels tinha três filhos matriculados na escola – um no quinto ano, um no terceiro e outro no segundo. Era também a presidente da associação de pais e mestres e, de acordo com Jennifer, "provavelmente a pessoa mais perfeita que se pode encontrar". Jennifer descreveu-a como inteligente, bonita, simpática e, sob todos os aspectos, uma mãe perfeita. Tiffany a idolatrava a ponto de não conseguir falar com ela. Amber tinha um séquito de amigas, na maioria mães de crianças mais velhas. Se Amber ou alguma das amigas dissesse "oi" para Tiffany, ela gaguejava. Jennifer não estava tão impressionada, mas achava a "turminha da associação" um tanto intimidante.

Jennifer e Tiffany ficaram encarregadas do leilão na festa. Certa noite, depois de uma reunião de planejamento, Jennifer e Tiffany saíam da cantina quando Amber, acompanhada por duas amigas, gritou para elas: "Oi, venham tomar um café com a gente!" Jennifer e Tiffany se entreolharam e caminharam devagar na direção da mesa.

Jennifer riu e usou sua melhor voz de patricinha quando descreveu o momento. "Fiquei pensando: Ai! Nossa! Meu Deus! Como se eu estivesse no ensino médio e tivesse sido convidada para me sentar na mesa das chefes de torcida."

As duas se sentaram, Amber se apresentou, apresentou as amigas e perguntou: "E então, alguém com planos empolgantes para o fim de ano?"

Nesse momento da história, Jennifer me olhou e disse: "Brené, sinceramente, não sei o que deu em mim. Olhei para Amber e respondi: 'Tenho sim. Vou ver minha família no norte do estado. Minha irmã acabou de sair da reabilitação e vamos ficar um pouco com ela e a filha. Ela é mãe solteira e as coisas têm sido difíceis.'"

Tiffany ficou tão desconcertada com a resposta franca de Jennifer que se deixou cair sobre a minúscula mesa da cantina, batendo com a testa no tampo.

Jennifer me falou: "Se ela estava tentando desviar a atenção da conversa, fez um bom trabalho. Amber chegou a perguntar se ela estava bem."

Tiffany se recompôs, olhou para Jennifer e disse: "O que é isso, Jennifer? Duvido que Amber queira saber detalhes da sua família complicada."

Amber riu e disse: "Ei, famílias não são todas complicadas?"

Jennifer tentou responder, mas foi interrompida por Tiffany. "Não como a dela." A essa altura, Jennifer começou a se sentir envergonhada. Fitava a xícara de café e ficou um tanto atordoada quando Amber rompeu o silêncio constrangedor, perguntando-lhe: "E então, como está a sua irmã?"

Jennifer me descreveu o momento assim: "Amber dirigia a pergunta a mim, mas encarava Tiffany de um jeito que dizia: 'Não ouse abrir a boca!'"

Jennifer não demorou a responder. "Está melhor, obrigada."

"Onde foi que ela fez o tratamento?", perguntou Amber. "Em Moorewood", respondeu Jennifer.

Amber assentiu e disse: "É... meu marido é padrinho de um rapaz que passou pelo programa deles. Dizem que é um lugar muito bom."

Tiffany ficou sem palavras.

Uma das amigas de Amber começou a rir e perguntou: "E você, Amber? Vai participar de alguma festinha de fim de ano dessa vez?"

Amber e as amigas começaram a rir, e Jennifer disse que era possível sentir que aquela era uma espécie de piada interna. Amber balançou a cabeça. "Falando em coisas complicadas..."

Amber então explicou que no fim do ano anterior tinha ido com os filhos para a casa da mãe dela, que insistiu para que participassem de uma festa organizada por uma de suas melhores amigas – por acaso, mãe do seu primeiro marido, ou seja: sua ex-sogra.

Jennifer me contou que, bem no meio da história, Tiffany balbuciou: "Você foi casada antes?" Amber assentiu e prosseguiu.

Amber explicou que os três filhos sabiam que ela tinha sido casada antes, mas que ela e o marido ficaram chocados quando o ex-marido apareceu com o novo namorado. "A essa altura", contou Jennifer, "já estávamos todas rindo e nos entendendo muito bem. Todas, exceto Tiffany, que não abriu um sorriso sequer. Quase me senti mal por ela quando perguntou para Amber se tinha sido difícil expor os filhos tão pequenos a 'essa história de gays'."

Jennifer disse que Amber lidou muito bem com a situação. Explicou que não entendia muito bem o que Tiffany queria dizer com "essa história de gays", mas que o cunhado e o namorado dele moravam na cidade e muitas vezes cuidavam das crianças. Assim, "essa história de gays" era uma "história normal" para os filhos dela.

Jennifer descreveu a viagem de volta para casa, após a reunião, como sendo incrivelmente desconfortável. Tiffany não disse uma palavra. Mais ou menos uma semana depois, Jennifer perguntou se podiam conversar. Tiffany concordou e as duas conversaram sobre Carly, o incidente na porta da escola e sobre Amber.

Por mais que Jennifer tentasse explicar seus sentimentos, Tiffany dizia apenas: "Não sei por que fala dessas coisas como se tivesse orgulho delas."

"Tentei explicar que não tenho orgulho, mas que não vou sentir vergonha delas", me contou Jennifer. "Tentei explicar que estou trabalhando minhas questões com a vergonha, mas ela simplesmente não entendeu e disse: "Devo ter mais consideração por Amber porque o marido dela é alcoólatra e tem um irmão gay e por ela ter sido casada com outro cara antes, que também é gay? Pois bem, não penso assim. Gosto de gente honesta. Quando você olha para Amber, o que você vê não é a realidade!'"

Jennifer me contou: "Fiquei tão aborrecida que desisti. Sabia que, se continuasse a discussão, acabaríamos sem nos falar."

Daquele momento em diante, o relacionamento passou a se limitar a assuntos ligados às crianças e à escola. Jennifer ficou muito amiga de Amber. Tiffany permanecia convencida de que Amber era superestimada e recusava todos os convites de Jennifer para qualquer programa com elas.

Certa manhã, quase seis meses depois, Tiffany telefonou para Jennifer. Estava chorando tanto que sua voz era quase inaudível. Jennifer correu para a casa da vizinha. A porta da frente estava aberta e Jennifer entrou. Tiffany estava sentada no chão da cozinha, soluçando.

"Eu estava convencida de que alguém havia morrido. Sentei-me ao lado dela e perguntei o que tinha acontecido", explicou Jennifer.

Tiffany a olhou e disse: "Não sou perfeita. Realmente não sou. Minha vida é tão fodida quanto a de todo mundo. Eu juro."

Jennifer continuou me contando: "Minha expressão de choque deve ter sido muito evidente, porque Tiffany falou com raiva: 'Sim, falei palavrão. Isso mesmo. E vou dizer de novo.'" Então ela começou a soluçar com mais intensidade ainda.

Jennifer abraçou Tiffany e disse: "Sei que não é perfeita. Pode confiar em mim. Está tudo bem. Aliás, mais do que bem. Está ótimo."

As duas riram um pouco e então Jennifer me contou que Tiffany se virou para ela, segurou suas mãos e buscou apoio da forma mais comovente. Explicou a Jennifer que realmente não conseguia entender. Explicou que não tinha sequer conhecido o próprio pai. Nunca o vira. Contou que a mãe não a visitava porque Tiffany, por vergonha, não a convidava.

Tiffany disse: "Ela não tem problemas normais – como esses de que você e Amber dão risadas. Ela é pobre, não tem dentes. Ela não fala como a gente. Não cresci num bairro como esse. Independentemente do que eu fizesse na juventude, por melhores que fossem minhas notas, por mais que eu trabalhasse para me vestir bem, eu ainda era uma merda."

Quando Tiffany conheceu Andy na faculdade, ele era tudo o que ela desejava. Tinha uma família aparentemente perfeita e ensinou-lhe como se comportar. Tiffany chegou a contar para Jennifer: "Não convidei minha mãe para o casamento. Andy só a conheceu depois que nos casamos. Ele também não gostou dela. Ele odeia minhas origens. Não fui eu que disse a ele que não estava certa se devia convidar minha mãe para o casamento e ele tentou me convencer a chamá-la. Ele disse que seria mais fácil para todos se ela não fosse."

A essa altura, tanto Jennifer quanto Tiffany estavam chorando. Tiffany continuou: "Eu queria ser normal. Mas estou exausta. Escondi tudo porque Andy ficaria louco se alguém soubesse dos nossos problemas. Sinto falta da minha mãe. Não sei o que fazer. Queria conseguir conversar com você."

Jennifer me explicou: "Eu não sabia o que dizer ou o que fazer. Fiquei sentada ali, ouvindo e chorando." Jennifer falou que o momento mais difícil foi quando Tiffany se levantou, foi até uma gaveta na cozinha, pegou uma folha de papel dobrada, olhou para Jennifer e disse: "Quando você me contou que estava trabalhando suas questões com a vergonha, fui para o Google. Encontrei este poema. Se ler, vai me entender melhor. Quer ler?"

Era um poema de Vern Rutsala, "Shame" (Vergonha, em português). Eu não o conhecia, até receber uma cópia de Jennifer. Desde então, já o compartilhei com muita gente e acredito que se trata de um dos mais corajosos atos de exposição da verdade que jamais encontrei. Eis uma tradução livre do poema:

É assim a vergonha da mulher cujas mãos ocultam
o sorriso pois os dentes são ruins, não o grandioso
ódio a si mesma que leva alguns a lâminas ou comprimidos
ou a um mergulho do alto de belas pontes por mais
trágico que seja. É assim a vergonha de se ver,
de ter vergonha de onde você mora e daquilo
que o contracheque de seu pai permite que se coma e se vista.
É assim a vergonha dos gordos e dos carecas,
o insuportável rubor da acne, a vergonha de não ter
dinheiro para a refeição e de fingir que não se tem fome.

*É assim a vergonha da doença oculta – doenças
caras demais para se arcar, que oferecem apenas uma passagem
gélida de ida. É assim a vergonha de ter vergonha,
o nojo diante do vinho barato que foi bebido, da lassitude
que faz com que o lixo se acumule, a vergonha que lhe diz
que existe outra forma de vida, mas que você é
tola demais para encontrá-la. Assim é a vergonha real, a maldita
vergonha, a vergonha chorosa, a vergonha criminosa,
a vergonha de saber que palavras como glória não fazem parte
do seu vocabulário, embora entulhem as bíblias
que você ainda está pagando. Assim é a vergonha de não
saber ler e de fingir que sabe.
Assim é a vergonha que provoca medo de sair de casa,
a vergonha dos cupons de desconto no supermercado, quando
o vendedor demonstra impaciência enquanto busca o troco.
Assim é a vergonha da roupa de baixo suja, a vergonha
de fingir que seu pai trabalha num escritório
como Deus pretendia para todos os homens. Assim é a vergonha
de pedir aos amigos que a deixem diante de uma
bela casa do bairro e de esperar
nas sombras até que partam antes de caminhar
até a desolação de seu casebre. Assim é a vergonha
por trás da mania de possuir coisas, a vergonha
de não ter calefação no inverno, a vergonha de comer ração para gatos,
a vergonha profana de sonhar com uma casa e um carro novos
e a vergonha de saber como são mesquinhos tais sonhos.*

© Vern Rutsala

Como se pode imaginar, esse foi um grande marco na amizade de Jennifer e de Tiffany. Nas primeiras vezes que se encontraram depois de dividir tudo isso, as duas se sentiram um tanto constrangidas, o que era esperado.

"A certa altura, percebi que seria mais fácil fingir que aquela manhã nunca havia acontecido", contou Jennifer. "Mas não fizemos isso. Era algo grande demais."

Segundo Jennifer, ela e Tiffany são grandes amigas hoje. A família de Jennifer ainda é complicada, mas não são todas assim? Jennifer contou que Tiffany ameaçou ir embora se o marido não concordasse em fazer terapia de casal e que isso seria pior para a imagem dele do que frequentar a terapia. Tiffany e a mãe estão procurando consertar as coisas, e tem sido difícil para ambas.

Amber não disputou a reeleição para a presidência da associação de pais e mestres porque decidiu se tornar instrutora de ioga. Jennifer riu. "Ela tem um número enorme de seguidores. Tiffanny e eu fazemos a aula dela."

Na próxima seção, vamos examinar com mais atenção os conceitos de isolamento e alteridade – duas das barreiras que enfrentamos quando buscamos apoio. São os dois obstáculos que quase impediram Jennifer e Tiffany de criar a conexão que agora valorizam tanto. Essas barreiras afetam todos os elementos da resiliência à vergonha. Se não compreendermos como funcionam em nossa vida, é quase impossível desenvolvermos a resiliência à vergonha. Comecemos explorando o conceito de "isolamento".

Isolamento

Numa cultura da vergonha, vivemos sobrecarregadas com sentimentos de medo, recriminação e desconexão. Isso cria um mundo dividido entre "nós e eles". Existem pessoas como nós e há também "os outros". E em geral nos esforçamos muito para nos isolar "desses outros". Na infância, havia crianças com quem tínhamos permissão de conviver e havia os outros garotos. Havia pessoas que podíamos namorar e os outros garotos. Havia escolas que frequentávamos e havia escolas para os outros garotos. Na vida adulta, há bairros onde moram os nossos e bairros que são para os outros. Emocional e fisicamente nos isolamos dos "outros". Isso não parece ter fim. Desenvolvemos a linguagem para descrevê-los – às vezes nos referimos a eles como "aquela gente" ou, de forma mais misteriosa, "aquele tipo de gente".

Raramente uso a palavra *verdade*, por ser tão forte e conter tantas promessas. Mas, nesse caso, vou usá-la porque, de tudo que aprendi na última década, o conceito que acredito ter o maior potencial para nos ajudar a superar a vergonha é o seguinte: somos "aquela gente". A verdade é que somos... os outros.

Para a maioria de nós, falta bem pouco – um contracheque, um divórcio, um filho dependente de drogas, um diagnóstico de doença mental, uma doença séria, uma agressão sexual, uma bebedeira, uma noite de sexo desprotegido, um caso amoroso – para nos tornarmos "aquela gente", aqueles em quem não confiamos, de quem sentimos pena, com quem não deixamos nosso filho brincar, aqueles a quem coisas ruins acontecem, aqueles que não queremos na nossa vizinhança.

De fato, permita-me provar o que digo. Se você ou seus familiares **nunca** experimentaram nenhum dos seguintes problemas, você não precisa ler o resto do capítulo:

- Dependência (álcool, drogas, comida, sexo, relacionamentos, etc.)
- Qualquer diagnóstico de saúde mental (depressão, ansiedade, transtornos alimentares, bipolaridade, déficit de atenção, etc.)
- Qualquer doença estigmatizada (doenças sexualmente transmissíveis, obesidade, aids, etc.)
- Violência doméstica (física, emocional, verbal, etc.)
- Abuso sexual (estupro, estupro conjugal, etc.)
- Abuso de menor (físico, sexual, incesto, negligência, emocional, etc.)
- Suicídio
- Morte violenta
- Atividade criminal ou prisão
- Dívida séria ou falência
- Aborto
- Crenças religiosas pouco comuns
- Pobreza (incluindo questões de classe)
- Baixo nível de instrução (falta das habilidades básicas da alfabetização, evasão escolar, etc.)
- Divórcio

Tudo bem. Do ponto de vista estatístico, todos deveriam continuar a ler. Isso é uma lista de alteridade, de coisas que acontecem com os outros, e, goste ou não, estamos todos nela – alguns várias vezes. Talvez você leia a lista e pense: "Ela deve estar brincando. Só porque me divorciei não quer dizer que as pessoas pensam de mim o mesmo que pensariam de alguém que foi para a cadeia ou de um viciado em drogas." Não é verdade. Para alguns, o divórcio pode ser pior do que as drogas. De fato, entrevistei uma mulher com 60 e poucos anos que me disse que costumava sentir vergonha dos filhos, mais especificamente, da filha. O genro descobriu que ela estava tendo um caso e se divorciou. A mesma mulher tinha um filho que passou vários meses na cadeia depois de ser pego pela segunda vez dirigindo alcoolizado, quando estava na faculdade. Ela comparou os dois. "Os garotos agem como garotos, posso viver com isso. Mas ter uma filha vadia é algo que não consigo superar."

A ideia da lista não é ranquear ou comparar os problemas. Como mencionei antes, não acho que isso nos leve a lugar nenhum. É sobre a compreensão de que somos todos vulneráveis a sofrer julgamentos e sentir vergonha de nossas experiências. E igualmente importante: somos todos vulneráveis a julgar e a fazer com que outras pessoas sintam vergonha de suas experiências.

Entrevistei dependentes químicos em recuperação que tinham altos níveis de resiliência em relação ao estigma associado à dependência e entrevistei mulheres que são invejadas pelas amigas, mas que mal conseguem viver diante da vergonha de terem vindo "do lado errado dos trilhos do trem". Cada um de nós é o outro de alguém.

Jennifer e Tiffany são exemplos perfeitos. A história de alcoolismo da família de Jennifer, os antecedentes matrimoniais de Amber e a mulher que desmaiou na saída da escola eram "outros" para Tiffany. Eram "aquelas pessoas". Lembre-se de quando ela disse para Jennifer: "Carly não parece uma alcoólatra" e em como repetia que estava perturbada com o incidente na saída da escola por ter ocorrido "em nosso bairro" e "em nossa escola".

Tiffany não conseguia aceitar "o outro" que existia nas amigas pois negava com ferocidade a própria vida – encorajada por Andy, ela tentou fingir que a mãe e a pobreza que a cercava na juventude não existiam. Esforçou-se tanto para criar um mundo onde ela jamais fosse percebida como o outro que era incapaz de aceitar a alteridade em Jennifer e Amber.

Usamos o conceito de alteridade para nos isolar e nos desconectar. É por isso que ele constitui uma barreira tão séria para quem busca apoio como um método de desenvolver a resiliência à vergonha. A comunicação é um ato difícil para as duas partes – praticar a coragem é tão difícil quanto praticar a compaixão. É necessário que nós nos apoiemos no nosso desconforto. Foi difícil para Tiffany contar para Jennifer a verdade sobre sua vida e também foi doloroso para a amiga ouvir. Mas Jennifer se obrigou a fazer aquilo porque considerava Tiffany e o relacionamento delas importantes.

Dividir a vergonha com alguém é doloroso, e se sentar ao lado de alguém que divide sua história de vergonha pode ser igualmente doloroso. A tendência natural de evitar ou reduzir essa dor é com frequência o motivo pelo qual começamos a julgar e nos isolamos na alteridade. Basicamente, nós culpamos os outros por suas experiências. Inconscientemente dividimos as pessoas em dois grupos: aquelas que são dignas de nosso apoio e as que são indignas. Quando alguém sente vergonha em relação a uma dessas questões de alteridade, não nos sentimos compelidos a apoiá-los. Do mesmo modo, quando sentimos vergonha porque estamos experimentando uma dessas questões estigmatizantes, é difícil buscar apoio. É mais fácil crer que merecemos nossa vergonha.

Não é novidade o ato de rotular pessoas como dignas e indignas. Se olharmos a história da caridade e da filantropia, recuando até os primórdios da escrita, aqueles que necessitavam de ajuda sempre foram separados em pobres merecedores e pobres não merecedores. Esse pensamento se tornou parte da nossa cultura. Ele pode ser visto nas políticas públicas, em nosso bairro e em nossa família. Funciona no nível individual exatamente como no nível comunitário.

Voltemos à história da saída da escola. Imaginemos que a mulher que desabou sobre o volante tivesse sofrido um infarto seríssimo e estivesse hospitalizada. Quantas travessas de comida a família dela receberia? Enquanto estivesse se recuperando, quantas mães do bairro se ofereceriam para levar as crianças para a escola? Considerando-se que, na realidade, ela desmaiou no carro porque estava alcoolizada, quantas travessas seriam oferecidas à sua família? Se fosse internada numa clínica de reabilitação, quantas mães da vizinhança se ofereceriam para levar as crianças para a escola ou as convidariam para brincar com seus filhos durante a recuperação? Meu palpite é que não seriam muitas.

Bette, uma mulher que entrevistei há alguns anos, viveu uma história parecida. Seu filho adolescente cometeu suicídio. Embora ela tivesse uma ampla rede de amigos e de colegas, pouquíssimos compareceram ao funeral. Ela oscilou entre as lágrimas e a raiva ao me contar: "Seis meses antes da morte do meu filho, a filha de uma colega morreu num acidente de carro. Tinha a mesma idade do meu garoto. O funeral estava cheio. Não dava para se mexer. Scott tinha tantos amigos quanto essa menina. Fazia parte da equipe que preparava o anuário da escola e participava de muitas atividades. Eu sou tão próxima dos meus colegas quanto a mãe daquela garota. Mas como Scott cometeu suicídio, quase ninguém apareceu."

Bette continuou: "Fiquei tão magoada e furiosa que perguntei para uma das mulheres do meu trabalho por que tão poucas pessoas compareceram. Por que apenas três colegas enviaram cartões. Ela me disse que eles achavam que eu precisava de privacidade. Não queriam tornar as coisas mais difíceis para mim." Bette respirou fundo e disse: "Deixe-me explicar o que isso significa. Significa que muitos deles acham que, de algum modo, a culpa é minha. Não sabiam o que dizer. Não queriam lidar com isso."

Assustador demais

O medo é outro motivo que nos leva ao isolamento. Quando meu marido Steve leu a lista "dos outros", ele balançou a cabeça e disse: "É, são essas as questões que julgamos nas pessoas e pelas quais as culpamos." Então ele pensou por um minuto e perguntou: "E aquelas questões pelas quais não chegamos a recriminar ninguém, mas que nos assustam e nos fazem correr na direção oposta?" Eu sabia exatamente o que ele queria dizer.

Às vezes não nos afastamos das pessoas porque suas experiências são estigmatizadas ou socialmente inaceitáveis, mas simplesmente porque são assustadoras demais. Minha história sobre a unidade de terapia intensiva neonatal é um bom exemplo. Eu me tornei ciente de meu próprio isolamento baseado em medo quando meu marido fazia residência médica. Steve teria que passar um mês na UTI neonatal. De noite, em casa ele me contava histórias de lá. Encontrei a coragem para ouvir apenas porque sabia que ele precisava de um lugar seguro para processar sua tristeza e celebrar seus sucessos. Depois de algumas semanas com histórias de partos arriscados, bebês doentes e famílias enlutadas, eu me tornei menos empática e mais impressionada. Não ajudava em nada o fato de eu estar no sexto mês da gravidez do meu primeiro filho.

Comecei a lhe fazer perguntas sobre cada família – principalmente sobre raça, renda e histórico médico. Com medo de parecer insensível, eu disfarçava as perguntas como sendo oriundas da preocupação e do interesse. "Quero visualizá-los. Eles parecem com algum conhecido? São da nossa idade? Deve ser muito caro... Eles têm seguro-saúde? Há alguma razão médica para isso ter acontecido?" Um dia, percebendo a frustração de Steve com minha ladainha de perguntas idiotas, aboli as gentilezas e parti para as características demográficas: qual a raça? São pobres? Usuários de drogas? Como foi o cuidado pré-natal? Problemas genéticos?

Steve olhou para mim e disse: "Não, Brené, eles se parecem conosco. Isso acontece com todo tipo de gente, até com gente como a gente."

Comecei a chorar. "Não! Não pode ser." Não queria acreditar. Queria usar todos os sistemas de diferenças existentes para me separar "daquelas pessoas", e se, por algum estranho acaso, eles correspondessem a todas as nossas características, eu passaria para a próxima etapa: "Pois bem, então o que eles fizeram de errado?"

Depois de ter sido confrontada por Steve por causa de meus esforços para me separar "daquelas pessoas" na UTI neonatal, percebi que costumo usar essa técnica ao assistir ao noticiário da noite. Se estou na cozinha preparando o jantar e na TV da sala de estar estão noticiando uma história terrível de estupro, assassinato ou sequestro de criança, frequentemente entro correndo com o batedor de ovos na mão para ver qual é a aparência da vítima e onde tudo aconteceu. Assim que identifico alguém "diferente" de mim ou um bairro distante do meu, fico um pouco menos assustada.

Um dia, ao discutir agressão sexual com meus alunos, começamos a falar como é frequente que as vítimas sofram novamente durante os julgamentos. Falei para os alunos: "Os advogados de defesa não querem que os jurados se identifiquem com a vítima... Com sua aparência, idade, raça, onde estava quando tudo ocorreu, etc. Temendo que os jurados possam se identificar com a vítima, atacam o caráter dela para que ninguém estabeleça qualquer identificação", prossegui. "E deve ser muito fácil... Eu não gostaria de me identificar com a vítima, porque isso significa que aquilo também poderia acontecer comigo."

Enquanto a discussão avançava, compartilhei quanto me fiava nessa técnica para me proteger. Um por um, os alunos reconheceram fazer o mesmo

– compartilhando histórias de como e quando recorreram ao isolamento para enfrentar o medo.

Na segurança da sala de aula, é fácil ficar ultrajado ao ouvir que sobreviventes de agressões sexuais, até mesmo crianças, são considerados culpados e sofrem discriminação quando passam por abusos. No entanto, a prática de nos isolar dos outros é algo que fazemos no dia a dia. Infelizmente, como reconhecemos ao constatar nosso lugar na lista da alteridade, a maioria de nós experimentará perdas ou traumas que outros vão considerar difíceis ou assustadores.

Se passamos a vida nos isolando daqueles que sofrem e sobrevivem a grandes perdas, o que acontece quando algo nos atinge? Acho que nos voltamos para nós mesmos. O que fiz para merecer isso? Por que eu? Isso aconteceu porque fiz algo de ruim ou de errado.

Uma vez convencidos de que "coisas como essas não acontecem a pessoas como eu", quando acontece é porque fizemos algo terrivelmente errado. Fomos expulsos do grupo que nos mantinha seguros – aquele grupo mítico que sempre escapa da tragédia. É por isso que pessoas que sobrevivem ao câncer, mulheres que sobrevivem a agressões sexuais, adultos que viviam nas ruas, pais que perderam filhos e famílias afetadas por atos de violência em geral me dizem duas coisas: "Antes, eu nunca imaginei que pudesse acontecer comigo... Só acontecia com os outros" e "Nunca se sabe... Pode acontecer com qualquer um. Só quero ajudar aqueles que estão passando pela mesma situação".

É duro. Não queremos nos conectar com pessoas que sofrem, especialmente se acreditamos que merecem o sofrimento ou que ele é assustador demais para nós. Não queremos estender a mão. Parece arriscado demais. Por simples associação, podemos acabar na mesma pilha "do outro" ou sermos obrigados a reconhecer que coisas ruins acontecem a pessoas como nós. Escuto a mesma coisa repetidas vezes de mulheres dispostas a se conectar: não é fácil. As mulheres que escolhem levar pratos de comida enquanto outras pessoas fazem fofoca e recriminam ou aquelas que vencem seus medos para reconfortar alguém não são super-heroínas. São pessoas comuns que às vezes precisam se obrigar a fazer isso. Não acontece naturalmente, mas segundo elas fica mais fácil com a prática.

Minha mãe é uma dessas mulheres. Tenho lembranças vívidas dela apoiando a vizinha que passava por uma crise. E não eram apenas as crises "aceitáveis". Cresci no subúrbio – houve acontecimentos muito traumáticos que não se encaixavam na forma como supostamente deveríamos viver.

Lembro mesmo de ter ficado constrangida algumas vezes porque minha mãe era a pessoa que levava travessas de comida para aquela de quem todos falavam. Ou porque ela convidava para jantar uma família envolvida em terríveis boatos. Não compreendia na época, mas agora percebo o que ela fazia.

Mamãe foi criada rodeada de itens que pertenciam à lista dos "outros". Como mencionei antes, minha avó era alcoólatra; uma pessoa incrivelmente generosa e compassiva que lutou por muitos anos contra o vício. Naquela época o alcoolismo era incompreendido e uma fonte ainda maior de vergonha do que nos dias de hoje – em especial para as mulheres. Além de tudo, meus avós se divorciaram quando minha mãe estava no terceiro ano da escola.

Ela nos falou aberta e corajosamente sobre as dificuldades de conciliar sua vida com as expectativas sociocomunitárias que definiam os anos 1950. Ao fazê-lo, percebeu que não estava sozinha e tomou a decisão de se desvencilhar da vergonha depositada sobre ela pela cultura dos Anos Dourados e seus seguidores. Assim, abriu um novo caminho para mim e para meus irmãos.

Mesmo agora que estou mais velha e as "coisas difíceis" parecem estar acontecendo a pessoas próximas com mais frequência, às vezes ainda tenho dificuldade. E como era de esperar, telefono para minha mãe. Ela ainda repete a mesma coisa para meu irmão, para minhas irmãs e para mim, em todas as ocasiões: "Você só precisa ir ao enterro. Só precisa levar uma travessa de comida enquanto seus vizinhos fazem fofoca e espionam pelas persianas. Entre num transe, se for preciso, mas pegue o carro e vá até lá. Escreva exatamente o que vai dizer, mas pegue o telefone e faça a ligação."

Acho que a coisa mais importante que ela me disse sobre procurar aqueles que passam por uma crise é o seguinte: "Você faz isso porque essa é a pessoa que você quer ser. Faz isso porque poderia ser eu e um dia, do mesmo jeito, pode ser você."

Sua rede de conexões

Se quisermos desenvolver a resiliência à vergonha, devemos aprender como fazer contato. Devemos pegar o que sabemos sobre coragem, compaixão e conexão e botar em prática. Não é fácil pedir a alguém que nos ouça e não é fácil ser aquele que escuta. Nas oficinas, faço com que os participantes analisem seus gatilhos e tentem identificar as pessoas a quem poderiam buscar. É importante perceber que, com frequência, aquele a quem podemos nos voltar em relação a um determinado problema não é a melhor pessoa para se falar de outras questões.

Por exemplo, a irmã de Susan (aquela da Introdução) fez um comentário vexatório quando Susan quis colocar a filha na creche. Susan disse: "Quando se trata de cuidado com os filhos, minha mãe e minha irmã definitivamente fazem parte da minha teia da vergonha. Mas, quando se trata de religião e fé, elas são as integrantes mais fortes de minha rede de conexões." É por isso que é importante pensar em questões específicas quando tentamos identificar as pessoas a quem podemos procurar. As seguintes perguntas podem ajudar, se forem feitas para cada categoria de vergonha:

- Quem são os indivíduos e os grupos que formam sua rede de conexões?
- Quem procura você para oferecer empatia e apoio?
- Quem são os indivíduos e os grupos que formam a teia da vergonha em torno dessas questões?
- Quando você vê pessoas que estão tendo dificuldade com tais questões, você as procura oferecendo empatia ou se isola?

Aqui estão as respostas de Susan, Kayla, Theresa e Sondra a essas perguntas:

Susan: "Quando se trata de maternidade e criação de filhos, minha mãe e minha irmã pertencem mais à minha teia da vergonha do que à minha rede de conexões. Estão próximas demais e têm peso demais nas minhas decisões. Minha rede de conexões inclui meu marido, minha melhor amiga e o grupo de mães da igreja."

Kayla: "Pois bem, é fácil listar os nomes na teia da vergonha em minha vida profissional. É Nancy e o ambiente de trabalho. Minha rede de conexões é provavelmente minha prima e Cathryn, uma das minhas amigas. Ela já trabalhou nesse setor, mas agora está em casa cuidando dos filhos. Ela entende. Receio que eu mesma seja um membro da minha teia da vergonha nessa questão."

Theresa: "Acho que meu marido e minha melhor amiga são as únicas pessoas com quem posso falar do assunto, mas eles estão cansados de ouvir minhas queixas. Meu marido anda realmente esgotado. Estou me consultando com uma terapeuta e ela me ajuda a fazer as ligações entre minhas expectativas e minha família na juventude. É doloroso, mas vai valer a pena se eu conseguir chegar a um lugar melhor. Minha teia da vergonha sou eu, minha mãe e várias mulheres com quem convivo. Elas são o que minha terapeuta chama de críticas constantes. Mesmo quando elas não veem o que está acontecendo na minha casa ou com meus filhos, eu sempre me pergunto o que pensariam."

Sondra: "Isso é difícil. Minha melhor conexão é com meu marido. Podemos falar sobre tudo, exceto sobre esse problema. Temos mesmo grande dificuldade. Acho que ele está na teia e na rede de conexões. Também estou nos dois lugares. Às vezes sou dura demais comigo e às vezes sou minha melhor amiga. Com toda a certeza eu incluiria nessa teia a família do meu marido, os professores que tive na juventude, meu pastor e outras pessoas que exerceram poder na minha infância. Minhas conexões são meus alunos, meus amigos e, claro, meus pais."

SEIS

O quarto elemento: falar da vergonha

Não há nada mais frustrante e assustador do que sentir dor e não ser capaz de descrevê-la ou explicá-la a ninguém. Não importa se é uma dor física ou emocional. Quando não conseguimos encontrar as palavras certas para explicar aos outros nossas experiências dolorosas, com frequência nos sentimos sozinhas e amedrontadas. Algumas de nós até sentem raiva ou fúria e fazem cena. Muitas acabam se calando e vivendo em silêncio com a dor, ou, nos casos em que isso é impossível, aceitamos a definição de outra pessoa para aquilo que sentimos simplesmente pela necessidade desesperada de encontrar algum alívio.

A vergonha é o tipo de dor que desafia definições. Como debatemos em todo este livro, ela dirige de forma inconsciente pensamentos, sentimentos e comportamentos. Para sobreviver, precisa se manter não detectada. Por isso, visa ao silêncio e ao sigilo. Se reconhecemos e compreendemos nossos gatilhos, se praticamos a consciência crítica e buscamos o apoio de outros, podemos incrementar nossa resiliência construindo redes de conexões. Essas redes são fontes da empatia, da conexão e do poder necessários para nos libertar da teia da vergonha. Mas, para acessar essas fontes, precisamos de habilidades de comunicação. Precisamos ser capazes de identificar e comunicar o que estamos sentindo e por quê.

A maioria de nós em geral não adquire o vocabulário necessário para identificar, descrever e discutir o processo de vivenciar a vergonha ou de aumentar a resiliência. A vergonha é uma linguagem complexa – seu aprendizado requer prática e habilidade. Falar a respeito desse tema exige que desenvolvamos uma terminologia específica para descrever alguns dos conceitos mais dolorosos e abstratos que nós, humanos, precisamos confrontar.

Por exemplo, como descrevemos as avassaladoras reações físicas e emocionais que a maioria experimenta ao sentir vergonha? Barbara, cuja carta se encontra no capítulo anterior, faz isso muito bem. Ela fala a língua da vergonha. Sabe que, quando está tomada por essa emoção, seu rosto fica afogueado, o estômago aperta e ela revê o incidente várias vezes na mente. É muito diferente do que foi mencionado por diversas participantes que descreveram suas reações como "surtar, perder a cabeça ou morrer por dentro". Quando fazem essas descrições inexatas, às vezes peço a elas que tentem ser mais específicas. Em geral, as mulheres demonstram cada vez mais frustração enquanto tentam encontrar palavras para vincular às suas experiências.

Quando falamos a língua da vergonha, aprendemos a falar da nossa dor. Como escrevi antes, somos programados para a conexão, o que consequentemente nos torna programados para as histórias. Mais do que qualquer outro método, contar histórias é nossa forma de comunicar quem somos, como nos sentimos e o que precisamos dos outros. Sem a linguagem, não podemos contar as coisas que sentimos e experimentamos. Jill Friedman e Gene Combs, terapeutas da narrativa, explicam que "falar não é uma atitude neutra nem passiva. Cada vez que falamos, invocamos uma realidade... Se as realidades que habitamos são invocadas pela linguagem que utilizamos, então elas permanecem vivas e são transmitidas pelas histórias que vivemos e contamos".

Durante as entrevistas, as mulheres identificaram "não ter como explicar a vergonha" e "não saber como falar sobre suas experiências" como principais fatores que contribuem para sentimentos de medo, recriminação e desconexão. As mulheres que demonstraram altos níveis de resiliência foram capazes de expressar como se sentiram ao vivenciar a vergonha *e* conseguiam pedir o apoio que necessitavam dos outros. Nas seções seguintes, vamos examinar as ferramentas específicas empregadas para falar da vergonha.

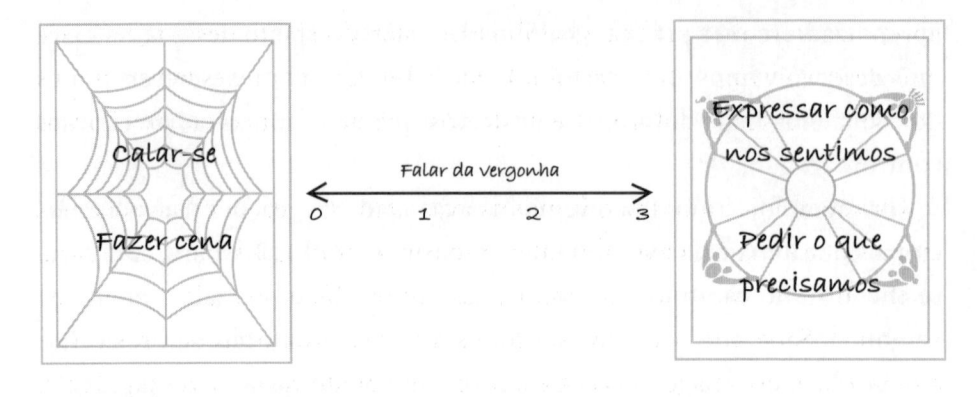

[Diagrama: À esquerda, uma teia de aranha com as palavras "Calar-se / Fazer cena". Ao centro, uma seta bidirecional com a legenda "Falar da vergonha" e uma escala de 0 a 3. À direita, outra teia com "Expressar como nos sentimos / Pedir o que precisamos".]

Traduzir a vergonha

Todo mundo já foi submetido a situações vergonhosas. Como escrevi na Introdução, cada um de nós foi ferido por comentários sutis – e às vezes abertamente cruéis – sobre nossa aparência, nosso trabalho, a forma como criamos os filhos, como gastamos dinheiro, nossas famílias e até mesmo em relação a experiências de vida sobre as quais não temos o mínimo controle. Os comentários podem ser diretos, indiretos, manipuladores, intencionais e até mesmo, acredito eu, não intencionais. O que eles têm em comum é quanto magoam e como nos deixam desorientados e desesperados em busca de proteção.

Claro que, quando estamos desorientados e desesperados, raramente encontramos métodos eficientes para nos proteger. De fato, muitas das habilidades que usamos para lidar com a vergonha apenas ampliam os sentimentos de impotência e nos fazem afundar ainda mais nesse sentimento (funcionando como as cortinas da vergonha). Neste capítulo, vou examinar como falar da vergonha nos permite expressar o que sentimos e pedir o que precisamos, possibilitando construirmos, de forma mais eficiente, a resiliência. Vamos começar analisando a armadilha da vergonha.

A armadilha da vergonha

Essa é uma das formas assumidas pela vergonha mais difíceis de reconhecer, processar e nomear. A armadilha da vergonha costuma estar tão escondida ou camuflada que caímos nela sem perceber – e, em geral, repetidas vezes. Quando isso acontece, saímos da experiência abalados e nos perguntando: "O que acabou de acontecer? Por que estou sangrando?" O autor da armadilha costuma responder: "Do que você está falando? Eu não vi nada. Talvez você esteja vendo coisas... Está tudo bem?" Em geral ficamos tão surpresos que repetimos a experiência para ter certeza de que ela não aconteceu apenas na nossa imaginação.

Tive experiências no passado – uma bem recente – em que fui capturada várias vezes antes de entender o que se passava. Eis a minha história de armadilha da vergonha.

Logo depois do nascimento de Ellen, fiquei muito empolgada com a possibilidade de conhecer outras mães de recém-nascidos. Certa noite, num evento do trabalho, fui apresentada a Phyllis, outra mãe novata. Ela também estava afastada do trabalho e insisti que fôssemos almoçar e talvez até planejar encontros com os bebês.

Fiquei tão animada de ter alguém com quem conversar sobre minha experiência que na primeira vez em que saímos para almoçar fiz "conexão demais, cedo demais". Ansiosa por compartilhar minhas experiências, eu disse: "Não estava preparada para ficar tão cansada assim. Às vezes, queria ter uma breve pausa na maternidade só para dormir um pouco ou tomar um banho mais demorado." Ela respondeu: "É mesmo? Nunca me arrependi de ter tido meu filho."

Fiquei chocada, é claro. E rapidamente respondi. "Meu Deus, não me arrependo de ter Ellen. Não foi isso que quis dizer. Estou apenas cansada."

Sem hesitar, ela respondeu. "Tudo bem. Algumas mães novatas têm muita dificuldade com a maternidade... Não é para qualquer uma."

Fui ficando cada vez mais transtornada. "Veja bem, Phyllis, adoro ser mãe de Ellen. Não me arrependo. É ótimo."

Ela olhou para mim como se me achasse patética. "Está tudo bem, não fique histérica. Talvez melhore quando ela crescer um pouco mais."

Àquela altura da conversa eu já estava esperando que entrasse em cena uma equipe de vídeo de pegadinhas. Corri os olhos pelo restaurante esperando que alguém tivesse ouvido a conversa insana e pudesse testemunhar a favor da minha sanidade e do meu amor pela maternidade. Comecei a chorar.

"Olhe, eu não sabia que esse era um assunto tão sensível para você", disse Phyllis. "Vamos falar de outra coisa."

Fui para casa atordoada, confusa, e, quando contei para minha amiga Dawn o que havia se passado, ela ficou chocada. Não por causa dessa "armadilha da vergonha". Ela ficou chocada ao saber que eu já tinha combinado outro almoço com Phyllis.

Ela ficou dizendo: "Isso é coisa de doido... Por que você está se sujeitando?"

Não consegui responder na hora, mas, em retrospecto, acho que eu precisava de outra oportunidade para demonstrar que eu era uma amiga e uma mãe normal e digna. Também acho que foi tudo tão bizarro que eu ainda pensava que talvez tivesse imaginado a situação toda.

Durante cerca de dois meses, toda vez que eu encontrava Phyllis, voltava para casa com raiva, deprimida e estranhamente competitiva. Chegou a um ponto que eu gastava uma tremenda quantidade de tempo e energia tentando antecipar o que ela diria na próxima ocasião em que nos encontrássemos, para que eu pudesse elaborar respostas duras e colocá-la em seu devido lugar.

Lembro-me particularmente de uma manhã enquanto me aprontava para encontrá-la na hora do almoço. Abri um pote novo de hidratante que alguém me presenteara no chá de bebê. Era um creme orgânico à base de chá verde, manjericão e patchuli. Quando comecei a passar, percebi que era um pouco "natural" demais para mim. Tinha cheiro de adubo.

Estava tirando o creme com um pano úmido quando pensei: "Aposto que Phyllis diria alguma coisa rude sobre isto. Ela sempre cheira ao balcão de perfumes da Estée Lauder." Então, em vez de continuar a remover o hidratante, passei mais e me vesti.

No caminho para o almoço, comecei a planejar as respostas que daria. Acho que a melhor era: "Ah, você não gostou? É orgânico. Tento manter o bebê longe de perfumes fortes, à base de produtos químicos. E você?"

Claro que ela não disse nada a respeito do hidratante. Encontrou outros alvos. Sentei-me à mesa enjoada com o cheiro, decepcionada e me perguntando como poderia colocar o braço debaixo do nariz dela sem que parecesse óbvio demais. Seria muito ruim dizer: "Oi, cheire aqui o meu braço. Você detesta, não é?"

Foi a última história que Dawn se dispôs a ouvir. Quando terminei, ela disse: "Você precisa entender o que está acontecendo. Está ficando ridículo."

Lembro que respondi: "Eu sei, estou tentando entendê-la." Dawn suspirou. "Entendê-la? Não me importo com o que está acontecendo com ela. Quero saber que diabos está acontecendo com você!"

Cerca de um mês depois, encontrei Phyllis na farmácia por acaso. "Nossa, você está com uma cara péssima. Engordou?", disse ela. Por sorte, eu estava gripada. Estava me sentindo tão mal e exausta que não consegui juntar energia para dar uma resposta. Apenas olhei para ela, dei de ombros e continuei procurando meu remédio. Depois que ela saiu, pensei: "Puxa, isso foi muito cruel e realmente me magoou."

Quando parei de tentar vencê-la no jogo dela e me concentrei em meus sentimentos, reconheci minha vulnerabilidade diante dela. Em vez de me manter no modo de combate, admiti que ela feria meus sentimentos, a frequência com que dizia coisas cruéis e depreciativas e, o mais importante, que eu precisava mudar meu relacionamento com ela.

Sempre me sentia mal em relação a mim mesma depois de nossos almoços, mas só ao pronunciar as palavras "Isso me magoou. Foi muito cruel" é que decidi pôr fim àquele relacionamento e passar algum tempo analisando meu papel naquela confusão destrutiva.

Falar da vergonha nos permite traduzir nossas experiências de modo que possamos aprender com elas – que são os objetivos da resiliência à vergonha. Não podemos impedir a vergonha de acontecer, mas podemos aprender a reconhecê-la de imediato de modo a passar pela experiência de forma construtiva, não destrutiva. Ao aplicar os quatro elementos da resiliência à vergonha, eis o que aprendi com essa experiência:

Em primeiro lugar, estava me sentindo solitária e desesperada por conexão em meu novo papel de mãe. Estava muito vulnerável, e logo descobriria como a maternidade pode ser um gatilho importante para mim. Embora estivesse ciente de que o meu relacionamento com Phyllis agora consistisse menos em encontros para o almoço do que em preparativos de batalha, não reconheci os sinais de aviso que agora associo a "preparar respostas duras".

Percebi que planejar respostas para as pessoas em geral significa que deixei passar despercebido um gatilho da vergonha. Se estou preparando respostas agressivas e me armando para ferir o outro, sei que estou mergulhada em uma área de séria vulnerabilidade. Sei também que, quando uso a vergonha para revidar, ela só aumenta meu sentimento, em vez de aliviá-lo. Essa não é a pessoa que quero ser.

Em segundo lugar, eu havia acabado de me tornar mãe, não tinha desenvolvido as habilidades de consciência crítica de que necessitava para saber como a maternidade se torna um poderoso gatilho para a maioria das mulheres. Individualizei (*O negócio é comigo*) e patologizei (*Sou maluca*) a experiência. A consciência crítica em relação à maternidade levou tempo para ser aprendida e colocada em prática.

Em terceiro lugar, quando procurei Dawn para contar sobre o almoço e ela tentou me apoiar, eu deveria ter lhe dado ouvidos. Não tinha processado inteiramente o fato de que Dawn é importante em minha rede de conexões ligada à maternidade. Gostaria de ter lhe dado ouvidos, em vez de descartar suas preocupações.

Em quarto lugar, durante nosso almoço, quando disse que a maternidade às vezes era cansativa e Phyllis me deu a resposta "É mesmo? Nunca me arrependi de ter tido meu filho", eu poderia ter usado minha habilidade de falar de vergonha e responder algo como: "Nossa! Como foi que de 'estou cansada' você chegou a 'me arrependo de ter filhos'?" Se a conversa continuasse ladeira abaixo, eu poderia ter dito algo como: "Parece que não conseguimos nos entender. Vamos mudar de assunto." E, claro, não ter insistido naquela amizade.

Por último, aprendi como traduzir minha experiência de forma que me permite reconhecer os padrões ineficientes que sustentam a vergonha – as minhas cortinas de vergonha. Essa história é um ótimo exemplo de como os quatro elementos da resiliência funcionam juntos (nem sempre de forma linear). Quando realmente comecei a pensar no meu comportamento com Phyllis, percebi que usava (e que às vezes ainda uso) uma combinação interessante de estratégias de desconexão, especialmente em torno da questão da maternidade.

Costumo usar o combo *mover-me em direção* e *mover-me contra*. Eu me fecho ou tento agradar quando estou com aquela pessoa, depois fico zangada, planejando envergonhá-la quando chego em casa. Naquele caso, eu ficava tentando convencê-la de que éramos iguais e que eu era uma boa mãe até chegar em casa. Então dava vazão à minha raiva tentando planejar como atingi-la verbalmente.

Acho também que transferi alguns sentimentos de raiva para Dawn ao pensar: "Ela não quer que eu faça novos amigos." Proteger-nos redirecionando nossos sentimentos para outro alvo humano (transferência) é uma estratégia comum de defesa quando sentimos vergonha. Muitas das participantes falaram sobre ficarem zangadas ou furiosas com os filhos, parceiros, amigos, em vez de lidar com a pessoa ou com a questão que serviu de gatilho para a vergonha.

Minha filha está com 7 anos, portanto essa história aconteceu há algum tempo. Contei-a muitas vezes e pensei nela ainda mais. Levei bastante tempo para entender o que aconteceu e por quê. Não é um processo instantâneo. Ele se desenvolve lentamente.

Na próxima seção, falaremos sobre a vergonha intencional ou não intencional. Ao discorrer sobre o tema, acho que é importante indicar que as motivações por trás da vergonha não diminuem a nossa dor. A vergonha não intencional ainda é muito dolorosa.

Quais são as suas intenções?

É muito difícil identificar se a vergonha foi intencional ou não. É preciso saber a motivação da pessoa que fez o comentário ou deflagrou o gatilho. Às vezes, a motivação é nítida, outras vezes não. Nos exemplos a seguir, as participantes da pesquisa acreditaram que as observações eram maldosas e ofensivas, mas cada uma deu uma razão diferente para a motivação por trás da vergonha. (Rotulei as citações com a motivação identificada pela participante.) Depois de cada relato encontra-se um exemplo de como podemos lidar com a motivação, expressando ao mesmo tempo como nos sentimos magoados pela observação ferina.

"Toda vez que vou visitar minha mãe com meu marido e meus filhos, a primeira coisa que ela diz é 'Meu Deus, você ainda está gorda!' e a última coisa, dita quando estou saindo pela porta, é 'Tomara que você consiga emagrecer um pouco.'" (A vergonha como motivação.)
  » Sinto muita vergonha quando você diz essas coisas cruéis sobre o meu peso. É muito doloroso para mim. É como se você se importasse apenas com minha aparência. Se está tentando fazer com que eu me sinta mal para que eu mude, saiba que não funciona. Só faz com que

me sinta pior em relação a mim mesma e ao nosso relacionamento. Você realmente me magoa com esses comentários.

"Vergonha é meu marido ter me deixado por outra mulher e meu filho me dizer que foi porque sou gorda." (Vergonha como raiva.)
» Quando você se refere a mim com palavras que magoam, como "gorda", fico arrasada. Se está zangado comigo ou com seu pai, podemos conversar. Mas não podemos conversar se ficarmos nos agredindo.

"A primeira vez que meu filho teve uma infecção no ouvido, o pediatra disse: 'Bem, o que vai ser? Sua carreira ou a audição de seu filho?'" (Vergonha como juízo de valor.)
» Quando você diz "O que vai ser? Sua carreira ou a audição de seu filho?", não sei o que dizer. Quero seu conselho médico, mas, quando me envergonha dessa forma, fica difícil acolher o que está me dizendo.

Nos exemplos de vergonha não intencional a seguir, as participantes fizeram comentários do tipo "Realmente não acho que ele teve a intenção de me envergonhar" ou "Sinceramente não acho que soubesse o que estava fazendo". Mais uma vez, é importante notar que as participantes também indicaram que, independentemente da "intenção", as experiências continuaram a ser vergonhosas e muito dolorosas, e o relacionamento com os "envergonhadores" foi ameaçado por essas experiências. Aqui também rotulei os depoimentos com a motivação identificada pelas participantes.

"Vergonha é se tornar a sobrevivente do câncer. Todos no trabalho pensaram: 'Ela não pode mais fazer isso.' Todo mundo em casa pensou: 'Ela não pode mais fazer isso.' Todo mundo me tratava como se eu fosse completamente incapaz de fazer qualquer coisa." (Desconforto, simpatia.)
» Desde que voltei ao trabalho, sinto que você me trata de uma forma diferente por causa do câncer. Mesmo que a sua intenção seja tentar me ajudar e me apoiar, o tratamento diferenciado faz com que eu me sinta sozinha, como se eu fosse alguém de fora. Quero e preciso saber que sou a mesma e que as pessoas vão me tratar assim.

"Quando contei a minhas amigas sobre o aborto natural que sofri, elas invalidaram completamente meus sentimentos. Disseram coisas como 'Pelo menos você sabe que pode engravidar' ou 'Pelo menos ainda estava no início'." (Desconforto, simpatia – tentando ver um lado positivo.)

> » Eu me senti muito triste e solitária depois que perdi o bebê. Sei que as mulheres vivenciam isso de formas diferentes, mas para mim foi algo muito sério. Preciso que você escute como estou me sentindo. Não ajuda quando tenta me fazer ver um lado positivo. Preciso apenas falar do assunto com as pessoas que se importam comigo.

Encontrar a saída da teia de vergonha pode ser difícil, pois, como acontece com a maioria das armadilhas, quanto mais você luta, mais se emaranha. Para nos libertarmos, precisamos nos mover devagar, deliberadamente e com uma tremenda consciência do que estamos fazendo e por quê.

Naquele primeiro exemplo, muitas de nós teriam reagido dizendo: "Me deixe em paz. Estou cansada de ouvir você falar do meu peso. Não aguento mais." Isso, porém, não nos leva a lugar nenhum. Na verdade, é uma forma de proteger a pessoa que nos causa vergonha, impedindo que ela ouça "Você está me magoando" e nos protegendo de ter que dizer "Estou magoada". Pode não parecer, mas dizer a alguém como nos sentimos exige mais coragem e costuma ser mais eficiente do que agressões verbais.

O mesmo tipo de concentração sincera nos sentimentos funciona quando lidamos com a vergonha não intencional, que costuma ocorrer quando as pessoas procuram ser prestativas mas acabam dispensando conselhos indesejados, emitindo juízos ou encerrando a conversa por desconforto. Um assunto que costuma provocar vergonha não intencional é a infertilidade. Por ser um tema que diz respeito a muitas pessoas, vou usá-lo aqui. Às leitoras que já tiveram dificuldades de engravidar: sei que vocês têm uma compreensão de como isso funciona melhor do que a maioria de nós jamais terá.

Aquelas de nós que nunca tiveram problemas de fertilidade com certeza convivem com uma amiga ou parente que tem. E a maioria já ouviu alguém dizer: "Estamos tentando engravidar, mas tenho problemas de fertilidade." E daí? O que acontece é o seguinte: ficamos nervosas, desconfortáveis e dizemos coisas como "Vai acontecer, você vai ver" ou "Já pensou em adoção?".

Falar de infertilidade nas oficinas sempre desperta reações emotivas. Eu me sinto tão tocada pela profundidade dessa dificuldade e pelos meus sentimentos pessoais de inadequação que comecei a buscar mais informações para tratar do assunto. Encontrei o guia a seguir, que considero muito poderoso. Pedi a uma amiga próxima, assistente social, que enfrenta o problema, que o avaliasse do ponto de vista pessoal e profissional. Ela achou que poderia ser um exemplo incrivelmente forte de como expressar sentimentos e pedir a ajuda necessária.

Falar da vergonha nos permite dizer aos outros como nos sentimos e pedir a ajuda que precisamos. Esses são requisitos básicos para a resiliência e a conexão. Assim, sugiro que você use o guia como modelo. Talvez o seu problema seja o desemprego, a obesidade ou a reabilitação de uma dependência química. Podemos todos aprender algo com este guia e usá-lo para pensar em como dar voz a nossos sentimentos e necessidades. Ao ler cada seção, pense em suas próprias questões e de que forma esse material pode ser útil. Falar da vergonha é uma experiência pessoal e individual. Não funciona quando usamos as palavras de outra pessoa. Mas acredito que é útil aprender com exemplos.

A autora, Jody Earle, muitas vezes sentiu necessidade de ter um folheto como este durante sua batalha de 11 anos contra a infertilidade. Ela passou pela experiência de três gestações interrompidas, e depois os nascimentos prematuros dos dois filhos. Continua a trabalhar como conselheira para aqueles que enfrentam a infertilidade. O guia foi preparado pela Sra. Earle e o Comitê de Aconselhamento para Materiais Educativos do Instituto Ferre.

Infertilidade: um guia para a família e os amigos

Quero compartilhar meus sentimentos sobre infertilidade com vocês, pois desejo que entendam minha luta. Sei que compreender a infertilidade é difícil. Há momentos em que nem mesmo eu consigo. Essa batalha provoca sentimentos intensos e pouco familiares e temo que minhas reações a esses sentimentos possam ser mal compreendidas. Espero que minha capacidade de enfrentar e sua capacidade de compreender sejam aprimoradas depois que eu compartilhar meus sentimentos com vocês. Quero que entendam.

Vocês podem me descrever da seguinte forma: obcecada, instável, impotente, deprimida, invejosa, séria demais, desagradável, agressiva, hostil e cínica. Não são características muito admiráveis; não é de surpreender que compreender minha infertilidade seja difícil. Prefiro me descrever assim: confusa, apressada e impaciente, amedrontada, isolada e solitária, culpada e envergonhada, zangada, triste e desesperançada, e indócil.

Minha infertilidade me deixa **confusa**. Sempre presumi que fosse fértil. Passei anos evitando a gravidez e agora parece irônico que eu não consiga conceber.

Minha infertilidade me deixa **apressada e impaciente**. Só descobri o problema depois de algum tempo tentando engravidar. Meu plano de vida, de repente, está atrasado. Esperei a hora de me tornar mãe e agora preciso esperar mais.

Minha infertilidade me deixa **amedrontada**. A infertilidade é cheia de mistérios e sinto medo porque preciso de algumas respostas claras. Quanto tempo isso vai durar?

Minha infertilidade faz com que eu me sinta **isolada e solitária**. Por toda parte, vejo referências a bebês. Devo ser a única pessoa do mundo a suportar essa maldição invisível. Eu me afasto dos outros porque tudo me machuca.

Minha infertilidade me deixa **culpada e envergonhada**. Esqueço frequentemente que esse é um problema médico e que deve ser tratado como tal. A infertilidade destrói minha autoestima e faz com que me sinta um fracasso. Por que estou sendo punida? O que fiz para merecer isso? Não sou digna de ter um filho?

Minha infertilidade me deixa **zangada**. Tudo me deixa com raiva e sei que o sentimento está mal direcionado. Sinto raiva do meu corpo por ele ter me traído apesar de todos os cuidados que dispensei a ele. Sinto raiva do meu parceiro, pois aparentemente não conseguimos ter os mesmos sentimentos em relação à infertilidade.

Meus recursos financeiros podem determinar o tamanho de minha família. O seguro-saúde não coopera e preciso fazer muitos sacrifícios para pagar as despesas médicas. Não posso mais perder um dia de trabalho ou ficarei sem emprego. Não posso ir a um especialista, pois isso significa mais tempo de deslocamento, mais trabalho perdido e mais despesas. Por fim, estou zangada com todo mundo. Todos têm opiniões sobre minha incapacidade de ser mãe. Todos têm soluções fáceis. Todos parecem saber de menos e falar de mais.

Minha infertilidade me deixa **triste e desesperançada**. É como se eu tivesse perdido meu futuro e ninguém entendesse minha tristeza. Sinto-me sem esperanças. Minha energia foi roubada. Nunca chorei tanto, nem tão facilmente. Fico triste por essa condição ser uma pressão no meu casamento.

Minha infertilidade me deixa **indócil**. Minha vida está em espera. Parece impossível tomar decisões sobre o futuro imediato e de longo prazo. Não consigo decidir sobre educação, carreira, a compra de uma casa, um hobby, um animal de estimação, férias, viagens de negócios e visitas. Quanto mais luto contra a infertilidade, menos controle eu tenho.

De vez em quando sinto meu pânico ceder. Estou aprendendo algumas formas de lidar com isso; estou convencida de que não sou maluca e acredito que vou sobreviver. Estou aprendendo a ouvir meu corpo e a ser assertiva – e não agressiva – em relação às minhas necessidades. Percebo que bons cuidados emocionais e bons cuidados médicos não estão necessariamente no mesmo endereço. Estou tentando ser mais do que uma pessoa infértil, ganhando entusiasmo, alegria e vontade de viver.

Vocês podem me ajudar. Sei que se importam comigo e sei que a infertilidade afeta nosso relacionamento. Minha tristeza provoca tristeza em vocês.

O que me magoa, magoa vocês também. Acredito que podemos nos ajudar a atravessar essa tristeza. Individualmente, parecemos ser bastante impotentes, mas juntos somos mais fortes. Talvez algumas dessas dicas nos ajudem a entender melhor a infertilidade.

Preciso que seja **um ouvinte**. Falar das minhas dificuldades me ajuda a tomar decisões. Deixe claro que você está disponível para mim. É difícil expor meus pensamentos se você estiver com pressa ou se houver uma hora específica para encerrar a conversa. Por favor, não diga que outras pessoas já sobreviveram a coisas piores nem me conte como foi fácil para outra resolver o problema.

Preciso do seu **apoio**. Compreenda que minhas decisões não são tomadas casualmente. Sofro para chegar a cada uma. Lembre-me de que você respeita tais decisões mesmo que discorde delas, pois sabe que são tomadas com cuidado.

Preciso que se sinta à vontade comigo, e aí eu também me sentirei mais à vontade. Falar sobre infertilidade às vezes é meio delicado. Tem medo de dizer algo errado? Divida comigo seus sentimentos. Pergunte se eu quero falar. Às vezes vou querer, outras não, mas esse gesto vai me lembrar que você se importa.

Preciso de sua **sensibilidade**. Embora eu faça piadas que me ajudam a lidar com o problema, não parece engraçado quando os outros fazem piada. Por favor, não me provoque com comentários do tipo "Parece que vocês não sabem como fazer um bebê". Não banalize minhas dificuldades dizendo "Eu lhe daria um dos meus filhos de bom grado". Não me traz nenhum conforto ouvir frases vazias como "Daqui a um ano, você já vai estar com seu filho".

Preciso que seja **sincero** comigo. Deixe-me saber que necessita de tempo para se adaptar a algumas das minhas decisões. Também precisei desse tempo. Se houver coisas fora de sua compreensão, pode me dizer.

Preciso que esteja bem **informado**. Seus conselhos e sugestões só são frustrantes para mim quando não se baseiam em fatos. Mantenha-se bem informado de modo a educar outras pessoas quando fizerem comentários baseados em mitos. Não deixe que ninguém lhe diga que minha infertilidade será curada se eu relaxar e adotar. Não diga que é a vontade de Deus. Não me peça que justifique minha necessidade de ter filhos.

Preciso que seja **paciente**. Lembrem-se de que o tratamento da infertilidade é um processo. Leva tempo. Não há garantias, nem kits salvadores, nem uma única resposta certa, muito menos "atalhos".

Preciso de **suas forças** impulsionando minha autoestima. Minha sensação de inutilidade prejudica minha capacidade de tomar a iniciativa.

Encoraje-me a manter o senso de humor; me guie até a alegria. Celebre os sucessos comigo, mesmo quando forem pequenos – como passar por uma consulta médica sem chorar. Lembre-me de que sou mais do que uma pessoa infértil. Ajude-me compartilhando sua força.

Um dia deixarei para trás a luta contra a infertilidade. Sei que ela nunca me abandonará por completo, pois vai mudar a minha vida. Não terei condições de voltar a ser quem era antes, mas não serei mais controlada por esse conflito. Eu o deixarei para trás, tendo aprimorado minha capacidade de empatia, paciência, resiliência, perdão, tomada de decisões e autoavaliação. Sinto-me grata por você tentar facilitar minha jornada ao me oferecer sua compreensão.

Sei que parece arriscado. Sou assistente social e pesquisadora da vergonha, e botar na mesa minhas necessidades emocionais ainda me parece assustador. Nós nos sentimos vulneráveis e expostas. E, às vezes, compartilhar não funciona. Pode sobrecarregar as pessoas, que acabam lançando as próprias cortinas da vergonha – e isso é doloroso.

Aprender a falar da vergonha permite que você capte um pouco da linguagem sutil da teia da vergonha. Trata-se da linguagem utilizada para envergonhar e para defender o uso da vergonha quando tentamos explicar como nos sentimos e do que precisamos. Passei a ter muita cautela ao ouvir coisas como:

- Você é muito sensível.
- Não percebi que você era tão frágil.
- Não sabia que essa era uma questão importante para você.
- Você é muito defensiva.
- Acho que vou ter que medir minhas palavras quando estiver perto de você.
- Está tudo na sua cabeça.

Por fim, mas certamente não menos importante, não gosto de nada que seja brutal, nem mesmo honestidade. A honestidade é a melhor filosofia, mas, quando é motivada pela vergonha, pela raiva, pelo medo ou pela mágoa, não é realmente "honestidade". É vergonha, raiva, medo ou mágoa disfarçados de honestidade.

Não é porque algo é preciso ou factual que não pode ser usado de forma destrutiva. A teia da vergonha costuma usar a honestidade como isca. Ela fornece uma resposta fácil: "Pois bem, estou apenas dizendo a verdade. São os fatos."

Quando falamos dos aspectos enlouquecedores da vergonha, inclusive a vergonha disfarçada de honestidade, é importante compreender que "tornar alguém maluco" abrange desde aquilo que vivenciei com Phyllis até formas bem sérias de abuso emocional.

Na arena da violência doméstica, usa-se algumas vezes, na língua inglesa, o termo *gaslighting*. Trata-se de uma referência ao título original de um filme clássico com Ingrid Bergman, *À meia-luz*. Na história, a personagem de Bergman é levada lentamente a enlouquecer por meio de algumas das técnicas de "armadilha da vergonha" discutidas neste capítulo. Chamo a atenção porque é crucial que se compreenda que a vergonha pode ser uma forma de abuso real e perigosa.

Mais uma vez, as entrevistadas que demonstraram altos níveis de resiliência à vergonha dependiam em grande medida dos membros de suas redes de conexão para praticar a coragem e a compaixão. Sua capacidade de articular sentimentos e necessidades tornavam isso possível.

Ao ler esses capítulos, você começou a construir uma compreensão sobre a vergonha e a resiliência. Alguns leitores estão seguindo as sugestões, fazendo os exercícios, e outros estão absorvendo tudo. De qualquer modo, você está aprendendo a falar da vergonha simplesmente ao refletir.

Explorando as questões

Como foi demonstrado nos capítulos anteriores, a vergonha é uma experiência altamente individualizada. Cada uma de nós deve examinar os próprios gatilhos e as mensagens por trás deles e abrir o próprio caminho rumo à resiliência. Mas, como vimos no livro inteiro, também existem alguns padrões universais que atravessam nossas experiências. Por exemplo, as experiências de vergonha das mulheres recaem basicamente em 12 categorias – aparência e imagem corporal, maternidade, família, criação dos filhos, dinheiro e trabalho, saúde física e mental, sexo, envelhecimento, religião, estereótipos e rótulos, falar o que pensa e sobreviver a traumas. Além dessas categorias, também compartilhamos a cultura. E na cultura de hoje, o medo da desconexão parece bem real. A maioria precisa se esforçar para se manter firme e permanecer conectada. Quando começamos a desenvolver a resiliência, descobrimos que muitas das expectativas e das mensagens que geram a vergonha são movidas pelo medo, pela recriminação e pela desconexão – a cultura da vergonha.

Nos próximos três capítulos, vamos explorar como a cultura da vergonha influencia nossa vida, em especial no que tange a questões como perfeccionismo, estereótipos, invisibilidade e dependência. Também vamos examinar como, apesar da ênfase cultural em ser perfeita e querida, conseguimos desenvolver e manter a autenticidade e a força para praticar a coragem, a compaixão e a conexão.

SETE

Praticar a coragem numa cultura de medo

Talvez não exista um relacionamento mais poderoso do que aquele entre o medo e a vergonha. Essas duas emoções costumam trabalhar juntas para criar a tempestade emocional perfeita – a vergonha leva ao medo e o medo leva à vergonha. Atuam conjuntamente de forma tão furiosa que frequentemente é difícil descobrir onde um termina e o outro começa.

A vergonha – ou o medo da desconexão – nos faz ter medo de muitas coisas. As questões que mais afetam a mulher são o medo de ser imperfeita, comum, sem graça e vulnerável. Nas seções seguintes, vamos explorar esses conflitos e como os elementos da resiliência podem nos ajudar a praticar a coragem e a compaixão diante do medo.

> O PERFECCIONISMO É A VOZ DO OPRESSOR.
> Anne Lammott, *Palavra por palavra*, 1994

Vergonha e perfeccionismo

Acho que vi o filme *Flashdance* pelo menos 20 vezes. Nos anos 1980, eu queria ser exatamente como Alex, a personagem de Jennifer Beals. Durante o dia ela era uma operária da construção civil durona e de noite, uma ambiciosa bailarina. Claro que meu momento favorito do filme é a cena da dança quando Alex faz um teste para entrar numa escola de balé metida a besta.

Fico constrangida demais para contar quantos suéteres arruinei e quantas polainas comprei. Com certeza, não fui só eu. Nada acabava com a mística da minha fantasia secreta de *Flashdance* tanto quanto encontrar as amigas para jantar e perceber que nós seis tínhamos feito permanente no cabelo e usávamos faixas na cabeça e suéteres rasgados.

Todas nós queríamos ser Alex em *Flashdance*. Ela era perfeita – roupa rasgada com aparência sexy; o trabalho de soldadora parecia empolgante; o balé era descolado e o *break* parecia fácil. Mas infelizmente a perfeição era apenas uma ilusão. Fiquei desapontada ao descobrir que o diretor do filme usou quatro pessoas diferentes para criar a sequência do teste: o belo rosto de Jennifer Beals, uma dançarina profissional para as cenas de balé, uma ginasta premiada para saltar e pular e um bailarino especialista em dança de rua para o *break*. Todos aqueles permanentes ruins e todo aquele dinheiro em polainas... para quê? Para tentar alcançar um nível de perfeição que não existe.

Se a maioria de nós parasse para examinar as expectativas que estabelecemos, descobriríamos que, como na cena de *Flashdance*, nosso conceito de perfeição é tão irreal que não cabe em apenas uma pessoa. Em vez disso, é uma combinação de pedaços e traços que percebemos como perfeitos. Não queremos apenas ser boas no que fazemos, queremos ser perfeitas – queremos editar e juntar todos os melhores clipes daquilo que vemos para formar nossa vida.

E de onde vem essa ideia de "editar até ficar perfeito"? A resposta está bem diante de nós: é da teia da vergonha. Se olharmos todas as pessoas que estão ali – família, parceiros, amigos, nosso eu, colegas, etc. –, a maioria consegue identificar as expectativas que essas pessoas têm em relação a nós. Isso se aplica sobretudo quando se trata de algumas categorias da vergonha como aparência, maternidade, criação dos filhos, trabalho e família.

A razão principal para que as expectativas em torno dessas questões sejam tão influentes está relacionada à velocidade com que são impostas em nossa vida. Desde o dia em que nascemos existem expectativas imediatas de que sejamos bonitinhas, de que vamos crescer, casar, ter sucesso, ter filhos, ter habilidades naturais para criá-los e nos tornar integrantes amorosos de famílias saudáveis e bem equilibradas. Para complicar, temos a mídia, que faz a perfeição parecer algo possível de ser alcançado ao nos inundar com imagens que são editadas até ficarem perfeitas. Encaramos nossos recém-nascidos e vemos o filme de sua vida, pensando e sonhando sobre seus potenciais. Como pais, chegamos a pensar: "Ainda não fiz nada errado... Eles podem ter tudo."

Em algumas famílias, essas expectativas são explicitadas em voz alta. Em outras, são implícitas. Não importa o nível de articulação em casa: as meninas e as mulheres recebem um reforço diário dessas mensagens com o que vemos na televisão, nos livros, nos brinquedos, nas conversas que entreouvimos e no que nos ensinam os educadores e os grupos de amigos e colegas. O poderoso efeito dessas expectativas é facilmente constatado em torno de questões como imagem corporal, cuidados com os outros e maternidade – três das principais batalhas do "perfeccionismo" que emergiram da pesquisa. Vejamos essas questões, começando pela imagem corporal.

Imagem corporal

Quando identifiquei as categorias da vergonha, a aparência era um item solitário e buscava capturar tudo o que se relacionava ao assunto, inclusive a imagem corporal. Mas, à medida que coletava dados, percebi que o tópico específico da imagem corporal merece um lugar só seu na lista de categorias.

Enquanto a aparência é uma categoria ampla que cobre tudo, desde imagem corporal até roupas, boa forma e estilo, a imagem corporal é a força que está por trás da vergonha da aparência. De fato, a imagem corporal é uma das questões que está mais próxima de ser um "gatilho universal", com mais de 90% das participantes tendo relatado experimentar vergonha em relação ao seu corpo. É algo tão poderoso e tão profundamente enraizado em nossa psique que chega a afetar por que e como sentimos vergonha em outras categorias, como: sexualidade, maternidade, criação dos filhos, saúde, envelhecimento e capacidade de dizer o que pensamos com confiança.

A imagem corporal é como pensamos e nos sentimos em relação a nosso corpo. É o retrato mental que temos de nosso corpo físico. Infelizmente, esses retratos, pensamentos e sentimentos têm pouca relação com a aparência real. É a imagem que criamos do que nosso corpo é, com frequência comparada à imagem que criamos do que ele deveria ser.

Embora falemos normalmente da imagem corporal como um reflexo geral da aparência, não é possível ignorar os aspectos específicos – as partes do corpo que se juntam para criar tal imagem. Se trabalhamos a partir da compreensão de que as mulheres experimentam a vergonha com mais frequência quando estão presas a uma teia de múltiplas camadas, formada por expectativas conflitantes e divergentes de quem, o que e como deveriam ser, não é possível ignorar que existem expectativas sociocomunitárias para cada minúscula parte de nós – da cabeça aos pés.

Vou listar as partes do corpo porque acho que são importantes: cabeça, cabelo, pescoço, rosto, orelhas, pele, nariz, olhos, lábios, queixo, dentes, ombros, costas, seios, cintura, quadris, barriga, abdome, nádegas, vulva, ânus, braços, punhos, dedos, unhas, coxas, joelhos, panturrilhas, tornozelos, pés, dedos dos pés, pelos corporais, fluidos corporais, espinhas, cicatrizes, sardas, estrias e sinais.

Aposto que você tem imagens específicas para cada um dos itens – sem falar de uma lista mental de como gostaria que fossem e das identidades indesejadas que desejaria evitar.

Quando nosso próprio corpo nos enche de desagrado e de sentimentos de inferioridade, a vergonha pode fundamentalmente modificar quem somos e a forma como abordamos o mundo. Pense na mulher que, quando em público, se mantém em silêncio, com medo de que seus dentes manchados e tortos façam as outras pessoas questionarem o valor de suas contribuições. Ou na mulher que me disse que "a coisa que ela detesta no fato de ser gorda" é a pressão constante para ser gentil com os outros. E explicou: "Se você é audaciosa, pode ouvir algum comentário cruel sobre seu peso."

As participantes da pesquisa também falaram com frequência sobre como a vergonha do corpo as impedia de apreciar o sexo ou as obrigava a fazer sexo quando não queriam por estarem desesperadas para obter algum tipo de validação física de seu valor.

Houve também muitas mulheres que falaram sobre a vergonha de quando o corpo as traía. Eram as que falavam de doenças físicas ou mentais e de infertilidade. Em geral, conceituamos "imagem corporal" de forma muito restrita – é mais do que desejar ser magra e atraente. Quando começamos a nos recriminar e a odiar nosso corpo por não cumprir expectativas, começamos a nos dividir em partes e nos afastar da integridade – o "eu" autêntico.

Não podemos falar sobre vergonha e imagem corporal sem falar do corpo na gravidez. Acho que existem estágios para o corpo grávido – cada um suscetível à vergonha de seu modo particular. Primeiro, há a mulher que deseja engravidar. Ouvi histórias e mais histórias sobre a pressão para ser magra e estar em forma antes da gravidez. Como vimos num trecho anterior do livro, uma mulher decidiu cuidar da própria saúde e da saúde pré-natal sozinha para evitar passar vergonha no médico, pois temia ser "gorda demais" para engravidar.

Em seguida, há o corpo da gravidez. Existe alguma outra imagem corporal mais explorada nos últimos anos? Não me entenda mal. Sou a favor de exaltar as maravilhas do corpo da mulher durante a gestação e de eliminar o estigma e a vergonha em relação à barriga da grávida, mas não devemos substituir isso por uma imagem mais retocada, gerada no computador, que vai provocar vergonha em mulheres que não são capazes de alcançá-la. As estrelas de cinema que engordam 7 quilos e têm as estrias retocadas nas fotos não representam a realidade enfrentada pela maioria.

Por fim, existe o corpo da mãe após a gestação. Quando as mulheres falam comigo sobre as dificuldades com a imagem corporal pós-parto, ouço mais do que experiências de vergonha. Ouço luto, perda, raiva e medo. Além do ganho de peso, das hemorroidas e das estrias, existem dificuldades com mudanças muito reais e permanentes que costumam ser experimentadas após a gestação e o parto. Repito, a mídia tem uma grande força na criação de expectativas sobre a imagem corporal depois da gravidez. Espera-se que em uma semana estejamos de volta à calça jeans de cintura baixa com camiseta de barriga de fora, desfilando com uma bolsa de fraldas que custa 500 dólares e carregando o bebê como se fosse o acessório da moda.

A criação dos filhos também é uma categoria da vergonha afetada pela imagem corporal. Como mãe assumidamente vulnerável e imperfeita, não sou do tipo que joga a culpa nos pais por tudo – em especial nas mães. Dito isso, contarei o que descobri na minha pesquisa. A vergonha cria vergonha. Os pais têm uma tremenda influência no desenvolvimento da imagem corporal das crianças, e as meninas ainda são envergonhadas por eles – principalmente pelas mães – no que diz respeito ao peso.

Quando se trata de criação de filhos e imagem corporal, acho que os pais seguem uma linha que tem em uma das extremidades os que estão extremamente conscientes de que são os modelos mais importantes para seus filhos. Eles trabalham diligentemente para moldar comportamentos positivos em relação à imagem corporal (autoaceitação, aceitação dos outros, nenhuma ênfase colocada naquilo que é inatingível ou ideal, foco na saúde em vez de no peso, desconstrução de mensagens da mídia, etc.).

No outro extremo estão os pais que amam os filhos tanto quanto os primeiros, mas que estão tão determinados a poupar as filhas da dor de ficar acima do peso ou de ser pouco atraente (e os filhos, da dor de ser fraco) que farão qualquer coisa para conduzir as crianças na direção da obtenção do ideal – até mesmo diminuí-las e envergonhá-las. Muitos desses pais lutam com a própria imagem corporal e processam a vergonha envergonhando os outros.

Por fim, existem as pessoas que estão no meio, que realmente não fazem nada para contrabalançar as questões de imagem corporal negativa mas que também não envergonham os filhos. Infelizmente, por conta das pressões sociais e da mídia, a maior parte dessas crianças não vai desenvolver uma forte resiliência à vergonha em relação à imagem corporal. No entanto, não parece haver espaço para a neutralidade nesse assunto – ou você trabalha ativamente para ajudar seus filhos a desenvolverem uma autoimagem positiva ou, de forma passiva, você os sacrifica em nome de expectativas geradas pela sociedade e pela mídia.

Como é possível ver, o que pensamos, odiamos, abominamos e questionamos em relação ao nosso corpo vai muito mais longe e afeta bem mais do que apenas a nossa aparência. O longo alcance da vergonha corporal pode impactar a forma como vivemos e como amamos. O mesmo pode ser dito em relação aos cuidados dispensados a familiares e à maternidade.

Cuidar de outras pessoas
Não fiquei surpresa ao ouvir uma sequência de histórias dolorosa sobre dispensar cuidados aos outros – em especial, histórias sobre a luta para cuidar de um parceiro doente ou de um familiar idoso. As experiências mais difíceis tratam do acompanhamento a pais idosos ou enfermos.

Na área de saúde mental, reconhecemos a etapa de dispensar cuidados a alguém como um dos acontecimentos mais estressantes da vida das pessoas. Quando as mulheres falavam sobre ansiedade, medo, estresse e a vergonha de ser responsável por cuidar de alguém, eu ouvia os demônios do perfeccionismo em suas histórias. Independentemente das palavras que pronunciavam, eu as ouvia comparando a dura realidade das responsabilidades diárias às imagens idealizadas dos cuidados sem estresse, zelosos e gratificantes.

Temo que qualquer imagem de cuidados sem estresse, zelosos e gratificantes sejam um luxo disponível apenas para aqueles que ainda não se envolveram completamente no processo. Quando a maioria pensa na possibilidade de cuidar, no futuro, de pais idosos ou de um parceiro, o sentimento é de ansiedade, tristeza e medo. Para abafar essas emoções desagradáveis, às vezes nos convencemos de que conosco tudo será diferente – não será tão horrível como é para a colega do trabalho ou para nossa amiga cuja mãe é um "caso difícil". Tentamos escapar da realidade nos prendendo a possibilidades de perfeição: "Vai dar tudo certo. Será uma grande oportunidade de passarmos mais tempo juntos."

Assim, quando nos descobrimos responsáveis pelos cuidados de outras pessoas, não estamos preparadas para a primeira vez que nossos sentimentos de "eu amo você e é um privilégio poder cuidar de você" se transformam em "odeio você e estou pronta para que você morra, porque quero minha vida de volta". O estresse, a ansiedade, o medo e a dor são amplificados ao mesmo tempo que a vergonha e o autodesprezo se estabelecem. Somos monstros? Como podemos nos sentir assim?

Não somos monstros e nos sentimos assim porque somos seres humanos tentando administrar um grande acontecimento da vida com muito pouco do apoio e dos recursos que costumam ser oferecidos a pessoas que passam por crises.

Durante as entrevistas, mulheres no papel de cuidadoras foram extremamente duras consigo mesmas. Em geral soavam decepcionadas, às vezes até desgostosas pela ausência de habilidades naturais para a função. Quando examinei essas decepções mais profundamente, muitas comparavam a experiência de cuidadora com a criação dos filhos. Viam-se como pessoas boas, gentis, cuja capacidade de oferecer apoio havia lhes falhado de algum modo.

Costuma-se cometer o erro de comparar o cuidado com um adulto incapacitado com cuidar de crianças. A princípio, pode fazer sentido, mas, quando examinamos as características de ambas as tarefas com atenção, percebemos que são duas coisas completamente diferentes. Entendemos também por que acreditar na semelhança entre as duas funções abre caminho para a vergonha.

Em primeiro lugar, e mais importante, o relacionamento que mantemos com nossos pais ou parceiro é diferente daquele que temos com nossos filhos. Não precisamos segurar o choro quando damos banho nas crianças. Mas foi exatamente o que eu fiz a primeira vez que dei banho na minha avó. E eu nem era sua cuidadora principal. Minha mãe assumia o fardo de cuidar dela e de sua irmã ao mesmo tempo.

A energia que necessitamos para cuidar das crianças é alimentada pelas promessas. Cuidar de outro adulto com frequência é uma atividade impregnada de medo e dor – em especial se essa pessoa estiver no fim da vida ou diante de um futuro desconhecido. O medo e a dor não nos nutrem – na realidade, costumam nos drenar.

Em segundo lugar, vivemos numa sociedade que constrói sistemas especificamente para dar apoio a pais e filhos. O que nos ocorre de imediato é a existência de escolas e creches, mas é bem mais do que isso. Mesas, casas, carros, restaurantes – tudo é desenvolvido para famílias formadas por pais e filhos. Existem milhares de livros e revistas sobre a educação dos filhos. Há brincadeiras em grupo e atividades organizadas. Como pais, temos muitas oportunidades de nos encaixar e construir conexões.

Quando cuidamos de outro adulto – um pai ou outra pessoa – nada se encaixa. Nossos empregos são postos em risco porque temos necessidade de nos ausentar do trabalho com frequência para acompanhar consultas e emergências médicas. Nossos parceiros não conseguem mais descer a escada de casa, ou um de nossos pais, sozinho, se recusa a morar conosco (se isso for uma possibilidade). O pior: nos sentimos completamente desconectadas. Para manter a energia necessária para prover esse cuidado, nos desligamos de nossa vida e nos ligamos unicamente àquele que necessita de nosso tempo e atenção.

Mas há, sim, algo em comum entre cuidar de filhos e de uma pessoa adulta querida. E não se trata de algo positivo. Quando esses assuntos entram em pauta, todo mundo é crítico. Chelsea, chegando aos 60 anos, falou de forma muito comovente sobre o escrutínio sofrido por quem cuida de um parente adulto.

"Meu pai morreu há dois anos. Foi de repente, algo inesperado. Minha família ficou desolada, especialmente minha mãe. Ela está doente há muito tempo e era ele quem cuidava dela. Agora cuidamos da minha mãe. Ou, melhor dizendo, eu tomo conta da minha mãe. Meu irmão mais velho está ocupado demais com sua vida importante. O papel da minha irmã mais velha é observar e criticar tudo que faço. Seis meses atrás, eu e meu marido percebemos que não tínhamos mais condições – físicas ou emocionais – de fazer isso. Decidimos colocar mamãe numa residência para idosos perto de casa. Pois bem, meus irmãos ficaram chocados. Minha irmã chegou a dizer: "Não acredito que você vai botar nossa mãe numa prisão, como se fosse uma criminosa." Meu irmão disse apenas: "De jeito nenhum", num tom muito casual. Claro que, como levam uma vida muito agitada, os dois disseram que não tinham condições de fazer nada além do que já estavam fazendo. Quando eu expliquei que não tínhamos opção, disseram que era uma crueldade e que não ajudariam a pagar. Ela continua na casa dela. Ainda vou lá todos os dias na hora do almoço ou depois do trabalho. Meus irmãos escolheram acreditar que está tudo perfeito, apesar de mamãe estar piorando e de ser cada vez mais perigoso para ela morar sozinha. Quanto a mim, meu casamento está em crise, meu chefe vive aborrecido e estou prestes a ter um colapso."

A história de Chelsea capta muitas das complexidades da tarefa de cuidar de alguém. Depois de analisarmos a maternidade e alguns gatilhos compartilhados em torno do perfeccionismo, examinaremos as estratégias de resiliência que podem nos ajudar a elucidar as expectativas que tornam ainda mais difícil um problema que já é complicado.

Maternidade
Embora a maternidade e a criação dos filhos estejam, com certeza, relacionadas, elas emergiram como duas áreas distintas de vergonha. A vergonha materna trata de nossa identidade como mãe ou como mulher que não é mãe. A vergonha da criação dos filhos concentra-se em como criamos e interagimos com nossas crianças.

A vergonha materna é uma questão avassaladora para as mulheres. Todas as participantes que desempenhavam o papel de mãe identificaram isso como um problema. E como a maternidade é uma identidade muito vinculada à ideia de ser mulher, ficou claro que não é necessário ser mãe para que a maternidade provoque vergonha. Como aprendemos naquele poderoso guia sobre a compreensão da infertilidade, as mulheres que lutam para ter filhos falaram intensamente sobre a vergonha materna em sua vida, assim como aquelas que escolheram adiar a maternidade ou não ter filhos.

A sociedade encara a identidade feminina e a maternidade como coisas intrinsecamente vinculadas. Portanto, nosso valor como mulher costuma ser avaliado em relação ao nosso papel como mãe em potencial. Em algumas comunidades, a expectativa da maternidade é composta por diversas camadas, incluindo normas que dizem quem é jovem demais, quem é velha demais e qual o gênero desejável para os bebês (como se as mães fossem capazes de controlar isso). Assim que a mulher atinge "a idade" estabelecida pela comunidade, elas começam a sentir a necessidade de se defender das expectativas da maternidade. Pergunta-se com frequência por que ainda não casaram ou, se já casaram, por que ainda não tiveram filhos. Até as casadas com um filho apenas costumam ser questionadas sobre os motivos para ainda não terem o segundo. Daquelas que têm quatro ou cinco filhos espera-se que expliquem por que tiveram tantos.

A vergonha materna parece nascer com as meninas. Além das expectativas sociais de que a maternidade define o feminino, existem expectativas muito rígidas sobre como deve ser uma boa mãe. Existem algumas qualidades muito desejáveis associadas à maternidade e algumas características universalmente indesejadas. De modo curioso, parecer alguém que está "se esforçando demais" foi identificado como uma característica indesejada, não apenas para a maternidade, mas também para todas as áreas nesta categoria. Desejamos perfeição, mas não queremos que pareça um esforço – queremos que, de algum modo, ela simplesmente se materialize.

Pronto! Aí está!

"Você não tem tempo nem talento para parecer tão intencionalmente bagunçada." Embora eu ouça isso toda vez que apareço com uma pilha de fotos de

Meg Ryan no salão, ainda não acredito na cabeleireira. Tudo o que quero é o cabelo da Meg Ryan. Da última vez, pedi: "Quero ficar com a cara de quem acabou de sair da cama. Isso não pode ser difícil, não é?" Ela retrucou: "É preciso duas horas e 10 pessoas para obter esse look 'natural'. Caia na real!"

Queremos ser beldades naturais, mães naturais, pais naturalmente bons e queremos pertencer a famílias naturalmente fabulosas. Pense em quanto dinheiro já foi ganho com a venda de produtos que prometem uma "aparência natural". E quando se trata de trabalho, adoramos ouvir: "Ela faz tudo parecer tão fácil" ou então "Ela nasceu para isso".

As participantes da pesquisa realmente expuseram um interessante paradoxo da perfeição: a imperfeição gera vergonha e esforçar-se demais para obter perfeição também. Na era da gratificação instantânea e da celebridade pura e simples, é fácil entender como nos encantamos pela ideia de que, se realmente quisermos muito alguma coisa... Pronto! Aí está! Quantas de nós já foram vítimas de frases como "Isso não deveria dar tanto trabalho assim" ou "Não é uma coisa que faço naturalmente. Não deve ser para mim".

Sim, existem pessoas com talentos naturais. Mas para a maioria, inclusive para celebridades e *superstars*, o êxito é resultado de trabalho duro e comprometimento. Das pessoas que estão em boa forma física e têm um corpo saudável, 95% se esforçam para isso. E muito.

Das diversas pessoas que possuem habilidades para educar os filhos que eu realmente respeito, todas se esforçam para isso. Encaram a tarefa como um trabalho que exige habilidades e treinamento, prática e o investimento de uma fatia considerável de tempo. Elas leem, frequentam aulas, praticam e avaliam as técnicas e estratégias.

O mesmo se aplica à família e à maternidade. Existe uma correlação direta entre entrada e saída. As áreas dessa categoria são como qualquer outro esforço que se baseia em habilidades. Se você tem metas razoáveis, quanto mais investir tempo e recursos, quanto mais praticar, mais aumentará suas chances de alcançar as metas.

Há alguns anos, uma doutoranda me disse: "Eu adoraria escrever um livro. Junto material há muitos anos. Mas não acho que seja capaz." Quando perguntei o que a impedia, ela olhou para o chão entre nós e disse: "Não é fácil para mim. Escrever é tão estressante. Não sou como você... Não sai naturalmente. Além do mais, sou sensível demais e dizem que os escritores precisam ser capazes de rir das críticas."

Pude perceber que ela sentia vergonha ao dar aquela explicação. Uma parte de mim sentiu empatia verdadeira por ela. Outra ficou um pouco irritada. Fiquei ali pensando: "Escrever não é moleza para mim. Arranco uma palavra de cada vez. Às vezes não é tão ruim, em outros dias é torturante. E a crítica... Todos os escritores que eu conheço se esforçam para lidar bem com a crítica." Você trabalha para recebê-la melhor, mas é doloroso – principalmente quando se trata de crítica pessoal.

Quando acreditamos que o sucesso deve vir sem esforço, nós ao mesmo tempo abrimos a porta para a vergonha e desdenhamos os esforços de pessoas que tentam lidar com suas questões relativas ao perfeccionismo. Nós nos tornamos parte de nossa própria teia da vergonha e da teia de outras mulheres.

Quantas vezes não minimizamos os esforços feitos por outra pessoa pois endossamos a expectativa de que a "família" ou a "maternidade" não deveriam ser tão difíceis? O casamento, a criação dos filhos, a saúde, a carreira, a maternidade – tudo isso exige uma tremenda dose de trabalho. E a busca pelo equilíbrio das demandas dessas cinco áreas talvez seja o maior desafio de nossa vida.

Precisamos questionar a realidade de nossas expectativas. Não é porque não conseguimos nos sentar e redigir o grande romance dessa geração em uma semana que não podemos ser bons escritores. E precisamos lembrar que, por trás de cada pessoa "naturalmente talentosa", existe em geral um imenso esforço de trabalho, dedicação e comprometimento.

Em defesa de nossa vida

Quando falei com as entrevistadas sobre as pressões da perfeição, elas foram rápidas em explicar que fracassar em ter uma aparência perfeita, o amor perfeito e o trabalho perfeito era apenas parte do problema. De igual importância é a vergonha que deriva do que estamos dispostas a fazer para aparentar perfeição ou esconder imperfeições. Quando a perfeição é a expectativa e/ou a meta, nos dispomos a arriscar muito para manter e proteger nossa imagem. Aqui estão as histórias de algumas mulheres.

"Vergonha é estar casada há 20 anos e nunca andar nua na frente do marido – nenhuma vez sequer."

"Minto o tempo todo para as pessoas. Digo que meu pai mora em Nova Jersey. Ele está preso há seis anos. Sinto mais vergonha por mentir do que por ele estar na cadeia. Uma coisa é sua família ser diferente porque seus pais se divorciaram ou algo parecido. Outra, porque seu pai é um criminoso."

"Meu marido teve um caso no ano passado. Não contei nem para a minha melhor amiga. Todo mundo adora meu marido e acha que formamos um ótimo casal. Sei que, se contasse, ela pensaria mal de nós dois – não apenas dele."

"Quero voltar para a faculdade e me formar. Mas, com os filhos e um emprego de meio período, simplesmente não sei se seria capaz de fazer isso do jeito que eu gostaria. Tenho medo de tirar notas baixas. Não quero fazer a menos que possa me dedicar 100%. Por isso, não volto."

"Digo para as pessoas que meus pais viajam muito. No ano passado, fui a única caloura que não recebeu a visita dos pais no fim de semana da família. Não os convidei. Eles são racistas, rancorosos e acham que o mundo inteiro os persegue. Meu pai acha que todo mundo deve alguma coisa a ele. Quando eu era criança, sempre ficava constrangida quando alguém visitava minha casa. É como se eles viessem de um planeta diferente."

"Filtro tudo que digo para os meus pais. Eles não sabem que sou lésbica e que tenho uma companheira. A comunidade LGBT pressiona muito para que se "saia do armário". Sei que é importante, mas é preciso estar preparada para ver seus pais saírem de sua vida. Não são muitas pessoas que têm que enfrentar essa realidade."

"As pessoas no trabalho sempre dizem: 'Tudo o que ela toca vira ouro.' Às vezes é verdade, mas ultimamente minhas projeções têm falhado muito. Da primeira vez que desenvolvi um negócio que perdeu dinheiro, todo mundo no escritório surtou. Culparam a todos, menos a mim, quando na realidade a culpa era minha – eu tomei uma decisão errada. Da segunda vez, meus colegas fizeram a mesma coisa. Foi quando percebi que tinha me transformado numa espécie de símbolo do departamento – eles não suportavam a ideia de que eu pudesse tomar uma decisão errada. Nesse ramo de negócios, precisamos apenas ganhar mais dinheiro do que perdemos. Ninguém acerta sempre, mas esperam que eu acerte. Meu chefe me disse: 'Precisamos que você mostre às pessoas como as coisas são feitas – que estabeleça um parâmetro.' Agora tenho horror ao trabalho. Comecei a mentir sobre meus números e a atribuir as perdas a outras pessoas."

Ficamos também mais propensas a usar a vergonha, o medo e o julgamento com aqueles que ameaçam nossa busca pela perfeição. Podemos nos sentir ameaçadas quando alguém nos critica ou nos desafia, mas também apenas porque alguém fez escolhas diferentes daquelas que faríamos.

Isso veio à tona muitas vezes quando o tema era a criação dos filhos, uma questão particularmente complexa, pois baseamos nosso nível de desempenho em como somos percebidos no papel de pais e em como nossos filhos são percebidos. Como demonstram os exemplos ao longo deste livro – e certamente vários do que apresento a seguir –, somos muito suscetíveis a usar a vergonha, o medo e o julgamento com nossos filhos quando eles desenvolvem comportamentos que causam danos à "imagem parental" que estamos tentando criar.

"Quando eu e meu marido resolvemos contar aos meus pais sobre nossa decisão de não ter filhos, eles ficaram arrasados. Não paravam de perguntar: 'O que há de errado com você?' e 'Como pode fazer isso conosco?'. Minha mãe chegou a dizer: 'É uma desgraça para a família... Todo mundo vai achar que alguma coisa está errada.' Eu sempre soube que seria difícil, mas foi bem pior do que eu imaginava."

"O pai da minha companheira estava fazendo um daqueles sermões costumeiros, berrando com ela por ser lésbica. Ele a chamou de 'sapatão', dizendo que ela era uma vergonha para uma família 'respeitável'. Então, bem na minha frente, ele disse: 'E, para completar, você ainda tem que ser sapatão com uma namorada negra.' Lembro que fiquei lá parada, pensando: 'Não, ele não acabou de dizer isso.' Não estamos falando de um sujeito de origem simples. Estamos falando de um executivo do setor de petróleo e gás, de 50 anos, e com um número absurdo de diplomas. A vergonha realmente faz com que as pessoas se comportem como loucas."

"Meu marido é muito duro com nosso filho. Ele o pressiona muito. Quer que tenha notas altíssimas e que seja o melhor jogador de beisebol da escola. Tento amenizar a situação, mas nunca funciona. Vejo o estresse do meu filho. Costumava falar do assunto com as mães de outras crianças do beisebol, mas parei. Elas começaram a me criar muitas dificuldades. Disseram que os outros meninos consideram meu marido cruel e injusto. Elas acham que eu e meu marido estamos arruinando a vida do meu filho. Não tenho ideia do que fazer. Então fico quieta."

Em casos mais extremos, nossa incapacidade de expor as imperfeições pode nos colocar ou colocar pessoas que amamos em situação de perigo real.

"Quando eu estava grávida, todas as minhas amigas disseram: 'Ah, espere só, espere só, você vai sentir um amor que nunca sentiu antes. É impressionante.' E não paravam de repetir isso. Depois que meu primeiro filho nasceu, fiquei muito deprimida e, na verdade, não sentia nada em relação a ele. Só ficava triste, sobrecarregada e queria que minha vida voltasse a ser como era antes da gravidez. Sentir-se assim ao olhar o seu bebê recém-nascido... Fiquei tão envergonhada que pensei: 'Meu Deus, vou ser uma daquelas mães que, você sabe... Meu filho vai ser um maluco e eu sou maluca.' Meu marido ficou apavorado. Acho que ele pensou que tinha se casado com um monstro. Ele não sabia o que dizer e minha sogra só repetia: 'Tem alguma coisa errada. Ela não está normal. Tem alguma coisa errada. Ela não está normal.' Durante dois meses, minha vida foi um inferno. Eu não procurava um médico porque sentia muita vergonha. Por fim, quando ficou tudo tão ruim que eu mal conseguia levar a vida e temia ser internada pela família, eu me obriguei a ir à minha médica. Ela explicou que algumas mulheres sofrem de depressão pós-parto, e a causa pode ser hormonal. Disse que pode acontecer, mesmo que a mulher normalmente seja amorosa. Comecei a tomar remédios, o que em si já era uma coisa muito ruim, mas não tanto quanto não sentir nada em relação ao próprio filho. Depois de dois meses, voltei a me sentir normal. Quando lembro dessa época, sei que foi o período mais sombrio da minha vida."

"Sinto vergonha por odiar meu corpo com todas as minhas forças. Quero dizer, às vezes odeio tanto meu corpo que chego a desejar ficar doente. Doente de verdade. Doente a ponto de perder uns 15 ou 20 quilos. Não quero morrer, mas se pudesse ficar bem doente, por mais terrível que fosse, se eu pudesse ficar doente o bastante para perder 15 ou 20 quilos, então valeria a pena. Dá para imaginar alguém detestando o próprio corpo assim? Tenho vergonha do meu corpo e tenho vergonha de odiá-lo tanto."

"Minha filha é usuária de drogas e meu filho, no último ano do ensino fundamental, está indo mal na escola. Quando seu único trabalho é criar os filhos e os dois fracassam, você é um fracasso. Minhas amigas ficam me dizendo que eu preciso providenciar ajuda para a menina, mas não sei o que fazer. Não posso contar para o meu marido. Ele ia ficar louco. Sei que ela bebe e dirige, mas, se eu tirar o carro dela, ele vai querer saber o motivo."

"Em algum momento, percebi que me recusar a ir ao médico por ter vergonha do meu corpo e de ser obesa é quase uma forma de suicídio. Tive que piorar muito antes que me obrigasse a procurar tratamento"

"Às vezes faço sexo sem proteção. Sei que é uma burrice, mas os caras acham muito ruim com a camisinha. Já é difícil ter 30 anos e ser solteira. Não quero, além de tudo, virar a patrulha do sexo seguro. Se eu peço e eles fingem que não ouvem ou dizem que não querem, não me sinto à vontade para criar caso."

Como esses depoimentos demonstram, perseguir a perfeição pode ser tão perigoso quanto frustrante. Às vezes, os riscos que assumimos não são tão óbvios quanto esses que acabamos de ler. Um exemplo disso é minha própria batalha para não ser vista como mãe superprotetora e ansiosa.

Entre minhas experiências como assistente social e as experiências de Steve na pediatria, já vi um número desproporcional de coisas ruins acontecerem a crianças. Às vezes é difícil me desvencilhar do medo que surge de preocupações baseadas na realidade. Duas questões são particularmente importantes para mim: controle de armas e cintos de segurança.

Se Ellen é convidada para brincar na casa de alguém, quero ter certeza de que não existem armas carregadas por lá e de que ela vai usar o cinto de segurança devidamente se for passear de carro. Antes ela ainda era pequena o bastante para que nós a acompanhássemos nos encontros com os amigos. Mas à medida que cresce, isso também muda.

Às vezes percebo que fui silenciada pela vergonha de parecer obsessivamente preocupada. Não quero ser vista como aquela mãe "histérica, que não sai do pé". Realmente, tive que procurar minha rede de conexões em busca de apoio para repensar essas questões.

Uma amiga que trabalha num programa de prevenção à gravidez adolescente me disse o que costuma falar para as meninas: "Se você não fica à vontade com alguém para falar de camisinha, isso significa que você não conhece a pessoa o bastante para fazer sexo." Então, em vez de pensar "Espero que não achem que sou maluca", penso: "Se sinto vergonha demais para falar dessas preocupações, provavelmente não estou à vontade com essas pessoas para deixar que Ellen fique na casa delas para brincar sem supervisão."

Perfeccionismo e resiliência à vergonha

Para compreender melhor como cada um dos quatro elementos da resiliência à vergonha pode nos ajudar a superar o perfeccionismo, vou contar outra história sobre uma de minhas batalhas pessoais.

Quando fiquei grávida de Ellen, diversas empresas, entre elas uma fabricante de computadores, tinham campanhas publicitárias que exibiam jovens mães trabalhando em casa. Quase sempre, o anúncio mostrava a mãe de pantufas, sentada ao computador, enquanto a criança a contemplava amorosamente de um tapete de atividades posicionado perto da escrivaninha. Os anúncios sempre terminavam com a mãe recebendo elogios e validação da criança e dos colegas de trabalho.

Penso nisso todos os dias. Queria ser como no anúncio. Eu me imagino com uma camiseta descolada, calças de ioga manequim 40 (nunca usei 40) e um rabo de cavalo frouxo (há 10 anos uso cabelos curtos), um laptop, um bebê cooperativo, sorrindo no tapete de atividades, um trabalho empolgante e montanhas de validação pessoal e profissional. Basta dizer que alguém na agência de publicidade fez o dever de casa – tenho certeza de que eu fazia parte do grupo demográfico a ser atingido e caí como um patinho...

Certo dia, quando Ellen tinha uns dois meses, minha visão se concretizou. Fui uma dos três pesquisadores considerados para um projeto de avaliação comunitária. Havia uma entrevista telefônica com dois líderes comunitários marcada para as 13 horas. Tudo estava planejado minuto a minuto. Ellen mamou ao meio-dia e às 12h55 estava profundamente adormecida. A ligação começou pontualmente às 13 horas. Eu tinha todas as perguntas preparadas, um celular com uma tecla que emudecia o som e um fone de ouvido pronto, caso necessário. Estava tudo perfeito... até as 13h05.

Depois de cinco minutos de entrevista, Ellen começou a chorar. Um minuto depois, ela parou de chorar e começou a berrar. Berrou tão alto que os dois entrevistadores perguntaram se estava tudo bem. Respondi depressa: "Está tudo ótimo... Continuem, por favor." Enquanto explicavam o projeto, entrei no quarto de Ellen apertando a tecla "mudo" e testando periodicamente se funcionava, perguntando repetidas vezes: "Estão me ouvindo? Estão me ouvindo?"

Quando cheguei perto do berço, a frente da minha camiseta estava encharcada com o meu leite. Ellen tinha o poder de se esgoelar e fazer com que eu imediatamente produzisse leite. Ela berrava porque tinha feito um daqueles cocôs explosivos que sobe pela fralda e não para até sujar toda a parte de trás da roupa.

De repente, enquanto eu avaliava os danos, ouvi aquelas palavras tão temidas: "Sra. Brown, está nos ouvindo?"

"Estou aqui. Estou só fazendo umas anotações para que eu possa pensar mais tarde sobre o projeto", respondi. "Pode me falar sobre o financiamento?"

Ufa. Funcionou. Enquanto falavam de coisas importantes que eu devia estar anotando, mantive uma das mãos no botão silenciador, e de alguma forma consegui pegar Ellen no colo. Havia cocô por toda parte. Consegui despi-la, limpá-la com dúzias de lencinhos umedecidos e levá-la, pelada, de volta para o meu quarto.

Ela ainda chorava, e a essa altura o leite pingava da minha blusa. Deitei-a na cama por tempo suficiente para tirar um dos braços da manga da camiseta, baixar o sutiã molhado para a cintura, posicionar a almofada e começar a amamentá-la. Assim que ela ficou em silêncio, voltei à ligação. Fui capaz de fazer algumas declarações coerentes, antes que o pandemônio se instalasse.

O estresse da situação foi excessivo para o meu corpo. Segundos depois, fui invadida por uma séria onda de diarreia. Eu estava de pé com a almofada de amamentação em torno da cintura, as lágrimas escorrendo pelo rosto, a camiseta pendurada nas costas e tentando dar passinhos de pinguim pelo quarto.

Da forma mais graciosa possível, retirei-me da disputa pelo posto e agradeci a meus entrevistadores pelo tempo que despenderam comigo. Depois me sentei, segurando Ellen e chorando. Senti vergonha por minha incapacidade de tornar realidade minha visão do que era a mãe perfeita que tem uma carreira. Uma coisa era deixar a disputa por um posto de pesquisadora, mas pior ainda era olhar para a pequena Ellen, pelada e precisando de um banho, e sentir que eu também havia falhado com ela.

Algumas semanas depois, Steve e Dawn sugeriram que eu aplicasse a essa situação aquilo que estava aprendendo sobre a vergonha (já tive minha cota de comentários do tipo "pesquisadora da vergonha, vá se tratar"). Ao pensar no assunto, minha vergonha virou decepção, depois desilusão, uma dose saudável de "nunca mais vou acreditar naquelas baboseiras de bebê sorridente, laptop e pantufas".

Agora quando amigas minhas ficam grávidas do primeiro filho e me contam como planejam trabalhar de casa com o recém-nascido, conto logo minha história. Elas costumam perguntar: "Mas você não consegue organizar o trabalho a partir dos horários do bebê?" ou "Mas você não pode garantir que ela vai fazer o cocô antes da ligação?". Digo a elas carinhosamente: "Isso só acontece na televisão."

Quando apliquei os quatro elementos da resiliência à vergonha a essa situação, aprendi o seguinte:

Reconhecer os gatilhos da vergonha: Eu não queria ser vista como alguém incapaz de equilibrar a maternidade e o trabalho e que necessita de ajuda. Queria ser vista como uma daquelas profissionais que são mães "descontraídas, bem equilibradas, que não precisam de ajuda". Ainda não sei bem a origem das mensagens que alimentaram essa identidade. Sei que algumas vieram do que vi enquanto crescia, na minha família.

Minha mãe não trabalhou fora até o fim da minha adolescência. Ela estava presente na escola, era líder das bandeirantes, acompanhava a natação, coordenava o transporte das crianças, etc. Era essa a imagem que eu tinha na cabeça para mim. Eu faria o que ela fez, mais o trabalho em tempo integral, e ainda concluiria a pós-graduação.

A ideia de "deixar algo de lado" não era para mim. Era para as outras mães, aquelas que não conseguiam dar conta de tudo. Concluí que eu pertencia a um grupo diferente, você sabe, o grupo das mães dos comerciais de TV. Preferia as mensagens delas:

- Compre esse laptop e trabalhar em casa com um recém-nascido será moleza: você será uma pessoa moderna e descolada.
- Inicie sua agitada manhã no seu home office com nosso café, e você vai morar num *loft* bacana no SoHo e ter roupas incríveis.
- Se comprar nosso detergente, vai se descobrir à beira da praia, segurando o bebê com uma das mãos e um bilhete premiado na outra.

Praticar a consciência crítica: Existem expectativas de que as mulheres são capazes de fazer tudo – a síndrome da supermulher. Apesar de todos os meus esforços e das lições que aprendi, às vezes ainda acho que consigo dar conta de tudo ao mesmo tempo. Acredito que a expectativa existe como resultado da luta das mulheres pela igualdade no mercado de trabalho, sem, porém, obter o apoio e a ajuda necessários para a verdadeira igualdade de condições.

Também acho que a necessidade de dar conta de tudo ao mesmo tempo, especialmente do trabalho e da maternidade, está ligada ao fato de encararmos o segundo como uma tarefa menos importante e fácil. A realidade é que criar os filhos é mais difícil do que qualquer emprego que já tive. Só não se obtém uma avaliação formal nem validação ou pagamento.

Por fim, todo o debate sobre "voltar ao trabalho versus ficar em casa" está reservado para as mulheres que dispõem de recursos para pensar no trabalho como uma opção. Costumamos recriminar mulheres por assumirem tarefas demais – por escolherem o estilo de vida de supermulher. Mas muitas precisam mesmo fazer tudo ou não há como alimentar os filhos.

Para mim, parte da prática da consciência crítica é decodificar mensagens constantemente. Às vezes, quando as pessoas fazem comentários sobre nossas escolhas, sentimos vergonha e não sabemos o motivo. Aqui estão algumas das mensagens subjacentes e conflitantes que alimentam nossa vergonha e nossas inseguranças:

- Você é quanto você ganha.
- A maternidade é fácil. O que mais você faz?
- Devia ter um emprego de verdade. Precisa ter seu próprio dinheiro e sua identidade.
- Devia ficar em casa. Esse é seu trabalho.
- Se fosse melhor como mãe ou como profissional, não ia ter problema para fazer as duas coisas.

Buscar apoio: Quando se trata de meus conflitos pessoais com aparência, família, criação dos filhos, maternidade e trabalho, dependo 100% da minha rede de conexões. Dependo dos conselhos, orientações, apoio, feedback, validação, elogios e às vezes apenas que alguém segure minha mão ou tome conta das crianças.

Trabalhei muito para construir essa rede – ela agora é grande e robusta. Também dependo dessas pessoas para dependerem de mim. Sei que parece engraçado, mas quero ter relacionamentos que funcionem em duas vias. Receber empatia é um presente maravilhoso, mas oferecê-la também é. Dar e receber me fazem uma pessoa melhor e me ajudam a aumentar minha resiliência à vergonha.

Minha teia da vergonha em torno dessas questões é formada principalmente pela mídia e por mim mesma. Trabalho nisso constantemente, mas ainda sou vulnerável a revistas e filmes. Preciso estar vigilante na prática da consciência crítica, conversando com minha rede de conexões sobre esses assuntos.

Também existem amigos e parentes que apertam os botões errados – especialmente, no que diz respeito à criação dos filhos e ao trabalho.

Falar da vergonha: Se a meta de falar da vergonha é aprender a expressar nossos sentimentos e pedir o que necessitamos, então eu diria que estou melhorando. Definitivamente, sou melhor no primeiro ponto. Como tantas mulheres, em geral acho difícil pedir o que preciso – principalmente se é de ajuda ou de apoio que preciso.

Durante as entrevistas, um padrão interessante emergiu: parece que muitas têm essa dificuldade para pedir ajuda ou apoio. Com frequência, somos as cuidadoras e assistentes. Nós nos convencemos de que não devemos buscar ajuda, e por isso não a pedimos. Então ficamos zangadas ou magoadas porque ninguém oferece. Pensamos: "Ele não vê que estou me afogando?" ou "Por que ela não faz alguma coisa?". Isso pode crescer e rapidamente se transformar em uma situação de recriminação e vergonha. Precisamos de ajuda, mas não pedimos. Ficamos zangadas porque não a obtemos. Sentimos vergonha só de pensar que alguém nos ajudaria quando sabemos que isso não vai acontecer.

Para mim, pedir ajuda é um aprendizado em que ainda estou me aperfeiçoando.

Crescimento e estabelecimento de metas

Conforme nos tornamos mais fluentes no idioma da vergonha, o poder e o significado por trás das palavras ficam mais aparentes. Mulheres com altos níveis de resiliência à vergonha usam uma linguagem diferente daquelas que lutam contra a vergonha na mesma área. Por exemplo, quando conversei com as mulheres sobre aparência, maternidade, criação dos filhos, trabalho e família, aquelas que demonstraram níveis mais elevados de resiliência falaram menos de perfeição e mais sobre crescimento. Alguns padrões de linguagem que ouvi incluem:

- "Quero investir em melhorar..."
- "Gostaria de aprimorar a forma como eu..."
- "Gostaria de fazer um pouco menos disso e um pouco mais daquilo..."
- "Essas são as minhas metas..."
- "Quero ser vista como alguém que faz o máximo para..."

- "Quero ser vista como alguém que tenta..."

Quando damos preferência ao crescimento em vez de à perfeição, aumentamos imediatamente nossa resiliência à vergonha. O aprimoramento é uma meta bem mais realista do que a perfeição. Basta desapegar de metas inalcançáveis para nos tornarmos menos suscetíveis à vergonha. Quando acreditamos que "devemos fazer isso", ignoramos quem ou o que realmente somos, nossa capacidade e nossas limitações. Partimos de uma imagem de perfeição e, claro, a partir da perfeição não se vai a lugar nenhum.

Quando pensamos "Quero que meus pais me considerem a filha perfeita", estamos fadadas ao fracasso. Em primeiro lugar, a perfeição é inalcançável. Segundo, não podemos controlar a forma como os outros nos veem. E, por último, não existe um jeito de fazer tudo o que se espera de nós ou o que esperamos de nós mesmas.

Se a meta é o crescimento e dizemos "Gostaria de aprimorar tal coisa", partimos do ponto em que estamos e da pessoa que somos. "Gostaria de trabalhar no relacionamento com meus pais" é completamente diferente de "Quero que meus pais me considerem a filha perfeita".

Para ilustrar a diferença entre essas duas afirmações, muitas das entrevistadas descreveram como o relacionamento com os pais havia melhorado depois que deixaram de tentar ser a "filha perfeita". Isso também vale para aparência, maternidade e criação dos filhos.

Quando nos damos permissão para sermos imperfeitas, quando encontramos nosso valor apesar das imperfeições, quando construímos redes de conexões que nos apoiam e nos valorizam enquanto seres imperfeitos, somos mais capazes de promover mudanças.

Isso me faz voltar à frase que deflagrou toda essa jornada para mim. Não se pode usar a vergonha ou a humilhação para fazer as pessoas mudarem de comportamento. Isso significa que não podemos usar o ódio que sentimos por nós mesmas para perder peso. Não podemos usar a vergonha para virar mães melhores nem podemos nos humilhar ou humilhar nossa família para que se tornem o que precisamos que sejam. Colocar as pessoas na "lista dos perdedores" não funciona. *A vergonha corrói aquela parte de nós que acredita que somos capazes de mudar.*

Estabelecer metas: Mulheres com altos níveis de resiliência à vergonha não trocavam a perfeição por metas para "chegar à perfeição". Desenvolver a resiliência exige metas realistas. Dizer "Não quero ser vista como uma pessoa impaciente" é o mesmo que dizer "Quero me esforçar para me tornar mais paciente, de forma que eu nunca me zangue". No fim das contas, as duas abordagens ainda têm a perfeição como meta.

Quando perguntei às mulheres sobre "metas de crescimento" como "Quero ser mais paciente", desejava saber como achavam que isso poderia acontecer. Com base em suas respostas, vi uma ligação direta entre seus níveis de resiliência à vergonha e a capacidade de identificar objetivos específicos relacionados a suas metas.

Por exemplo, Cheryl, uma boa amiga e colega, me contou que suas metas parentais são "ser divertida, forte, gentil, sábia, paciente e amorosa". Ela disse que sabia que não era realista ser tudo isso o tempo inteiro.

Quando perguntei o que fazia para cumprir tais metas, com muita confiança ela fez uma lista de objetivos tangíveis, simples e mensuráveis (ou acontecem ou não acontecem). "Eu durmo... Sou uma mãe melhor quando estou bem descansada. Mesmo que seja difícil, mantenho a rotina das crianças, para que se sintam bem. Leio um monte de livros sobre criação de filhos. Quando são bons, uso os conselhos. Quando não são, não uso. Se eu vejo outros pais fazendo algo bem, pergunto como fazem. Meu marido e eu frequentamos oficinas de educação. Eu faço parte de um grupo de mães. Mudei de pediatra várias vezes até encontrar um que compartilha dos meus valores e que me fornece a orientação que quero e necessito. Estabeleci limites no trabalho. Quando alguém critica a forma como crio meus filhos, tenho um sistema de apoio formado por amigas para conversar sobre isso. Tento cuidar de mim mesma, reservando um tempo para reabastecer meu próprio tanque. Quando o tanque fica seco, não tenho nada para dar a ninguém."

Por mais estranho que pareça, o crescimento e o estabelecimento de metas parecem dar mais trabalho do que sonhar com a perfeição. Quando tentamos ser perfeitas, falhamos tanto que quase nos acostumamos. Depois de um tempo, nos convencemos de que vislumbrar a perfeição é mais nobre do que trabalhar para cumprir metas. É mais fácil dizer "Vou estar magra em dezembro" do que afirmar "Hoje vou começar a me alimentar de uma forma saudável e a me exercitar". Ou "As coisas vão ficar ótimas quando sairmos do vermelho" em vez de "Não usarei o cartão de crédito esta semana".

Quando estabelecemos objetivos realistas para "metas de crescimento", assumimos a responsabilidade pelo dia de hoje, pelo de amanhã e o seguinte, em vez de adiar a tarefa pelos próximos seis meses.

As mulheres que encontrei com os mais altos níveis de resiliência à vergonha em relação a questões de perfeição tinham metas bem realistas e estratégias concretas e mensuráveis para cumpri-las. Um exemplo era uma mulher que lutava contra um transtorno alimentar havia mais de 10 anos. Ela disse que superou a bulimia e a vergonha decorrente de ser bulímica ao estabelecer "metas de saúde" realistas, por escrito, para cada semana, em vez daquelas universais "metas de emagrecimento". Disse que não quer mais ser vista como "magra", e sim como "saudável", e se esforça para isso exercitando-se durante 35 minutos, cinco vezes por semana, e consumindo pelo menos três refeições saudáveis todos os dias.

Um dos benefícios do crescimento por meio do estabelecimento de metas é que não se trata de uma proposta do tipo tudo ou nada – sucesso e fracasso não são os únicos resultados possíveis. Se a meta é se tornar melhor mãe ou pai e estabelecemos como dois objetivos razoáveis a leitura de um artigo sobre criação dos filhos por mês e conversar com pais que demonstram habilidades que respeitamos, ainda é possível aprender e crescer mesmo se não cumprirmos todos os objetivos.

Se não lemos o artigo, mas aprendemos muita coisa com outros pais, ainda obtivemos crescimento. E talvez cheguemos à conclusão de que a leitura de artigos não é nosso ponto forte. Talvez seja mais útil passar mais tempo com outros pais. Quando estabelecemos metas de aprimoramento e usamos objetivos mensuráveis, podemos aprender e crescer com o que fizemos e com o que deixamos de fazer. Se nosso objetivo é a perfeição, inevitavelmente fracassamos e esse fracasso não nos oferece nada em termos de aprendizado e de mudança. Só nos torna mais vulneráveis à vergonha.

Voltar atrás

A capacidade de aprender com nossos erros em vez de considerá-los tentativas fracassadas de atingir a perfeição é a essência de "voltar atrás". Este conceito emergiu nesta pesquisa e eu o considero extremamente importante. As mulheres com altos níveis de resiliência à vergonha em áreas como aparência, maternidade, criação dos filhos, trabalho e família falaram com paixão sobre acreditar que nunca é tarde demais para crescer e mudar. Elas resistiam à ideia de serem definidas pelos erros e consideravam a "imperfeição" uma parte necessária do crescimento, não um obstáculo. Além do mais, muitas dessas mulheres enfatizaram o valor de haver pessoas na sua rede de conexões que mostraram como "voltar atrás" podia ser uma estratégia poderosa para o crescimento e a mudança. As mulheres eram especialmente influenciadas pela disposição de seus parceiros para mudar e se aprimorar como pais.

Por outro lado, as mulheres que falaram de contínuas batalhas contra a vergonha nas mesmas áreas percebiam os erros passados e as tentativas malsucedidas de perfeição como algo que alterava seus níveis de conexão e poder de forma duradoura e permanente. Assim como as mulheres com altos níveis de resiliência, elas eram igualmente influenciadas por forças externas. Porém, nesses casos, as forças eram constituídas principalmente por pessoas de suas teias da vergonha, não de suas redes de conexão. Quando falavam sobre o caráter permanente dos erros e da incapacidade de deixar a perfeição e de partir para o crescimento, pelo menos 80% delas descreveram esse atributo como algo aprendido com os pais e/ou com a família.

Desse modo, a primeira razão que torna o conceito de "voltar atrás" tão importante para a resiliência está relacionada à habilidade de superar erros e fracassos e seguir rumo à mudança e ao crescimento. A segunda razão é a influência sobre nossos esforços de construir a empatia por meio de redes de conexão – não só precisamos estar dispostas a voltar atrás e aprender com nossos erros, como também precisamos em nossa vida de pessoas que estejam dispostas a fazer o mesmo.

De todas as percepções que emergiram desse estudo, nenhuma foi mais poderosa para mim do que a influência que os pais exercem sobre os filhos. Tanto uma garota de 18 anos como uma senhora de 68, todas as mulheres eram grandemente afetadas pela disposição dos pais de voltar atrás e tentar continuamente aprimorar os relacionamentos com os filhos. Isso ficou claro em todas as áreas, mas sobretudo naquelas que caem na categoria da "perfeição". Entre todas as vozes gritando expectativas ou sussurrando palavras de apoio, as dos pais foram apontadas com consistência como sendo as mais influentes.

Quando os pais instilam expectativas de perfeição nos filhos, é muito difícil para as crianças depois mudarem esse objetivo para crescimento e aprimoramento. Principalmente quando os pais empregam a vergonha como ferramenta para reforçar as expectativas. As mulheres cujos pais demonstravam comprometimento em voltar atrás, encorajando-as a buscar o crescimento em vez da perfeição, sentiam grande conexão e empatia por parte dos pais.

É difícil para mim capturar na escrita a emoção transmitida pelas participantes que explicaram o que significava ouvir os pais dizerem "sinto muito" ou "compreendo como aquilo fez você se sentir". Quando os pais reconhecem a dor sentida pelos filhos – quando realmente demonstram empatia sem dar explicações nem se defenderem – curas incríveis podem acontecer.

Por outro lado, as mulheres cujos pais persistiam em estimular expectativas de perfeição mesmo na idade adulta continuaram a lutar contra a vergonha ou tiveram que trabalhar com diligência para desenvolver a resiliência diante de expectativas tão insistentes.

Lembra-se do exemplo do último capítulo, quando a mãe disse para a filha: "Meu Deus, você ainda está gorda!" E se, depois de ouvir a filha explicar como se sentia envergonhada, a mãe reagisse dizendo: "Não quero envergonhá-la nem magoá-la. Sinto muito por ter agido assim. Quero que sejamos unidas. Eu amo você."

Isso não consertaria o relacionamento delas automaticamente, mas seria um passo importante em direção à cura. Estou certa de que em algum momento a mãe ia querer explicar ou defender seus motivos dizendo: "Só estou preocupada com a sua saúde." Mas, para voltar atrás de fato, é importante que comecemos pelo reconhecimento da dor que causamos e por nosso desejo de restaurar a conexão.

Na minha vida, experimentei o poder de ter pais dispostos a reconsiderar seus atos. Antes de me tornar mãe, queria fazer com perfeição tudo aquilo que eu achava que eles fizeram "de errado". Agora que tenho filhos, espero apenas estar disposta a voltar atrás da mesma forma que meus pais. Recentemente, conversei com meu pai sobre a educação dos filhos e ele me disse: "Não é possível ser perfeito. Sua única medida de sucesso é a capacidade de seus filhos para criarem os próprios filhos ainda melhor do que você e sua disposição de apoiá-los nesse processo."

Pensei sobre essa declaração por muito tempo. É poderoso observar a disposição de seus pais para reexaminar as próprias escolhas. É mais poderoso ainda pensar que um dia seus filhos vão pedir que você faça o mesmo.

Um dos grandes obstáculos para voltar atrás está relacionado à empatia. Se nossa meta é a perfeição em vez do crescimento, é improvável que estejamos dispostos a voltar atrás, pois isso exige um nível de autoempatia – a capacidade de observar nossos próprios atos com compreensão e compaixão, de entender nossas experiências no contexto em que aconteceram e fazer tudo isso sem julgamentos. Chamo essa capacidade de refletir sobre nossos próprios atos com empatia de "fundamentação".

Fundamentação

Quando escolhemos o crescimento em vez da perfeição, escolhemos a empatia e a conexão. Emprego o termo *fundamentação* porque, para examinar onde nos encontramos, aonde queremos chegar e como queremos chegar, devemos aceitar quem somos. A fundamentação nos dá a estabilidade de que necessitamos para buscar o outro e examinar quem somos e quem queremos ser. Quanto mais fundamentadas estamos, menos nos sentimos compelidas a defender nossas decisões e a nos proteger. Podemos nos olhar com compaixão em vez de com desprezo. A fundamentação também evita que busquemos aceitação e senso de pertencimento tentando nos tornar aquilo que as pessoas precisam que sejamos.

Durante as entrevistas, conheci duas mulheres com histórias semelhantes relativas à aparência. As duas tiveram problemas com o peso durante a adolescência e o início da casa dos 20 anos. As duas estavam com 30 e poucos anos, eram muito magras e tinham filhas pequenas na época das entrevistas.

A primeira nutria um grande desprezo pela pessoa que fora. Ela me disse: "Eu era gorda e nojenta. Não posso acreditar que já fui assim." Prosseguiu me dizendo como detestava mulheres acima do peso. Contou-me que a mãe era muito esguia e que ficava constantemente "em cima dela", preocupada com seu peso. Disse que observa tudo o que as duas filhas comem. Falou que a mais velha (com 7 anos na época da entrevista) já fazia dieta. Preferia que fosse ela a dizer à filha que parecia gordinha à menina ter que ouvir aquilo das colegas. Senti que essa mulher, apesar de ter emagrecido, ainda tinha uma grande vergonha relacionada a suas questões com o peso. Parecia mais enraizada na vergonha do que fundamentada na autoaceitação.

A segunda me contou que havia lutado com o peso durante 25 anos. Disse que foi uma criança com sobrepeso e que só conseguira entrar em forma com cerca de 30 anos. Quando perguntei o que pensava de sua vida nos tempos em que brigava com a balança, ela falou: "É apenas uma parte de quem sou. Eu me casei e tive filhos durante essa fase. Perdi minha mãe quando estava com uns 20 e poucos anos. Como todo mundo, tive altos e baixos." Ela me disse que os filhos eram muito pequenos para se lembrar dela na versão mais gorda, então, quando veem filmes antigos e retratos, às vezes fazem comentários. "Expliquei que fico magoada quando caçoam das minhas antigas fotografias. Também usei isso como exemplo das razões para não julgar pessoas com base na aparência delas. Eles me amam e acham que sou uma ótima mãe. Disse a eles que, se tudo o que vissem fosse uma mulher gorda, então perderiam todas as coisas boas. Eles se tornaram muito sensíveis a essa questão." Essa mulher acrescentou que sentia grande poder e liberdade em relação a sua aparência. E que contava com uma imensa rede de apoio constituída por amigos e familiares. Parecia estar seguramente fundamentada na autoaceitação.

Celebrar o comum

Uma obsessão destrutiva relacionada ao perfeccionismo é o fascínio pela cultura das celebridades. Folheamos revistas desesperadas para descobrir todos os detalhes íntimos das estrelas que amamos e de outras que odiamos. Queremos saber quem perdeu peso, como decoram a casa, o que comem, o que dão para os cães... Se comem, usam, possuem ou perdem – queremos fazer igual!

Queremos mergulhar em suas vidas pois acreditamos que é a forma de nos aproximarmos da perfeição que buscamos. As celebridades também nos aproximam de outro atributo altamente desejável – ser descolado. A importância de parecer descolado não deve ser subestimada. Sabemos que os adolescentes com frequência correm terríveis riscos físicos e psicológicos para manterem a aura de descolados diante dos colegas. Infelizmente, na nossa cultura, o valor de ser descolado não diminui depois do ensino médio. Mulheres de 18 a 80 anos falaram para mim da dor emocional de serem percebidas como "sem graça" ou "cafona" e compartilharam algumas das consequências dramáticas que enfrentaram como resultado de uma tentativa de manter a percepção de "estar com tudo em cima". Infelizmente, numa cultura movida pelo lucro, existem indústrias multibilionárias garantindo que o perfeito e o descolado permaneçam tão vagos quanto sedutores. Não existe algo como ser suficientemente descolado nem suficientemente perfeito.

Em seu livro *The Shelter of Each Other: Rebuilding Our Families* (O abrigo de cada um: reconstruindo nossas famílias), Mary Pipher fala com sabedoria sobre a verdadeira ameaça que a mídia representa para nossas famílias. Ela explica que os meios de comunicação formam nossa nova comunidade – uma comunidade bem menos diversa do que na vida real. "Nós 'conhecemos' as celebridades, mas elas não nos conhecem. A nova comunidade não é uma vizinhança recíproca como no passado. David Letterman não vai nos ajudar se a bateria do carro pifar numa manhã de inverno. Donald Trump não vai aparecer com uma cesta de alimentos se nosso pai perder o emprego. Esses relacionamentos virtuais criam um novo tipo de solidão – a solidão daqueles que mantêm relacionamentos com personagens em vez de com pessoas."

Além de encorajar o perfeccionismo e a solidão (que costumam estar relacionados), existe a questão decorrente da comparação de nossa vida com a das celebridades. Assistimos a horas de programas que não fazem nada além de detalhar suas rotinas. E consciente ou inconscientemente, comparamos nossa vida com a delas.

Na minha pesquisa com mulheres e homens, muitos participantes falaram sobre sentir vergonha de sua vida "pequena e entediante". Com raríssimas exceções, faziam comparações com o que viam na TV ou liam em revistas. A Dra. Pipher também explica esse fenômeno no contexto das novas mídias. Ela escreve: "A comunidade eletrônica é menos diversificada do que a da vida real. Os problemas enfrentados não são os que pessoas reais enfrentam. Certas situações, como jovens aspirantes ao estrelato sofrendo ameaças ou homens atraentes combatendo o crime são excessivamente exploradas. Outras histórias, bem mais comuns, como reuniões escolares, curso de poesia, excursões a museus, aulas de piano e entrega de comida, são praticamente ignoradas. As pessoas que não são visualmente interessantes, isto é, a maioria, estão sub-representadas. As histórias selecionadas são aquelas que dão dinheiro. A riqueza e a complexidade da vida desaparecem."

Em nossa cultura, o medo e a vergonha de ser comum são muito reais. De fato, muitas mulheres mais velhas falaram de ter olhado para trás e de se lamentarem por coisas extraordinárias que nunca aconteceriam. Parecemos medir o valor das contribuições das pessoas (e, às vezes, sua vida inteira) pelo nível de reconhecimento público que obtiveram. Em outras palavras, o valor está sendo medido pela fama e pela fortuna.

Nossa cultura é rápida em descartar homens e mulheres comuns, discretos e trabalhadores. Em muitos casos, igualamos o adjetivo *comum* a *chato*, ou, ainda mais perigoso, *comum* se tornou sinônimo de *sem sentido*. Uma das grandes consequências culturais da desvalorização de nossa própria vida foi a tolerância para aquilo que é feito para se obter o status de "fora do comum".

Jogadores de beisebol que se enchem de esteroides e hormônios são heróis. Líderes corporativos com pacotes salariais de um bilhão de dólares são invejados, mesmo que seus empregados estejam perdendo pensões e benefícios. Meninas estão criando páginas na internet e fóruns para falar dos truques usados pelas celebridades para esconder transtornos alimentares e se manterem magras e belas. As crianças andam superestressadas, sofrendo de altos níveis de ansiedade pelo excesso de atividades extracurriculares e pela ênfase nos resultados de provas padronizadas.

Esses exemplos exigem que perguntemos: o que estamos dispostos a sacrificar em nossa busca pelo extraordinário? Podemos empregar as ferramentas de resiliência à vergonha para aprender mais sobre nossos medos e vulnerabilidades a pressões culturais. A prática da consciência crítica é especialmente importante se quisermos compreender melhor a comunidade da mídia que se tornou parte de nossa vida.

O temor da vulnerabilidade

Se vamos reconhecer e aceitar aquilo que nos torna humanos, inclusive as imperfeições e nossa vida nada extraordinária, devemos assumir nossas vulnerabilidades. Isso é extremamente difícil, pois temos medo de ser vulneráveis. Como escrevi no Capítulo 1, igualamos a vulnerabilidade à fraqueza, e, em nossa cultura, há poucas coisas que abominamos mais do que a fraqueza.

Ouvi mulheres repetirem a mesma frase ao falarem sobre o medo da vulnerabilidade: "Não quero dividir informações com alguém e depois ter essa pessoa usando a informação contra mim." É extremamente doloroso compartilhar uma vulnerabilidade ou um medo com alguém para depois vermos isso se voltar contra nós como insulto, como vantagem numa discussão ou fonte de fofocas.

Um conceito que emergiu nas entrevistas é o que chamo de *ressaca de vulnerabilidade*. Ele está relacionado diretamente a nosso medo da vulnerabilidade, e, infelizmente, a maioria das pessoas já passou por isso. Todas nós já nos encontramos em situações em que estamos com uma amiga, colega ou parente e sentimos aquele profundo desejo de conexão. Apesar do medo, sentimos um impulso ou necessidade de dividir algo significativo e, antes de nos darmos conta, já soltamos tudo. Contamos tudo. Dividimos nossas mais profundas vulnerabilidades.

Na hora seguinte, no próximo dia ou na próxima semana, aquele sentimento de arrependimento nos invade como uma onda de náusea: "Ai, meu Deus, por que contei aquilo para ela? O que ela vai pensar da minha família? Para quem ela vai contar?" Essa é a ressaca de vulnerabilidade.

Quando começamos a trabalhar na resiliência à vergonha, a necessidade de procurar o outro e conversar sobre nossas experiências pode ser muito forte. Tão forte, na verdade, que às vezes nos leva a desabafar com quem não desenvolvemos um relacionamento capaz de absorver aquelas informações.

O que há de bom em relação à ressaca de vulnerabilidade é que se trata de um fenômeno universal. Quando falo desse conceito em minhas palestras, vejo várias pessoas assentindo e expressões que dizem: "Verdade... passei por isso... odiei." Quando se trata de compartilhar informações, seria bom acreditar que a maioria de nós tem a capacidade de reconhecer as pessoas certas, as ocasiões certas e as formas certas de dividir. Mas, infelizmente, a realidade é que quase todos nós já nos voltamos para pessoas que mal conhecíamos e vomitamos nossa vulnerabilidade sobre elas.

Harriet Lerner oferece alguns conselhos maravilhosos sobre o assunto. Ela escreve. "Quando se trata de compartilhar a vulnerabilidade, é sábio dar tempo para testar se o outro realmente merece ouvir nossas histórias e para avaliar o nível de segurança e conforto que teremos ao dividir informações delicadas. Queremos ter a confiança de que o outro não vai negar nem minimizar nossas dores, tampouco supervalorizar nosso problema de uma forma pouco útil. Não queremos ser depreciados, nos tornar objeto de pena ou de fofocas, nem queremos que essas informações sejam usadas contra nós."

Medo, vulnerabilidade e expectativas

Tememos a vulnerabilidade também porque ela costuma estar relacionada a nossas expectativas e à dor da decepção. Elizabeth, entrevistada por mim há vários anos, falou sobre a vergonha que sentiu quando não lhe ofereceram uma promoção que ela esperava: "Tive mais vergonha porque disse a todos quanto aquilo significava para mim. Falei com todo mundo: com meu marido, meus filhos, meus vizinhos, minha mãe e meus colegas. Não disse para eles que ia conseguir. Só fui sincera ao dizer quanto queria. Em vez de me sentir apenas triste e decepcionada, eu me senti triste, decepcionada e envergonhada."

Quando alguém tem a coragem de compartilhar suas esperanças conosco, recebemos uma oportunidade importante de praticar a compaixão e a conexão. Pense em como teria sido uma experiência forte para Elizabeth ouvir: "Você teve muita coragem para se candidatar a essa promoção e muita honestidade ao demonstrar quanto a queria. Estou orgulhosa por ser sua filha/amiga/mãe."

Como demonstra o exemplo de Elizabeth, existe uma relação complexa entre nossas expectativas, vulnerabilidades e temores. Quando desenvolvemos expectativas, pintamos um retrato mental de como as coisas vão ser e como vão parecer. Às vezes, chegamos a imaginar qual será a sensação, o sabor e o cheiro. Criamos uma imagem que, para nós, possui grande valor.

Estabelecemos expectativas baseadas não apenas em como nos encaixamos naquela imagem, mas também sobre o que aqueles que nos cercam estão fazendo lá. E, frequentemente, o fracasso que sentimos quando tais experiências não se concretizam se transforma em vergonha. Quando eu perder 15 quilos, vai ser assim... Se eu for aceita na pós-graduação, a sensação vai ser essa... Se pudermos comprar esta casa, tudo vai mudar... Se eu disser a meu pai como me sinto, ele vai entender... Se eu fizer isso pelos meus filhos, eles ficarão muito gratos. Às vezes, as expectativas frustradas levam apenas a suaves decepções, mas, em muitos casos, resultam em vergonha, sobretudo se a vulnerabilidade e o medo estão em cena.

Kelli, uma das entrevistadas, falou com muita franqueza sobre a forma como suas expectativas e medos consistentemente a conduziam à vergonha sempre que estava perto da sogra. Kelli descreveu a sogra como uma pessoa muito crítica à forma como cuidava dos filhos, ao fato de ela ficar em casa com as crianças e em relação à maneira como tratava o marido. Quando conversamos sobre as visitas da sogra, Kelli disse que planejava tudo durante semanas, às vezes durante meses. Ela chegava a maquinar situações que permitiriam demonstrar o tipo de habilidades no trato com os filhos e com o marido que ela achava que agradariam à sogra.

Nunca falhava: toda vez que encontrava a sogra, nada saía como o planejado. A mulher não apenas mantinha a postura crítica como também percebia os esforços de Kelli para criar situações que a fariam parecer bem.

Independentemente do que façamos, não podemos controlar o modo como os outros vão responder ou reagir. Se perdermos 15 quilos para ver a cara de nossos amigos no reencontro da turma, o que vai acontecer se não houver nenhuma reação? Podemos experimentar tudo, desde uma pequena decepção até uma grande vergonha.

Kelli me disse que acabou desistindo de prever e controlar as visitas da sogra. Quando ela e o marido finalmente dividiram seus sentimentos com a mulher, ela foi um tanto indiferente. Kelli decidiu desenvolver outras estratégias para lidar com as visitas: limitou a duração e preparou-se para elas de forma bem diferente. Em vez de buscar o controle, ela se cercou do apoio da família e das amigas.

Kelli dividiu sua história comigo como exemplo de construção de resiliência à vergonha. Disse que nunca esperou que as coisas mudassem, porque ela mesma mudou. Pensava que mudariam porque a sogra acabaria mudando. Mas esse é o problema com as expectativas: costumam ser irreais e projetadas nas pessoas erradas. Na próxima seção, vamos examinar um exercício interessante que pode nos ajudar a reconhecer os medos e avaliar o grau de realidade de nossas expectativas.

O baralho da vida

O baralho da gravidez é um exercício muito poderoso, usado em muitos hospitais nas aulas de preparação para o parto. Os futuros pais recebem 10 cartões e devem escrever em cada um uma expectativa importante em relação ao trabalho de parto. Imagina-se que as famílias estejam esperando resultados saudáveis para a mãe e o bebê, portanto é pedido que não incluam isso. As mulheres em geral escrevem coisas como parto vaginal, sem epidural, sem indução, sem episiotomia, a família chegando a tempo, sem fórceps, o bebê pegando o peito facilmente, sem alimentação artificial e enfermeiras simpáticas. Os cartões descrevem o retrato que o casal pintou na cabeça sobre o trabalho de parto e a chegada do bebê.

Quando terminam e olham para os cartões com orgulho, eles são orientados a virá-los para baixo, embaralhá-los e escolher cinco. A essa altura, são informados de que as cinco cartas escolhidas representam o que vai funcionar e que as outras cinco são as coisas que não vão funcionar. Ouvem então a pergunta: "Está preparado para aceitar se cinco entre 10 coisas funcionarem em vez de 10 entre 10?"

É um exercício muito profundo e não vale apenas para o parto e a chegada do bebê. Devemos expandir esse exercício para que se transforme no "baralho da vida". Quando desenvolvemos expectativas de cuja realização depende todo nosso amor-próprio, estamos preparando caminho para a vergonha. Usar o baralho da vida para reconhecer as vulnerabilidades e os medos é um modo poderoso de verificar se algumas dessas expectativas são reais.

O princípio da ampliação

O baralho da vida pode nos ajudar a entender melhor quanta emoção está relacionada a expectativas específicas. Mas, para lidar com expectativas e com o medo da vulnerabilidade, precisamos falar sobre o modo como a maioria das mulheres foi educada para acreditar que determinados acontecimentos são verdadeiras boias salva-vidas. Não importa quanto as coisas andem mal, se encontrarmos um namorado, tudo vai melhorar. Se nos casarmos, vai ser melhor ainda. Se tivermos filhos, melhorará tanto que nem conseguiremos suportar.

Por meio do processo de pesquisa, entendi que qualquer tipo de problema que se leva para dentro de um desses eventos é instantaneamente ampliado no momento em que a algazarra termina. Se você é solteira e luta com questões de identidade, encontrar um parceiro ampliará seus problemas. Repito: a ampliação talvez não apareça até que o brilho de um "novo amor" tenha cedido, mas vai aparecer.

Todos os problemas que você e seu parceiro carregam para dentro do casamento são ampliados. O mesmo ocorre quando chegam os filhos. Os problemas não só permanecem, como se tornam mais complicados e complexos. Se a aprovação dos pais é muito importante para você, ter um filho não mudará a situação. Você apenas terá muito mais itens para submeter à aprovação.

Uma mulher que estava chegando aos 60 anos me contou que havia casado com um rapaz que a agredia fisicamente, apesar dos avisos dos amigos e da família. Na época, ela acreditou nas promessas que ele fez de administrar sua raiva após o casamento. Depois do nascimento do primeiro filho, o marido se tornou mais violento. Ela se sentiu totalmente isolada. "Não dei ouvidos a ninguém", disse. "De fato acreditei que casar ou ter filhos ia fazer com que ele mudasse. A situação era péssima, mas eu não tinha como procurar meus pais ou meus amigos. Eles haviam me avisado. Suportei até o dia em que ele quebrou meu nariz e meu braço. Não pude esconder aquilo da minha família."

A mudança pode ocorrer e sempre existe potencial de crescimento. Porém, um grande evento não é capaz de fornecer a mudança ou o crescimento que buscamos. Se casamos, o parceiro ciumento se torna mais temeroso, pois há mais em jogo. A mãe que espera que façamos tudo com perfeição tem expectativas ainda maiores, pois há mais em jogo. Relacionamentos estremecidos entre irmãos tornam-se ainda mais estremecidos diante dos desafios de cuidar dos pais. Dessa forma, o princípio da ampliação serve como um catalisador para expor as expectativas fracassadas vinculadas a um dos grandes acontecimentos da vida. Se nosso amor-próprio depende da realização de algo que não podemos controlar, ele corre riscos. Quando dizemos "Esse relacionamento vai melhorar. Só precisamos nos casar" e as coisas pioram depois do casamento, isso se transforma numa tremenda fonte de vergonha.

Repito: se vamos reconhecer e aceitar o que nos torna humanas, inclusive nossas imperfeições e nossa vida nada extraordinária, devemos assumir nossos medos e vulnerabilidades. Compreender o medo é parte do processo de resiliência à vergonha. E também é uma peça importante na construção do tipo de relacionamento que precisamos para ter uma vida plena e conectada.

OITO

Praticar a compaixão numa cultura de recriminação

"A culpa é SUA!" "É tudo culpa MINHA!" "Você é a culpada." "Eu sou a culpada." Estamos numa cultura obcecada por encontrar defeitos e designar culpas. Considerar-se responsável é algo bom, mas recriminação e responsabilidade são muito diferentes. Acho que a diferença entre responsabilidade e recriminação é muito parecida com a relação entre culpa e vergonha. Como a culpa, a responsabilidade costuma ser motivada pelo desejo de consertar e renovar – é considerar alguém responsável por seus atos e pela consequência de seus atos.

Por outro lado, costumamos usar a recriminação para descarregar sentimentos avassaladores de medo e de vergonha. "Isto dói... Quem posso recriminar? Eu recrimino você! Você é má e a culpa é sua." Quando consideramos que nós e outros somos responsáveis por nosso comportamento, implicitamente esperamos uma mudança ou uma solução. Como a vergonha, a recriminação nos fecha e não é uma ferramenta eficiente para a mudança.

Se experimento vergonha porque perco a paciência com meu filho e me recrimino por ser uma mãe ruim, é mais provável que eu mergulhe cada vez mais na vergonha. Se, por outro lado, perco a paciência com o filho, experimento vergonha e então assumo a responsabilidade por meu comportamento, é mais provável que eu peça desculpas e procure um jeito de superar a vergonha para me tornar a mãe que desejo ser.

O mesmo se aplica quando recriminamos os outros. Maggie, uma jovem mãe na casa dos 20 anos, contou-me que uma de suas piores experiências com a vergonha ocorreu quando seu filho de 6 anos caiu do trampolim e quebrou o punho. Quando Dana, sua melhor amiga, apareceu no pronto-socorro, Maggie desabou e começou a chorar. "Estou me sentindo uma mãe terrível! Não posso acreditar que Matthew tenha quebrado aquele punho tão pequenino. Eu deveria ter prestado mais atenção nele." Dana respondeu: "Não. Você deveria ter comprado aquela proteção de que lhe falei. Eu disse que ia acontecer alguma coisa assim." Maggie mergulhou ainda mais na vergonha. Dana não sentiu necessidade de praticar a compaixão; ao contrário, ela recriminou Maggie pelo acidente com o filho.

A recriminação, no caso da história de Maggie e Dana, é bem evidente, mas nem sempre é assim. Em geral, é sutil e insidiosa – não sabemos o que estamos fazendo nem por quê. Por exemplo, se estamos dirigindo e o pneu fura, acabamos nos censurando porque somos gordas e feias. Convencemos a nós mesmas que os pneus de mulheres magras e belas não furam – só os de gente ruim como nós. Ou, se um cheque volta, em vez de pensar "Preciso prestar mais atenção na conta bancária", pensamos: "Sou burra. Isso aconteceu comigo porque não terminei a faculdade."

A cultura da recriminação permeia nossa vida. Estamos constantemente recriminando e envergonhando a nós mesmas e aos outros. Em capítulos anteriores, falamos sobre separação e isolamento. Ambos são derivados da cultura da recriminação. Neste capítulo, vamos explorar mais quatro conceitos relacionados à recriminação: a raiva, a invisibilidade, os estereótipos e os rótulos, e a exclusão. Também vou analisar como as mulheres usam os quatro elementos da resiliência à vergonha para partir da recriminação e seguir em direção à compaixão.

Raiva

A emoção que está na raiz de nossa obsessão com a recriminação e a culpabilização é a raiva. Na nossa cultura da vergonha e da recriminação, a raiva visível está por toda parte. Programas de entrevistas sobre política se transformaram em disputas aos berros. Uma breve ida até o supermercado se transforma numa pista de obstáculos, com motoristas furiosos fazendo gestos obscenos. Explosões públicas dirigidas a desconhecidos e a funcionários de serviços de atendimento ao cliente se tornam cada vez mais comuns.

A raiva pode ser motivada por muitas experiências e sentimentos diferentes – vergonha, humilhação, estresse, ansiedade, medo e luto são alguns dos gatilhos mais comuns. A relação entre vergonha e raiva consiste em usar a recriminação e a raiva para nos proteger da dor causada pela vergonha.

As pesquisadoras June Tangney e Ronda Dearing, que também têm a vergonha como objeto de estudo, explicam que uma estratégia de proteção durante uma experiência de vergonha é "virar a mesa" e transferir a recriminação para fora. Em seus estudos, descobriram que, quando recriminamos os outros, costumamos experimentar *a raiva hipócrita*. Por ser uma emoção de potência e autoridade, estar com raiva nos ajuda a recuperar uma sensação de controle. Recuperar o controle é importante, pois a vergonha nos faz sentir indignas, paralisadas e inúteis. A reação vergonha/recriminação/raiva descrita por Tangney e Dearing é bem parecida ao *mover-se contra* – estratégia de desconexão que abordamos no Capítulo 3. Mover-se contra é a estratégia para lutar contra a vergonha ganhando poder sobre os outros por meio da agressividade e do uso da vergonha.

Entrevistei muitas mulheres que falaram sobre usar a raiva e a recriminação para lidar com sentimentos avassaladores de vergonha. O que ouvi foi um profundo sentimento de arrependimento e tristeza em relação ao mau uso da raiva. Recorrer à fúria e à ira como solução para a vergonha apenas aumenta nossa sensação de sermos inadequadas e indignas de conexão.

Tangney e Dearing escrevem: "É quase desnecessário dizer que essa raiva baseada na vergonha pode oferecer problemas sérios para nossos relacionamentos interpessoais. O objeto da raiva motivada por vergonha está propenso a experimentar essa raiva como vinda 'do nada'. Vendo naquilo pouco sentido do ponto de vista racional, o infeliz interlocutor costuma se perguntar: 'De onde veio *isso*?'" Tangney e Dearing prosseguem: "Desse modo, embora a raiva defensiva possa representar um ganho de curto prazo para diminuir a dor da vergonha naquele momento, o saldo de sequências desse tipo costuma ser destrutivo para os relacionamentos interpessoais, tanto de imediato quanto a longo prazo. A raiva e a recriminação defensivas decorrentes da vergonha podem, em seguida, levar a uma recolhimento (por parte de um dos envolvidos ou de ambos) ou a um crescente antagonismo, com recriminações mútuas. Em qualquer caso, o resultado final será provavelmente uma cisão no relacionamento."

A raiva não é uma emoção "ruim". De fato, sentir e expressar a raiva de forma apropriada é vital para a construção de um relacionamento. Mas descontar nos outros quando sentimos vergonha não é uma questão de "sentir raiva". Quando agimos assim, sentimos vergonha e a mascaramos com a raiva. Além do mais, a raiva e a recriminação motivadas pela vergonha raramente são expressas de forma construtiva. A vergonha nos inunda com emoção e dor e o instinto de vergonha/recriminação/raiva é se derramar sobre outra pessoa. Se uma das nossas principais cortinas da vergonha é a raiva e a recriminação, é essencial compreender e reconhecer que se trata de uma estratégia. Em seguida, precisamos descobrir como nos acalmar e manter a cabeça no lugar quando reconhecemos que estamos envergonhadas.

Muitas das mulheres entrevistadas falaram do valor de respirar fundo. Ficar quieta e respirar fundo me ajuda a recuperar o equilíbrio emocional quando sinto vergonha. Algumas disseram que pedem licença, em determinadas situações, e se afastam. Precisamos descobrir como conseguir aquele tempo necessário para analisar a situação de vergonha e então tomar decisões conscientes sobre nossas reações e respostas. Na minha pesquisa, assim como na minha vida pessoal, descobri que isso demanda muita prática. Também exige coragem para voltar atrás e pedir desculpas quando nossas reações de raiva/recriminação nos vencem.

Invisibilidade

O emprego da raiva e da recriminação como proteção faz sentido quando se pensa na vergonha como "exposição". Para muitos de nós, a vergonha tem relação com a exposição ou o medo de se sentir exposto. É por isso que nos esforçamos tanto para esconder as partes inadequadas que nos deixam sujeitas a ser ridicularizadas ou julgadas. Nosso medo da humilhação nos impede de dizer o que pensamos. Nossa necessidade de parecer e agir com perfeição nos mantém em casa, debaixo das cobertas.

No entanto, além de sentirmos vergonha do que vemos em nós ou do que os outros veem, também podemos sentir vergonha do que não vemos. Esse outro lado da vergonha é às vezes mais difícil de identificar e de nomear – é a vergonha da invisibilidade.

Por vários anos dei aulas de questões femininas em um curso de pós-graduação em assistência social. A cada semestre eu dedicava uma aula ao "dia da revista". As alunas traziam para a aula exemplares de suas revistas de moda favoritas – sempre acabávamos com pelo menos 150 revistas variadas espalhadas pelo chão. Eu dava tesoura, cola e papel para os alunos. A primeira tarefa era passar uma hora folheando as revistas e cortando as imagens para fazer uma colagem dos looks que consideravam ideais – roupas, joias, cabelo, maquiagem, braços, pernas, pés, sapatos, etc. que as inspiravam.

Ao final dessa primeira hora de aula, cada estudante tinha uma colagem completa – algumas muito detalhadas. Uma das questões mais significativas de conscientização que emergiam no exercício é a rapidez com que cortamos as mulheres em partes para montar nossas imagens ideais. Queremos os olhos desta, o nariz daquela, estes lábios, esse cabelo, só que nesta cor. Os braços desta são excessivamente finos, mas gosto das coxas. Basicamente esquartejamos as mulheres para esculpir a perfeição.

A tarefa seguinte era que cada uma encontrasse imagens nas revistas que realmente parecessem com elas – fotografias que fossem o mais semelhantes possível à sua aparência real, seu tamanho e formas (braços, pernas, quadris) reais, suas roupas nesse dia, o cabelo, etc. Depois de uns 15 minutos, as alunas estavam frustradas e paravam de procurar. Quando apresentavam suas colagens, algumas tinham um par de sapatos ou um corte de cabelo semelhante, mas era tudo. Então eu fazia uma pergunta simples para a turma em relação a esse exercício: "Onde vocês estão? Vocês pagam por essas revistas. Vocês as adoram. Onde vocês estão nessas páginas?"

A resposta é simples e tem um grande potencial de vergonha. Não estamos ali porque não temos importância para essa cultura. Quanto mais você se afasta do ideal (jovem, bonita, branca, traços finos, sensual, magra com aparência infantil/rica/sedutora/donzela em perigo/confusa), menos você importa.

A última etapa do exercício com a revista é responder à pergunta: "Como você se sente sendo invisível?" A imensa maioria respondeu que imediatamente se recriminava: *Sou invisível porque não sou suficientemente boa* ou

Sou invisível porque não tenho importância. Só depois que começávamos a falar sobre as perguntas relacionadas à consciência crítica é que as mulheres percebiam que se recriminar era destrutivo e as levava à vergonha.

A invisibilidade diz respeito à desconexão e à impotência. Quando não nos vemos refletidas na nossa cultura, nos sentimos reduzidas a algo tão pequeno e insignificante que somos facilmente eliminadas do mundo das coisas importantes. Tanto o processo de ser reduzida quanto o produto final – a invisibilidade – podem suscitar a vergonha.

Nas entrevistas sobre envelhecimento, traumas e estereótipos, havia uma forte conexão com essa questão da invisibilidade. Que também se aplicava às participantes que falaram sobre questões de identidade como raça e orientação sexual. Ao dividir experiências e percepções comigo, as participantes me ajudaram a descobrir o mecanismo primário usado para reduzir e nos apagar: os estereótipos.

Estereótipos e rótulos

Embora todo mundo empregue estereótipos diariamente, acho que é útil partir de uma definição. Aqui está a mais clara que encontrei: "Um estereótipo é uma generalização e uma definição rígida de características de um grupo, designadas a pessoas pelo fato de integrarem esse grupo." Às vezes não vemos problema no uso de estereótipos, quando não os aplicamos de forma maliciosa ou para reforçar preconceitos. Nós os usamos porque ajudam a formar uma imagem rápida:

- Ela não vai fazer isso. É totalmente natureba.
- Não sei o que ela vai achar. É muito careta.
- Não peça a ela. É a típica supermãe.

Parecem bem inofensivos. Mas há uma curta distância entre o benigno e o humilhante. Veja as seguintes declarações retiradas das entrevistas:

- "Ela é chinesa ou coisa parecida – você sabe, ela é inteligente."
- "Ela é indiana. Eles são rudes assim mesmo."
- "Ela tem a cabeça muito fechada... Não aguento gente velha."

- "Acho que ela é assim porque foi estuprada há alguns anos."
- "Não vai magoá-la não; ela faz o gênero doce vovozinha."
- Não acho que ela esteja zangada. Ela só tem aquela revolta típica dos negros."
- "O namorado dela é paquistanês... Ela provavelmente nem tem permissão para sair de casa."

Essas frases não são inofensivas – são cruéis e humilhantes. E embora a gente possa se encolher ao lê-las, a maioria de nós usa esse tipo de estereotipagem de forma regular, pois permite que classifiquemos as pessoas em categorias predeterminadas que compreendemos e que fazem sentido para nós. Também nos ajuda a atribuir culpa às pessoas por suas dificuldades, para que sejamos dispensados da responsabilidade de praticar a compaixão: "Não preciso ficar a seu lado em sua dor – foi você mesma que a causou."

Sejam positivos ou negativos, os estereótipos ferem as pessoas – individual e coletivamente. De acordo com pesquisadores, os estereótipos positivos produzem imagens idealizadas, pasteurizadas, enquanto os negativos produzem retratos depreciativos e ofensivos. De um jeito ou de outro, reduzimos a pessoa a algo que cabe em nossa gaveta mental.

Eis o que Michelle Hunt, especialista em desenvolvimento organizacional e diversidade, escreve sobre estereotipagem: "Não quero ser categorizada. Não posso me dar a esse luxo. Passei a vida inteira construindo a pessoa que sou com todas as minhas múltiplas dimensões e complexidades, e me ofendo quando sou encaixada em uma categoria como (por exemplo) feminista ou afro-americana. É como se dissessem que caminho, falo e penso com um grupo inteiro de pessoas. Esse é o perigo de algumas das maneiras como a diversidade é abordada nos dias de hoje. A discussão ameaça ampliar a categorização, não reduzi-la. Ao mesmo tempo, minha singularidade – que inclui ser mulher e afro-americana, e tudo o mais que sou – é o que quero que seja valorizado. Preciso que me permitam trazer minha singularidade para a discussão."

Quando as mulheres falavam sobre serem estereotipadas e se sentirem invisíveis, eu ouvia duas questões diferentes emergirem. Chamo a primeira de "rótulos sussurrados". Dei esse nome porque foi assim que as participantes os descreveram – cochichos pelas costas, pedaços de sua vida usados para rotular quem ou o que são. Por exemplo: *Ela é apenas uma mãe. É uma sobrevivente do câncer. Foi abusada na infância. Bipolar. É uma alcoólatra em tratamento. O marido cometeu suicídio. É velha e senil. É feminista. O marido bate nela. Mora num trailer. Filha única. Vivia da ajuda do governo. É lésbica. É mexicana. Foi estuprada há alguns anos.*

Se você diz "Ela é filha única" como um fato, não é ofensivo. Porém, ao dizer "Ela é filha única" como forma de explicar por que alguém age de certa forma – "Ela é mesmo egocêntrica. Sabe como é, filha única..." –, então vira um rótulo. Da mesma forma, se você descreve a etnia de alguém dizendo "É mexicana", não há problema. Mas, se usa a informação para explicar por que alguém se comporta de determinado modo ou para estabelecer expectativas para a pessoa, isso se transforma num estereótipo ofensivo.

Estereotipar e rotular limitam nossa capacidade de estabelecer conexão. Quando pensamos que conhecemos alguém por essa pessoa pertencer a determinado grupo, construímos o relacionamento com base no que presumimos. Perdemos a oportunidade de conhecer o outro e de nos fazer conhecer. Para muitas mulheres, os rótulos têm relação com o engajamento em uma luta "inflexível" contra as expectativas sociocomunitárias preconcebidas e, por fim, à rendição à invisibilidade. Aqui está como uma participante explicou suas experiências:

> "O mais difícil quando as pessoas descobrem que sou lésbica são as suposições que elas fazem. Imaginam automaticamente que conhecem tudo sobre mim. Assim que sabem que você é homossexual, acham que conseguem preencher as lacunas de todos os outros aspectos da sua vida. Supõem que você sofreu abuso por parte de um homem em algum momento da vida, que você odeia os homens, que é masculinizada e gosta de esportes. Esperam que você aja, se vista, vote e gaste dinheiro de certa forma. A maioria das pessoas fora da comunidade LGBT não compreende que existe tanta diversidade na nossa comunidade quanto há na heterossexual. Nunca ouvi alguém dizer: 'Ah, você é hétero, não precisa dizer mais nada... Sei tudo sobre você.' A orientação sexual não dita sua posição polí-

tica, sua religião, suas crenças, seus valores, o que você gosta e quem você é. Eu não presumo conhecer você quando descubro que é hétero. Não presuma que me conhece ao saber que sou lésbica."

A segunda questão relacionada aos estereótipos são os xingamentos que quase sempre são motivados por estereótipos sociocomunitários. Exemplos de xingamentos particularmente ofensivos são vadia, puta, lixo, cachorra, maluca, dramática, neurótica, machona, intrometida. Quando usados como forma de depreciar, termos como *sapatão* ou *bicha* podem ser igualmente ofensivos. Muitos desses xingamentos são pré-fabricados e estão prontos para serem aplicados no segundo que as mulheres rompem expectativas sociocomunitárias. Costumam ser tão usados que é fácil esquecer que podem ser muito dolorosos. Também é fácil ignorar o fato de que xingar é uma das formas mais poderosas de reforçar os estereótipos. Usar identidades como insultos avilta indivíduos e grupos inteiros.

Sempre a exceção da regra
Se formos honestas com nós mesmas, acho que a maioria admitiria a própria suscetibilidade de recorrer a estereótipos, rótulos e xingamentos. Um mecanismo que ajuda a manter vivo os estereótipos é o chamado "fator de exceção". Muitas de nós empregam estereótipos em relação à população em geral, mas os descartam quando não se encaixam em nossas experiências pessoais. Podemos fazer grandes generalizações sobre as feministas, mas, quando alguém nos desafia e diz "Sou feminista e não sou assim", automaticamente lhe concedemos uma imunidade especial. Dizemos coisas do tipo: "Ah, você não. Estou falando das outras" ou "Mas você é diferente".

Eis alguns exemplos de como o "fator de exceção" realmente joga contra nossos esforços de construir conexão e resiliência.

"Tenho 32 anos e sou mãe de dois filhos. Participo de forma muito ativa na vida da comunidade e sou vice-presidente da associação de bairro. Quando estava na faculdade, fazia parte do grêmio e bebia muito. Depois de me formar, percebi que tinha um problema com o álcool e procurei os Alcoólicos Anônimos. Estou em recuperação, sóbria há oito anos. As pessoas querem tanto acreditar que todos os alcoólatras são homens velhos, repugnantes e inescrupulosos que sempre me dizem que sou uma alcoólatra fora do padrão ou me perguntam coisas como 'Tem certeza de que tem problemas com a bebida?'. Quando explico que existe muita gente em recuperação parecida comigo, recusam-se terminantemente a acreditar. Acham que me transformar em exceção é um elogio, quando na verdade me ofende e me faz sentir vergonha. São essas pessoas desinformadas, de mente estreita, que dificultam tanto a conversa sobre dependência química."

"Um dia, eu conversava com minha melhor amiga sobre Matt, meu namorado. As coisas estavam começando a ficar sérias e ela fazia todo tipo de pergunta sobre nosso relacionamento. Minha amiga perguntou se eu ia contar para Matt que tinha sido molestada sexualmente por meu pai. Eu disse que já havíamos abordado o assunto por alto, mas que provavelmente acabaria contando tudo a ele em algum momento. Ela surtou. 'É melhor não dizer nada… Vai mudar tudo', me disse. Quando perguntei o que queria dizer, ela me advertiu de que ele talvez deixasse de apreciar o sexo comigo ou que poderia pensar que eu o trairia, ou pior, talvez não quisesse se casar comigo com medo que eu fosse fazer a mesma coisa com nossos filhos. Fiquei chocada e muito magoada. Perguntei a ela se achava que ter sido vítima de abuso me tornava estranha, promíscua ou mais propensa a submeter meus filhos à mesma situação. Ela respondeu: 'Não penso isso de você, mas provavelmente deve ser verdade em relação a outras pessoas que sofreram abusos.' Ela nunca saberá como isso me feriu ou como mudou o que eu sentia por ela."

Nas faculdades de assistência social, passamos um tempo considerável estudando estereótipos e rótulos. Como mencionei antes, não acreditamos no conceito da objetividade pura, assim, para manter relacionamentos significativos e éticos com nossos clientes, temos de explorar nossas crenças, valores e estereótipos. Senão, estamos propensos a tirar conclusões precipitadas sobre nossos clientes, seus problemas e nosso trabalho.

Com o tempo, percebi como é importante compreender que não estamos imunes a empregar estereótipos em relação a nós mesmas e a outras pessoas que compartilham identidades específicas. Entre os estereótipos mais difíceis de trazer à luz para discussão estão aqueles que acreditamos ter o direito de expressar por dizerem respeito a nosso próprio grupo. De certo modo, passamos a acreditar que ser mulher nos dá permissão de estereotipar e rotular outras mulheres; que ser lésbica nos dá o direito de estereotipar e rotular outras lésbicas, e assim por diante.

Há cinco anos, desenvolvi um exercício para ajudar assistentes sociais a identificar "estereótipos consentidos". Para o exercício, peço que façam uma lista de três grupos identitários aos quais os participantes pertençam. Em seguida, peço que identifiquem alguns dos estereótipos e rótulos associados a cada grupo. Por fim, peço que identifiquem os estereótipos que usam para caracterizar os diversos membros de seu grupo identitário.

Nossas alunas são predominantemente do sexo feminino, assim a maioria identifica "mulheres" como um dos grupos aos quais pertence. Quando identificam estereótipos associados a mulheres, elas usam rótulos como fofoqueiras, mentirosas, traiçoeiras, manipuladoras, histéricas e neuróticas. Muitas das alunas admitem que usam esses termos para descrever outras mulheres. Isso sempre provoca grandes discussões porque em geral respondo assim: "Não acho que eu seja fofoqueira, mentirosa ou traiçoeira. Não acho que sou manipuladora nem neurótica, tampouco histérica. Também nunca atendi nenhuma mulher assim. Fico curiosa: se esses são os termos que empregamos para descrever mulheres e não somos nada disso, quem somos? Onde estão todas as mulheres fofoqueiras, traiçoeiras, mentirosas, armadoras, neuróticas e malucas?"

É quando dizem: "Bem, somos a exceção." Também argumentam que, se fazem parte do grupo, podem usar tais rótulos para descrever outros membros do mesmo grupo. Se estou acima do peso, tenho permissão de chamá-la de gorda. Se compartilhamos da mesma identidade racial ou cultural, tenho permissão para usar termos que pessoas de fora não poderiam usar. Permitir-nos estereotipar e rotular membros de nosso próprio grupo se torna uma escorregadia ladeira da vergonha. Com frequência não percebemos que abandonamos a nós mesmas e a outros integrantes do grupo quando nos voltamos contra os nossos.

Envelhecimento

Durante uma oficina recente, perguntei se alguém queria compartilhar a experiência com o exercício dos gatilhos da vergonha. Uma mulher levantou a mão e disse: "Ao examinar esses gatilhos e percepções, me dei conta de que não é envelhecer que dói – é o fato de que realmente acredito em todos os mitos sobre mim, minhas habilidades, meu corpo. Não acho que meu corpo tenha me traído – são os estereótipos que estão me traindo."

Quando o assunto é envelhecer, as participantes explicaram que o poder dos estereótipos é bem mais doloroso do que o processo em si. Em parte, isso se deve ao fato de que estereótipos relacionados ao envelhecimento permeiam todos os aspectos da vida no Ocidente. Marty Kaplan, analista de mídia e reitor da Escola Annemberg de Comunicação, da Universidade do Sul da Califórnia, declara que anunciantes e programadores de televisão não têm o menor interesse em homens e mulheres com mais de 50 anos. E explica: "Na verdade, alguns programadores têm verdadeira aversão àqueles acima de 50. Se alguma estatística indica que você tem audiência nessa faixa etária, funciona como criptonita para os anunciantes."

Esses foram os comentários do Dr. Kaplan durante um segmento do *CBS Sunday Morning*. O programa apresentava uma reportagem sobre a ambicionada faixa dos 18 aos 49 anos – a mais valorizada pelo marketing e pela publicidade nos Estados Unidos. No segmento também foi apresentado um anúncio da AARP (organização sem fins lucrativos dedicada à terceira idade) que diz: "Hoje não é a medicina que avisa que você morreu. É o marketing."

Vejamos alguns dos estereótipos negativos ligados ao envelhecimento e as características correspondentes encontradas pelos pesquisadores:

- Desanimado – amedrontado, deprimido, sem perspectivas, solitário, negligenciado
- Recluso – ingênuo, introvertido, tímido
- Megera/Rabugento – amargo, queixoso, exigente, inflexível, preconceituoso, intrometido, teimoso
- Levemente comprometido – dependente, frágil, lento, cansado
- Severamente comprometido – fraco, desarticulado, incoerente, senil

- Vulnerável – amedrontado, entediado, apático, hipocondríaco, avarento, assustadiço, vitimizado

Agora examinemos quatro estereótipos positivos que emergiram na mesma pesquisa:

- Melhor idade – ativo, alerta, capaz, animado, sociável, saudável
- Avô perfeito – divertido, grato, feliz, amoroso, sábio
- Vizinho de cidade do interior – frugal, antiquado, resistente
- Conservador tipo John Wayne – emotivo, nostálgico, patriota, religioso

Ao olharmos essa lista, é difícil negar que esses estereótipos se aplicam a algumas das pessoas que conhecemos. É isso que os torna tão perigosos. Eles se ajustam tão bem que nos permitimos descartar qualquer coisa que se afaste daquela imagem. Quando vemos aquela vizinha que parece ser "a avó perfeita", ficamos menos propensos a reparar em seus hematomas ou em outros sinais de que sofre agressões físicas. E mais: ela poderia ficar tão empenhada em cumprir a expectativa que nunca nos contaria nada. Quando precisamos que nosso pai "John Wayne" corresponda à imagem de durão, ele pode se sentir envergonhado demais para dividir seus medos ou vulnerabilidades conosco. Ou, como vemos no depoimento a seguir, podemos acreditar que nossa avó na melhor idade é tão feliz que não se importa em ser reduzida a uma fonte de diversão.

"Meus filhos e netos dizem coisas como 'Dance para nós, vovó, dance!' Não porque eu antes fosse uma ótima bailarina, mas porque eles assistem e riem de mim. Às vezes, quando estou dançando, eles dizem: 'Vamos lá, vovó!' Dói muito. Sinto vergonha porque gostam de rir de mim. Eles me veem como uma velha que os diverte. Sou a avó deles, não uma mulher de verdade com sentimentos – não uma pessoa talentosa, interessante. Tenho vergonha por isso me incomodar tanto. Sei que eles me amam muito. É que às vezes são muito insensíveis."

Estereotipar é uma forma de recriminar e de depreciar – dois ingredientes importantes para criar a vergonha. Se queremos sair da recriminação em direção à conexão e à compaixão, precisamos trabalhar para perceber como, quando e por que usamos os estereótipos.

Sobrevivendo a um trauma
Como aprendemos no capítulo anterior, muitas das mensagens que geram vergonha estão relacionadas com a perfeição, mas, quando se trata de sobreviver a traumas, os estereótipos se baseiam na *imperfeição*, aquele estigma de ter sido arruinada ou permanentemente ferida, e em *recriminação*, por ter de algum modo sido responsável pelo trauma.

Quando conversei com mulheres sobre a sobrevivência e a superação de um trauma, aprendi que as expectativas sociocomunitárias e os estereótipos as obrigam a lidar com duas questões separadas: sobreviver ao evento em si e sobreviver à vergonha depositada sobre elas quando usamos estereótipos para questionar suas experiências e definir quem são enquanto sobreviventes. Quando digo "questionar suas experiências", me refiro a algo que pode variar desde o emprego de estereótipos ligados a mulheres até perguntas como "Foi mesmo tão ruim?" ou "O que você estava fazendo com ele?". Em vez de ouvir e tentar compreender, invalidamos e diminuímos suas experiências.

Além do questionamento, os estereótipos são usados para enquadrar a identidade de alguém depois de um trauma. A maioria de nós internalizou ideias bem fortes sobre como as pessoas conseguem ou *não conseguem* sobreviver a traumas. Recentemente, dei uma palestra em uma organização profissional para mulheres. Durante a sessão de autógrafos que se seguiu à palestra, uma mulher se aproximou da mesa com quatro livros.

Lágrimas desciam de seu rosto quando ela falou: "Um é para mim e os outros são para minha irmã e suas duas filhas. Minha sobrinha foi estuprada na faculdade há alguns meses." Ela respirou fundo e continuou: "Era uma menina bonita, inteligente. Tinha a vida inteira pela frente."

Num primeiro momento, fui pega de surpresa e pensei: "Ai, meu Deus! Ela morreu." Depois me dei conta que estava autografando um livro para ela. A tia queria dizer que ela era bonita e inteligente antes de ser estuprada. Duvido seriamente que aquela mulher, chorando a sorte da sobrinha na minha frente, em público, percebesse o que estava dizendo e como aquilo poderia ser vergonhoso para a jovem.

Somos todos vulneráveis a criar esses tipos de pressupostos ou juízos. Quantas vezes ouvimos ou pensamos: "Ela nunca mais será a mesma" ou "A vida dela está arruinada para sempre"? Podemos também usar o conhecimento sobre o trauma de alguém para explicar seu comportamento. A história de Alicia é um exemplo excelente.

Alicia e Tom namoravam havia quase dois anos quando a entrevistei. Ela contou que o relacionamento estava se encaminhando para "um triste fim". Quando perguntei o motivo, ela me falou que, meses antes, tinha confidenciado a Tom que fora fisicamente abusada pela mãe e pelo padrasto quando criança e que por isso tinha sido criada pela avó. Ela me disse que Tom demonstrou muito apoio e compaixão, mas, desde então, sempre que ela ficava zangada ou aborrecida, ele atribuía suas emoções ao fato de ter sido "uma criança vítima de maus-tratos".

Alicia explicou que, aos olhos de Tom, essa era sua nova identidade e a razão para seu comportamento. Ela disse: "Ele chegou a lembrar a época que a gente começou a namorar e a dizer coisas do tipo 'Ah, faz tanto sentido agora... Foi por isso que você detestou aquele filme.'" Alicia também contou que poucos dias antes havia chegado do trabalho e começado a chorar. Tinha recebido uma bronca do chefe na frente de um dos colegas. A reação de Tom foi dizer: "Você tem muita dificuldade em lidar com as críticas no trabalho por causa dos abusos por parte de seus pais." Alicia explicou a Tom que era normal não querer ser criticada diante de colegas e perguntou a ele: "Não posso ser como todo mundo?" Tom não entendeu e ela pediu que ele fosse embora. Alicia disse: "Fui abusada quando era pequena. Sentia vergonha, mas não podia fazer nada porque era apenas uma criança. Não vou continuar a ser definida dessa forma agora que já passei dos 30. Tenho o direito de ser mais do que aquela criança."

Quando as mulheres falam sobre a vergonha de serem vítimas de abusos sexuais ou de estupro, elas associam a maior parte desse sentimento à dor de serem definidas por seu trauma. É claro que os acontecimentos são horríveis e que podem ter efeitos duradouros, mas a reação sociocomunitária à experiência – e a decorrente perda de identidade e do direito de "ser normal" – é igualmente dolorosa e costuma produzir uma vergonha mais duradoura.

- Se o pai foi capaz de fazer uma coisa dessas, o que isso diz sobre ela?
- Ela nunca mais será a mesma – foi arruinada.
- Nunca voltará a ser inteira.
- Não vejo como ela poderá se tornar uma boa _____ (preencha a lacuna: mãe, parceira, vice-presidente).

Há ocasiões em que nossos sentimentos, pensamentos e ações se relacionam diretamente com nossas lutas do passado ou do presente. Mas existem outras em que isso não acontece. O problema surge porque, em algum momento, a maioria de nós começa a acreditar nas expectativas sobre quem devemos ser, que aparência devemos ter, o que devemos fazer, quanto podemos ou não ser.

Também desenvolvemos um medo de rejeitar essas expectativas. Sabemos que, se as rejeitarmos, experimentaremos desconexões dolorosas e rejeição. Então internalizamos essas expectativas e elas se transformam em uma prisão emocional, na qual a vergonha monta guarda.

Exclusão

Acho que é impossível falar com mulheres sobre vergonha e recriminação sem ouvir histórias sobre a dor de não se encaixar ou de se sentir excluída. Durante as entrevistas, as mulheres falavam de "fofocar", "excluir" e "traições" como imensas fontes de vergonha:

> "Detesto trabalhar com outras mulheres. São muito mesquinhas e invejosas. Levam as coisas para o lado pessoal e tudo o que fazem é falar mal das outras."

> "Por fora, sou exatamente como todo mundo no bairro. Por dentro, estou lutando para salvar um casamento que está se desfazendo bem diante dos meus olhos. Meus filhos têm problemas. A vergonha é o que acontece bem lá no fundo, e quanto mais no fundo ela está, mais você precisa se esforçar para parecer bem por fora. Às vezes, gostaria que pudéssemos mostrar como estamos por dentro, para não ser tão difícil. Mas, acredite em mim, eu nunca faria isso porque sei como as mulheres falam das outras. São brutais."

"Vergonha é quando agarro meu filho pelo braço, os dentes cerrados, a pura fúria saindo dos meus olhos, pronta para descontar nele. Aí ergo a vista e vejo outra mãe olhando para mim. Não é esse o tipo de mãe que quero ser. Às vezes sinto que estou tão na beira do abismo que não consigo evitar. Me sinto tão envergonhada quando as outras mães me flagram nesses momentos que tenho vontade de berrar e gritar para elas: 'Não é assim que sou. Sou uma boa mãe. Não sou assim o tempo todo.' Sei que falam para todos que sou maluca. O que mais teriam para falar?"

"Fui a uma festa há alguns meses e uma mulher se aproximou de mim e perguntou em que eu trabalhava. Respondi que fico em casa cuidando dos meus três filhos. Imediatamente, ela exibiu aquele ar de decepção, como se dissesse 'coitadinha'. Mas falou 'Que bom para você' e se afastou. Vinte minutos depois, eu a vi conversando com outra e pensei com meus botões: 'Não sou mais interessante. Nada mais importa na minha vida se não estiver relacionado com meus filhos.' Queria ter começado a gritar a plenos pulmões no meio daquela festa: 'Eu era uma engenheira. Eu já fui alguém, juro, eu garanto. Eu era alguém importante, como você!'"

"No trabalho, os caras sacodem a isca diante das mulheres. Você pode andar com eles se vender o bastante... se trabalhar mais... se desistir da família. Por um lado, eu queria desesperadamente fazer parte do clube dos rapazes. Eles se divertem mais, arranjam clientes melhores, ganham mais dinheiro e têm mais liberdade. Por outro lado, eu os detesto. Não quero ser como eles nem fazer o que fazem. Só aprecio as vantagens. E as mulheres desse grupo... elas são ainda mais desagradáveis que os homens. Tratam você como se não valesse nada."

"Eu tinha muitas amigas no departamento. Chegávamos a sair juntas depois do trabalho ou nos fins de semana. Quando fui promovida, me tornei 'aquela vaca que deu para subir na carreira'. Nunca namorei nem dormi com ninguém do trabalho e elas sabem disso. Não sei como é entre os homens, mas, quando as mulheres são promovidas, elas precisam ser transferidas para outro departamento."

"Eu disse a uma das mulheres do grupo de amigos do meu filho que nós o castigamos com o cinto. Em uma semana, todas as pessoas do grupo me fizeram perguntas sobre o assunto. Estavam chocadas e enojadas. Algumas me disseram que eram maus-tratos. Fiquei totalmente surpresa. Eles agiam como se eu fosse um monstro. Chegaram a dizer que sentiam pena dos meus filhos. Meu filho nunca mais foi convidado para nenhuma festinha."

Embora algumas pessoas proponham que parte desse comportamento "excludente" seja geneticamente predeterminado, não acredito nisso. Não creio que as mulheres tenham uma tendência natural a serem perversas, manipuladoras ou fofoqueiras. Nem acredito que todas sejam cuidadoras naturais, bondosas e acolhedoras. Acho que nenhum desses estereótipos serve e que endossar amplas generalizações não nos ajuda a compreender ou transformar alguns dos comportamentos que realmente gostaríamos de mudar.

Enquanto lia as entrevistas e tentava compreender a questão das fofocas e da exclusão, comecei a ver paralelos entre esses comportamentos e as experiências de minha filha nos primeiros anos do ensino fundamental. Não por considerar que as mulheres sejam infantis e imaturas em seus comportamentos, mas porque observar crianças pequenas pode nos ensinar muito a nosso respeito. A maioria das crianças dessa idade é realmente autêntica – o que você vê é mesmo como elas são. Elas ainda precisam aprender como ocultar, filtrar e manipular suas experiências de modo a que se adequem às expectativas dos outros. Suas motivações são óbvias e estudá-las pode nos ajudar a compreender melhor nossas próprias motivações – aquelas que são ocultas por camadas de fingimento e de proteção.

A principal ligação que percebo é entre fofoca e bullying – duas dolorosas formas de exclusão. Em muitas situações de bullying, as crianças provocam as outras não por ódio ou perversidade, mas pela necessidade de pertencimento. Claro que existem crianças que, por variadas razões, têm sérios problemas e são "valentões solitários", mas a maioria dos casos é perpetrada por grupos. Ao conversar com um indivíduo, menino ou menina, ele costuma admitir participar do bullying apenas como forma de manter uma conexão e o senso de pertencimento. Isso também faz parte da mentalidade de gangue. Machucar ou excluir os outros é, com frequência, uma forma de os membros demonstrarem lealdade e aumentarem sua aceitação pelo grupo.

Acho que essas mesmas dinâmicas com frequência se aplicam a nós, adultos, quando estamos em situações de grupo. É difícil admitir, mas criticar ou julgar alguém frequentemente é uma ferramenta para conectar e ganhar aceitação das outras mulheres. Pense em como é fácil forjar uma conexão instantânea ao falar de alguém ou dizer algo contundente sobre um conhecido em comum. É quase um rito de passagem entre novos amigos – se não conseguir pensar em algo para dizer, fale mal de alguém.

Podemos compactuar com as fofocas feitas no corredor, não porque acreditamos nelas, mas porque é assim que nos conectamos com as colegas que estão conosco, nos reunindo e compartilhando informações secretas. Formamos um júri coeso e, juntas, dispensamos julgamentos. E enquanto nos afastamos, quase saltitantes, pensamos: "São minhas amigas. Elas gostam de mim e eu gosto delas."

Claro que, conforme o dia avança, podemos ser tomadas por aquele sentimento desalentador ao pensar: "Será que falam de mim daquele jeito?" Quando a mulher que julgamos e condenamos mais cedo se aproxima, diz algo simpático ou apenas faz perguntas sobre o projeto em que estamos trabalhando, nos indagamos se ela sabe. Tentamos imaginar como se sentiria se tivesse uma vaga ideia do que dissemos. Nós nos sentimos mal por um segundo, depois descartamos esse sentimento.

Para a maioria, porém, o mal-estar volta a se esgueirar. Ficamos zangadas com nosso comportamento. "Por que fiz isso? Detesto quando faço fofocas assim." Não estamos mais saltitantes e nos vemos em terreno pouco firme. Perdemos o contato com nossa coragem e compaixão. Também forjamos um vínculo escorregadio com as colegas. Sabemos o que acontece no corredor. Sentimos como se houvesse duas opções: juntar-se a elas nas fofocas ou correr o risco de ser o próximo alvo.

Com frequência me perguntam se as fofocas são realmente uma forma séria de exclusão – é um problema relacionado à vergonha ou apenas algo que nos deixa levemente culpadas? Acho que existem diversas respostas para essa pergunta. Primeiro, devemos esclarecer: existe a questão de fazer fofoca e existe a questão de ser alvo de fofocas. Não posso dizer se é vergonhoso fazer fofocas sobre os outros. É um problema bastante pessoal. Para muitas das mulheres que entrevistei, fazer fofocas era descrito como vergonhoso, pois com frequência era motivado pela necessidade de se sentirem aceitas. Também fazia com que ficassem mais longe de serem pessoas compassivas. Para outras, era uma questão de culpa. Essas mulheres descreviam a fofoca mais como um hábito que as fazia se sentir mal. Posso sentir vergonha ou culpa sobre fofocar. Depende dos meus motivos, do que estou falando e de como me sinto.

Ser alvo de fofocas, porém, é normalmente muito vergonhoso e extremamente doloroso. O que as pessoas dizem pelas nossas costas pode espelhar nossa lista de identidades indesejadas. É nosso maior medo – saímos de um cômodo e as pessoas começam a usar nossas identidades mais odiadas para nos descrever. Foi o que aconteceu com uma das participantes da pesquisa. Vejamos a sua história.

Conheci Lori por intermédio de Melanie, sua melhor amiga. Melanie participou de uma das primeiras rodadas de entrevistas e foi ouvida novamente depois. Na minha segunda entrevista com Melanie, ela sugeriu que eu telefonasse para Lori, que havia experimentado, segundo ela, "uma das piores situações de vergonha que você poderia imaginar". Lori e eu acabamos entrando em contato pelo telefone.

Lori e Melanie eram amigas desde o ensino médio. Agora, na casa dos 30 anos, moram em estados diferentes, mas mantêm contato por e-mail e visitas ocasionais. Lori reside num grande bairro suburbano e tem muitas amigas. Trabalha meio período na empresa do marido e está muito envolvida nas atividades da comunidade. Melanie a descreveu como o tipo de pessoa que conhece os vizinhos e todo mundo da escola dos filhos. Tanto Lori quanto Melanie destacaram quanto Lori está comprometida com a missão de ser uma boa mãe.

Todos os meses, Lori e outras oito famílias do bairro se revezam na organização de um jantar coletivo. Lori estava em um desses jantares com a família quando essa situação "difícil de imaginar" se desenrolou.

Lori explicou que estava na cozinha com outras cinco ou seis mães. Os homens estavam do lado de fora e as crianças brincavam na sala de televisão e nos quartos. Lori disse: "Minha filha caçula entrou e me contou que a irmã, Callie, não havia comido pizza, mas já estava no segundo cupcake. Fiquei frustrada e saí da cozinha para procurar Callie. Quando a encontrei, conversei sobre o fato de ter recusado a refeição e estava me dirigindo de volta para a cozinha quando parei para limpar um punhado de migalhas de cupcake no chão, bem diante da porta.

Lori continuou a descrever a cena. "Enquanto limpava o chão, ouvi minhas amigas cochichando. Uma delas falou: 'Ela é tão dura com aquelas meninas.'"

Outra concordou: "É. Fica louca quando não comem. Mas olhem para ela. Pele e osso. O que ela esperava?"

Outra amiga disse: "Eu sei. Ela é tão perfeccionista. Acha que ela é anoréxica?"

Lori explicou que não havia passado em sua cabeça que poderiam estar falando dela. Mas, ao entrar na cozinha, ficou claro pela expressão no rosto das mulheres. Lori era o assunto dos comentários.

Lori me disse: "Fiquei ali parada com a boca aberta. Não sabia se deveria gritar e correr ou se começava a chorar." Então finalmente uma das mulheres disse: "Sinto muito, Lori. Estávamos apenas conversando." Outra se apressou a acrescentar: "Isso mesmo. Sentimos muito. Só ficamos um pouco preocupadas. Você sabe quanto a amamos."

Lori contou que apenas olhou para elas e disse: "Tudo bem. Preciso ir embora." Reuniu as filhas e o marido e foi direto para casa.

Lori não saiu durante todo o fim de semana. Sheila, uma das mulheres naquela cozinha, deixou duas mensagens pedindo a Lori que telefonasse. Lori não ligou de volta. Na manhã da segunda-feira, pediu ao marido que deixasse as crianças na escola. No início da tarde, três mulheres foram até sua casa. Ela abriu a porta, relutante, mas não as convidou a entrar. Ficaram na varanda e as mulheres pediram desculpas. Lori falou: "Elas lamentavam que eu tivesse ouvido e que as palavras tivessem ferido meus sentimentos, mas não se desculparam pelo que disseram."

Cerca de duas semanas depois, Lori finalmente contou para Melanie o que havia acontecido. "Contar o acontecido já era vergonhoso para mim. Era degradante que Melanie soubesse o que minhas amigas pensavam de mim", disse Lori, que contou também que as três mulheres tinham aparecido para pedir desculpas e que uma outra deixara cinco recados na secretária eletrônica.

Melanie ouviu e ofereceu apoio. Também sugeriu que Lori retornasse as ligações de Sheila. Dias depois, Sheila voltou a ligar e Lori decidiu atender.

Sheila estava profundamente arrependida. Pediu desculpas por não ter se manifestado e encerrado as fofocas. Disse para Lori. "Somos suas amigas. Devíamos dizer a você que estamos preocupadas com sua saúde ou não falar nada. Com certeza, não devíamos falar pelas suas costas. Lamento não ter dito nada quando elas estavam falando nem quando você entrou."

Lori e Sheila conversaram durante uma hora. Lori contou: "Eu chorava. Ficava perguntando a ela como poderia encarar todo mundo e voltar a agir normalmente." Lori também perguntou por que Sheila não viera junto com o grupo e por que não deixara um pedido de desculpas na secretária eletrônica. Sheila explicou que precisava fazer aquilo sozinha. Disse a Lori: "Foi por querer fazer parte desse grupo que entrei nesse pesadelo." Sheila acrescentou: "Não disse nada na secretária eletrônica porque não sabia se você havia contado para seu marido ou não. Eu provavelmente ficaria constrangida demais para contar a alguém."

As duas respostas fizeram Lori se sentir melhor. Sheila estava sendo honesta. Doeu um pouco ouvir porque ela não deixara o recado na secretária eletrônica, mas isso também fez Lori acreditar que Sheila compreendia como a experiência havia sido vergonhosa para ela.

Decidiram então ir juntas pegar as crianças na escola para que Sheila ajudasse Lori a se reaproximar do grupo. Sheila também se ofereceu para organizar um encontro das amigas, se Lori quisesse falar do assunto. Lori não quis.

"As coisas voltaram ao normal – até onde foi possível", contou Lori. "Não sei se voltarão a ser como eram. Sheila e eu estamos bem mais próximas, mas o grupo parece um pouco mais dividido. Eu, com certeza, não serei a mesma. Foi um momento de dor para mim. Nunca soube que fazer fofocas e falar de alguém poderia causar tantos danos."

Se existe alguma dúvida do poder da fofoca para ferir ou envergonhar, essa história deve fornecer um bom exemplo. A maioria de nós não consegue sequer considerar o que pode ser dito de nós por um grupo de vizinhos fofoqueiros.

Resiliência e exclusão

O maior desafio para muitas de nós é descobrir como superar a exclusão e as fofocas no momento em que estão acontecendo. Se estamos com amigos ou colegas que começam a falar mal de alguém, como nos recusamos a participar? Repito: é uma situação difícil, pois nossa conexão está em perigo.

Por alguns anos fiz experiências com variadas técnicas para manter a conexão com mulheres sem recorrer à exclusão ou à competição como catalisadores. Descobri que algumas são muito eficientes e outras nos deixam muito vulneráveis a ataques. Com frequência, recorremos primeiro à técnica de desviar o foco de uma pessoa para a outra. Infelizmente, esse recurso ainda deixa alguém com um alvo pintado nas costas.

Por exemplo, suponha que digam: "Ela é uma vadia. Não consigo acreditar que tenha sido promovida. Com quem você acha que ela dormiu para ganhar essa promoção?" Podemos tentar envergonhar a pessoa que usa a vergonha: *"Não posso acreditar que você pensa que as mulheres de sucesso são vadias que dormem com todo mundo para chegar ao topo! Isso é um estereótipo depreciativo. Você está apenas reforçando-o e piorando a imagem de todas nós!"*

Quando comecei a desenvolver minha consciência crítica, sentia a necessidade de responsabilizar publicamente as pessoas por envergonharem as outras. Logo percebi que não é uma boa ideia botar ninguém contra a parede. Nem a defesa de um ponto válido justifica que se use a vergonha ou que se coloque intencionalmente alguém na berlinda diante dos outros.

Em seguida, experimentei a abordagem "ensinar/pregar". Embora seja um pouco menos drástica do que usar a vergonha, também não funciona bem. Neste exemplo poderíamos responder ao mesmo comentário dizendo: *"Não vou falar mal dela. Isso atinge todas as mulheres. Precisamos apoiar umas as outras."* Mas, quando ensinamos/pregamos, corremos o risco de descobrir que o alvo vai estar pregado nas nossas costas assim que nos afastarmos do grupo.

Hoje em dia costumo expressar meus sentimentos sobre declarações que percebo como sendo prejudiciais e/ou virulentas. Mas, para mim, os melhores resultados são obtidos numa conversa cara a cara, concentrando-me no que senti ao ouvir determinado comentário ou discussão. Em situações de grupo, descobri duas técnicas que funcionam sem necessitar do "desvio de alvo". Refletir e/ou redirecionar são modos muito eficientes de "não participar" e fazer o outro pensar.

Refletir é um modo de inserir uma pergunta ou declaração provocante na conversa. Redirecionar é afastar a conversa das recriminações e aproximá-la da empatia.

"Ela é uma vadia. Não consigo acreditar que ela foi promovida. Com quem você acha que ela dormiu para conseguir isso?"
    Refletir: "*Eu não a conheço muito bem.*"
Isso leva à pergunta: quanto sabemos sobre alguém? Muitas vezes, isso obriga as pessoas a perceberem que não sabem muita coisa sobre quem estão atacando, ou no mínimo indica que o estilo de maledicência dessas pessoas não exige fatos.

"Dá para acreditar que ela arrancou aquele brinquedo das mãos da filha?"
    Refletir: "*Não vi a cena toda... Não sei bem o que aconteceu.*"
Isso leva à pergunta: quanto sabemos sobre uma situação? Se tivéssemos opção, a maioria de nós consideraria injusto ter toda a nossa abordagem como mães definida por um ou dois momentos ruins.

"Ela é muito má. Não me surpreendo que ele a esteja deixando."
    Refletir e Redirecionar: "*Eu realmente não sei muito sobre ele nem sobre o casamento deles. Gosto muito dela. Fico pensando se há algo que podemos fazer por ela...*"
Não sabemos o que se passa e deveríamos oferecer apoio em vez de ficar fofocando.

"Susie é uma louca furiosa. Já trabalhou com ela?"
    Refletir: "*Já trabalhei, mas não tive a mesma experiência que você.*"
Isso significa que a outra pessoa tem direito à própria opinião, e que eu posso não concordar.

"Ouvi dizer que Bonnie ainda está tentando engravidar. Está obcecada... É ridículo."
    Refletir e redirecionar: "*Não posso nem imaginar o que ela deve estar passando. Parece que está realmente tendo muitas dificuldades.*"

Isso significa que deveríamos tentar ajudá-la e não julgar.

Na próxima seção, examinaremos algumas das estratégias mais amplas para desenvolver a compaixão numa cultura da vergonha.

Resiliência e recriminação

As participantes com altos níveis de resiliência à vergonha em relação a recriminações se apoiaram fortemente em suas redes de conexão para compreender e combater a invisibilidade e a estereotipagem. Embora possamos ser apagadas, reduzidas ou rejeitadas, dependendo do grupo ao qual pertencemos, esses mesmos grupos também podem ser tremendas fontes de força e apoio. As mulheres descreveram de forma consistente o poder da rede de conexão formada por aqueles que compartilham características identitárias como raça, etnia, habilidades físicas, status profissional, religião, orientação sexual, aparência, idade, gênero ou outras experiências de vida.

A maioria das pessoas já testemunhou o poder dos grupos que se unem para lutar por maior visibilidade e pelos direitos humanos básicos. Podemos ver isso em ação em grupos organizados da terceira idade, grupos de identidade racial, associações profissionais, grupos de mulheres e também grupos formados para lutar contra o estigma da doença física ou mental, da dependência química e dos traumas. A maioria de nós também experimentou a força de pertencer a grupos de identidade informais, quer sejam comunitários, cívicos ou de pais. Construir conexão com grupos de identidade é uma excelente forma de virar a mesa e combater a invisibilidade e os estereótipos.

No nível pessoal, existem algumas maneiras de nos tornarmos mais atentos em relação à invisibilidade, aos estereótipos e aos rótulos. A primeira estratégia envolve a conclusão do exercício que distribuo para meus alunos. É importante reconhecer a forma como enxergamos nossa própria identidade e assumir nossa suscetibilidade a estereotipar integrantes de nosso grupo. Em seguida, podemos identificar os estereótipos aos quais somos sujeitas ocasionalmente e examiná-los à luz de um diálogo provocante desenvolvido pela pesquisadora e educadora Mary Bricker-Jenkins. Ela sugere que façamos a nós mesmas as seguintes perguntas:

1. Quem sou eu?
2. Quem diz isso?
3. Quem se beneficia com esses rótulos?
4. Se esses rótulos não me beneficiam, o que deve mudar e como?

As participantes com altos níveis de resiliência à vergonha realmente enfatizaram a importância da mudança. A invisibilidade é insidiosa e estereotipar é a forma padrão de pensar. Se não reconhecermos ou admitirmos nossa parte nesses processos, não seremos capazes de mudá-los.

Uma mulher disse sobre o envelhecimento: "Prefiro gastar meu tempo, energia e dinheiro trabalhando para redefinir o que significa ser velho. Dispender recursos tentando ficar jovem é uma batalha impossível e cansativa. Pelo menos, quando se batalha contra o etarismo é possível fazer a diferença para mais pessoas além de você mesma."

Vou fechar este capítulo compartilhando um pouco dos escritos de Annie, uma das participantes da pesquisa. Ela foi estuprada em seu apartamento no segundo ano da faculdade. Como se pode ver pelas respostas que deu nos exercícios a seguir, ela encontrou uma tremenda resiliência ao apoiar outras jovens e falar sobre encontros que terminam em estupro nos alojamentos universitários.

Os exercícios de Annie

Gatilhos: "Quero ser percebida como alguém normal e saudável, a mesma pessoa que eu era antes do estupro, não a culpada."

Consciência crítica: "Ninguém pode fazer o tempo voltar a uma época em que nada havia acontecido, mas as pessoas ao meu redor podem me ajudar se não ficarem cochichando por trás de mim ou presumindo que nunca mais poderei ser feliz. Sei que é pedir muito, mas preciso que validem as dificuldades e ao mesmo tempo não me definam por elas."

Rede de conexão: "Meu orientador, meu grupo de apoio, conversar com universitárias sobre abusos sexuais, minha mãe e meu pai, minha irmã e meu irmão, meu namorado e minha melhor amiga."

Identidades indesejadas/Gatilhos: "Não quero ser vista como uma pessoa danificada, que nunca mais será a mesma, mentalmente destruída, sempre à beira da loucura."

Consciência crítica: "Não nego que estou diferente em determinados aspectos... Estou sim – e isso é normal. Tiraram muito de mim, e estou trabalhando nisso. Só não quero que meus amigos me façam perder mais ainda ao mudarem seu relacionamento comigo ou me tratando de uma forma diferente. Se você considerar que tudo que digo ou faço tem relação com o estupro, então você está me fazendo perder mais."

Teia da vergonha: "Meus amigos, os estereótipos sobre sobreviventes de estupros, as amigas da minha mãe, minha tia e meus primos."

NOVE

Praticar a conexão numa cultura de desconexão

À s vezes explico minha pesquisa sobre vergonha como um estudo sobre o *poder da conexão* e os *perigos da desconexão*. A desconexão é ao mesmo tempo origem e consequência da vergonha, do medo e da recriminação. Isolar, julgar os outros, recriminar, enfurecer-se, estereotipar, rotular – essas todas são formas de desconexão. Mas existe uma que costuma ser mais dolorosa e atordoante do que todas essas outras. É o sentimento de estar desconectada de si mesmo. Costumamos ser tão influenciadas pelo que as pessoas pensam e tão sufocadas pelas tentativas de ser quem as outras pessoas necessitam que sejamos, que acabamos perdendo o contato com nosso próprio eu. Perdemos nossas fundações. Perdemos nossa autenticidade. E a razão por que isso é tão doloroso está no fato de a autenticidade ser a própria base a partir da qual ocorrem todas as mudanças significativas.

Neste capítulo, vamos examinar o conceito de autenticidade e saber por que devemos ser autênticas se quisermos praticar a coragem, a compaixão e a conexão. Também vamos explorar como a resiliência à vergonha se relaciona com os vícios, com a livre expressão de suas opiniões, com a espiritualidade e com a nossa necessidade de nos sentir "normais".

Autenticidade

O que é autenticidade? Podemos não saber como defini-la, mas com certeza sabemos reconhecê-la. De fato, quando estamos diante de uma pessoa autêntica, muitos de nós são capazes de sentir. Gravitamos em torno de gente que percebemos ser honesta, real e sincera. Amamos mulheres que irradiam carinho e bom senso. E nos reunimos em torno de gente que é capaz de "contar as coisas como elas são" e de rir de si mesmas enquanto o fazem.

A autenticidade é algo que reverenciamos nos outros e que lutamos para manter em nossa vida. Não nos sentimos bem com meias verdades, relações dissimuladas e silêncios assustadores. Todos nós queremos ter uma noção clara de quem somos e em que acreditamos e nos sentir suficientemente confiantes para compartilhá-la com os outros. Sempre gostei desta frase: "Queremos nos sentir à vontade na própria pele."

A vergonha muitas vezes nos impede de apresentar nosso eu verdadeiro para aqueles à nossa volta – ela sabota nossos esforços para sermos pessoas autênticas. Como podemos ser genuínos quando estamos tentando desesperadamente administrar e controlar o modo como os outros nos veem? Como podemos ser honestos com as pessoas sobre nossas crenças e, ao mesmo tempo, dizer o que querem ouvir? Como podemos defender aquilo em que acreditamos quando tentamos fazer com que todos ao redor se sintam à vontade, para que ninguém se zangue e nos deprecie?

Os professores de assistência social Dean H. Hepworth, Ronald H. Rooney e Jane Lawson definem *autenticidade* como "o compartilhamento do eu ao se relacionar de uma forma natural, sincera, espontânea, aberta e genuína". Não *conseguimos* compartilhar quem somos quando nos vemos como inadequados ou indignos de conexão. É impossível ser "real" quando temos vergonha de quem somos ou daquilo em que acreditamos.

Vergonha gera vergonha. Ao sacrificar a autenticidade num esforço para administrar a forma como somos percebidos, costumamos nos enredar em um ciclo perigoso e debilitante: a vergonha ou o medo de se envergonhar nos afasta do nosso eu autêntico. Dizemos às pessoas o que desejam ouvir ou então não expressamos nosso pensamento quando deveríamos. Por sua vez, sentimos vergonha pela desonestidade, por não representarmos bem nossas crenças ou por não nos posicionarmos diante de uma questão importante. É possível perceber esse ciclo nas citações a seguir:

"Às vezes digo o que precisam que eu diga. Se estou com meus amigos progressistas, ajo como uma progressista. Se estou com amigos conservadores, ajo como uma conservadora. Acho que tenho tanto medo de dizer algo que aborreça alguém que apenas sigo a maré. Isso também faz de mim uma pessoa rasa e desonesta."

"A fé é uma parte muito importante da minha vida. Queria me sentir livre para falar sobre minhas crenças espirituais da mesma forma que os outros falam de política e de convicções sociais. Mas não consigo. Basta simplesmente mencionar a palavra *igreja* que as pessoas logo se ofendem. Olham para mim como se eu fosse maluca e estivesse tentando convertê-las. Eu costumava ter uma secretária eletrônica no trabalho com a seguinte mensagem: 'Obrigada por sua ligação. Tenha um dia abençoado.' Meu chefe me mandou apagar porque a considerou 'ofensiva'. As pessoas do escritório falam palavrões o dia inteiro, mas tentam fazer com que eu me sinta uma pária porque digo 'abençoado'."

"Como uma americana de origem japonesa, escuto constantemente imensas generalizações sobre as asiáticas. Alguns nos retratam como a minoria perfeita – inteligente, trabalhadora e esforçadíssima. Outros estereótipos têm natureza sexual. As asiáticas costumam ser representadas como sendo permissivas e ao mesmo tempo submissas. Todas essas generalizações e estereótipos diminuem nossa humanidade. Frequentemente sinto vontade de dizer alguma coisa, mas sinto muita vergonha. É em parte por causa da minha cultura e em parte porque sou mulher. Gostaria de dizer o que penso com mais frequência, mas é muito difícil e me faz sentir muito vulnerável."

"Trabalho com um grupo de homens e mulheres absolutamente preconceituoso. Sempre dizem coisas depreciativas sobre as minorias. Contam piadas horrendas e mandam e-mails racistas. Eu deveria reportar tudo isso para o gerente de RH, mas ele é o pior do bando. Um dia, durante um intervalo, um grupinho contou uma piada horrível sobre um homem gay que foi surrado até a morte. Não dei risadas, mas também não disse nada. Só baixei a cabeça. Fiquei péssima. Quando assisti ao noticiário sobre isso, chorei o tempo todo. Fiquei pensando: 'Por que não disse nada? Por que não disse como estavam sendo ofensivos?' Fiquei realmente com vergonha de mim mesma."

"Assisto ao noticiário e leio jornais. Tenho muito interesse em política e gosto de ficar sabendo de tudo o que se passa no mundo. Tento refletir muito nas minhas opiniões e posições antes de falar sobre elas, mas invariavelmente eu me dou mal. Fico nervosa quando alguém discorda de mim ou me contesta. Em algumas ocasiões, minha reação é me fechar e, em outras, se eu me sinto muito encurralada, elevo o tom de voz e fico mais dramática. De um jeito ou de outro, pareço estúpida e odeio isso. Por que não consigo simplesmente dizer o que se passa na minha cabeça?"

"Nos últimos dois anos, me tornei trilíngue. Quando estou no trabalho uso a 'língua dos brancos'. Em casa, falo naturalmente, como fazia quando era criança. Recentemente fiz novos amigos na igreja; a princípio, eles me rejeitaram porque eu não falava 'como negra'. Logo comecei a falar uma terceira língua, para que não pensassem que eu tentava agir como branca. Uma coisa é não se sentir 'real' no mundo dos brancos, mas me parece bem mais desonesto mudar quem você é para se sentir aceita pelos membros de sua própria comunidade."

A seguir, elaborei uma lista de mensagens e de expectativas que as mulheres descreveram em relação a dar voz a seus pensamentos. Se examinarmos as características da autenticidade – ser natural, sincera, espontânea, aberta e genuína –, podemos perceber a dificuldade de filtrar nossas ações e pensamentos com base em expectativas tão estreitas.

- Não faça as pessoas se sentirem pouco à vontade, mas seja honesta.
- Não pareça cheia de si, mas demonstre confiança.
- Não aborreça nem magoe ninguém, mas diga o que pensa.
- Não seja ofensiva, mas seja direta.
- Pareça informada e culta, mas não como alguém metido a sabe-tudo.
- Pareça comprometida, mas não seja reacionária.

- Não diga nada impopular ou polêmico, mas tenha coragem de destoar da multidão.
- Não pareça apaixonada demais por um tema, mas também não pareça desinteressada.
- Não seja emotiva, mas também não seja indiferente.
- Não é necessário citar fatos e números, mas não se engane.

À primeira vista, elas parecem ridículas – são completamente contraditórias e totalmente subjetivas. Quem pode definir *ofensiva* ou *dramática*? O que é ser apaixonada demais e o que é ser desinteressada?

Essas "regras" foram construídas em torno de rígidos papéis atribuídos aos gêneros, que deixam as mulheres com muito pouco espaço para navegar tais expectativas e manter a autenticidade. Se desrespeitarmos uma dessas regras, somos automaticamente rotuladas e estereotipadas. Se somos assertivas, nos transformamos na megera barulhenta e mandona que todo mundo adora odiar. Se esclarecemos ou corrigimos, nos tornamos a arrogante sabe-tudo que ninguém suporta. Se somos honestas em relação a um assunto que é tabu ou que deixa outras pessoas pouco à vontade, somos rotuladas de esquisitonas e malucas. Se duas mulheres entram numa animada discussão política, é uma "briga histérica". Se são dois homens empenhados no mesmo debate, é uma vibrante discussão sobre assuntos importantes. Quando começamos a examinar as mensagens e as expectativas que alimentam nossas identidades indesejadas, é fácil compreender como a vergonha pode corroer a autenticidade. Não conseguimos simplesmente dizer nossas verdades se somos reféns da opinião de outras pessoas. Na próxima seção, vamos examinar o conceito de normalidade. Às vezes, a necessidade de se sentir normal ou de ser vista como normal passa por cima do compromisso com a autenticidade. Principalmente quando envolve os gatilhos da vergonha que nos deixam nos sentindo sozinhas e como uma estranha.

Vergonha e normalidade

A vergonha nos faz sentir diferentes – como se fôssemos as únicas. Durante o processo de entrevistas, não sei dizer quantas vezes ouvi "Eu só queria me sentir normal". Somos bombardeadas por mensagens da mídia sobre a normalidade – especialmente no que diz respeito ao sexo e ao bem-estar físico e mental. Um ótimo exemplo é uma capa da revista *Glamour* em que se lê: "Você é normal em relação ao sexo? Detalhes íntimos sobre o que todo mundo está fazendo." Para superar esses sentimentos de vergonha por ser estranha ou anormal, procuramos a normalidade. Ser verdadeira, autêntica ou sincera pode parecer secundário diante da necessidade de se adequar.

Durante as entrevistas, percebi que às vezes a busca pela normalidade se traduz em números. Quantas vezes por semana eu e meu marido precisamos fazer sexo para sermos normais? Quantos parceiros sexuais tenho permissão de ter, se tenho 25 anos e sou solteira? Numa escala de 1 a 10, é esquisito meu marido gostar de fazer isso? Quantos casais experimentam aquilo? Quantas mulheres da minha idade tomam essa medicação? O que vai acontecer comigo se eu parar de tomar hormônios? Quantas mulheres já tiveram esse diagnóstico? Quantas vezes o médico já viu um caso como o meu? Quanto tempo vai levar para eu voltar a sentir desejo sexual? Quanto preciso emagrecer para evitar um sermão na próxima vez que me pesar no consultório médico? Alguém, por favor, me dê um número!

Quando não conseguimos obter boas informações porque elas estão contaminadas pelo marketing ou porque o assunto é um tabu grande demais para ser discutido abertamente, ficamos desesperadas para encontrar um parâmetro de normalidade. Queremos saber o que é normal, porque "ser normal" nos permite uma oportunidade maior de aceitação e de pertencimento.

Quando abordei questões relacionadas a sexo e saúde, muitas participantes me indagaram como suas respostas se comparavam às de outras. Foi apenas durante discussões sobre esses temas que ouvi perguntas como "O que as outras mulheres estão dizendo?" ou "Isso se encaixa com o que você está ouvindo de outras pessoas?".

O que torna essas expectativas geradas pela mídia perigosas é a capacidade de explorar nossa necessidade de nos sentirmos normais apresentando imagens da realidade e rotulando-as como "anormais". Pense em todos aqueles anúncios que dizem: "Se você anda se sentindo cansada e sobrecarregada..." ou "Se não anda fazendo tanto sexo assim..." ou "Se está angustiada demais com a segurança de seus filhos..." ou "Se sua pele está com esse aspecto...".

Naturalmente, algumas intervenções e medicações são muito úteis e apropriadas. Muitos anúncios, porém, se alimentam das vulnerabilidades femininas ao explorar a necessidade de normalidade. Também exploram nosso desejo muito humano de aceitação e pertencimento ao mostrar imagens de pessoas "pouco sexuais" ou "pouco saudáveis" como sendo tristes e solitárias. É claro, as últimas tomadas do anúncio mostram a criatura que antes era problemática cercada de amigos e da família, rindo muito, em câmera lenta, depois de experimentar um comprimido ou de ter usado um hidratante que foi anunciado.

O dinheiro e o marketing por trás desses anúncios não resultam apenas no excesso de prescrições e de uso de medicamentos. Num ambiente médico voltado para o mercado, que valoriza o oportunismo e o lucro, muitas mulheres que poderiam ser beneficiadas por tais drogas não têm acesso a elas pois lhes faltam recursos para cobrir as despesas médicas. Além do mais, como resultado do fato de os planos de saúde americanos terem eliminado a saúde mental da cobertura, aqueles que se beneficiariam de uma combinação de medicamentos e aconselhamento (que as pesquisas demonstram ser bem mais eficiente do que o uso exclusivo de medicamentos) só podem ter acesso aos produtos farmacêuticos.

Lembro-me de ter assistido cuidadosamente aos anúncios da indústria farmacêutica veiculados na semana seguinte aos eventos do 11 de Setembro. Cerca de três ou quatro dias depois dos ataques, foi lançada uma campanha publicitária completa tendo como alvo mulheres que se preocupavam demais com os filhos. Os anúncios traziam frases como: "Você costumava ser mais divertida" ou "Você costumava sorrir mais". Primeiro eu ficava realmente zangada, pensando: "Que coisa sinistra! Não existe uma mãe neste país que neste momento não esteja preocupada com os filhos." No instante seguinte, ponderava: "Tudo bem. Preciso dessas pílulas. Estou ficando obcecada com a segurança. Acho que é exatamente disso que preciso."

Depois de uma semana mais ou menos, fiquei com medo de estar enlouquecendo apenas porque eu me sentia continuamente enlouquecida por toda a situação. Por fim, liguei para uma amiga que é terapeuta de família e tem filhos pequenos. Contei o que andava pensando e fazendo e perguntei se eu era normal. Ela respondeu: "É sim, muito normal. Você é normal e outras centenas de mulheres que me ligaram também são normais. Se anda tão preocupada com Ellen a ponto de não conseguir agir direito, devemos conversar mais sobre o assunto. Se sua maior preocupação é achar que está maluca por estar tão preocupada, você é normal. Temer por seus filhos e pela segurança deles é uma reação bem apropriada neste momento. São tempos assustadores."

Este sentimento ilustra um padrão de vulnerabilidade que ouvi muitas e muitas vezes durante as conversas sobre saúde e sexo. Eis como resumo esse padrão:

Não consigo chegar a meus verdadeiros sentimentos em relação a sexo, meu corpo, minha saúde física ou a minha saúde mental e emocional, pois existem mensagens e expectativas demais bloqueando o caminho. Estou tão preocupada com o que, quem e como devo ser que não consigo entender quem eu sou e quem desejo ser. Se tento falar sobre o assunto, travo, pois pouquíssimas pessoas estão dispostas a ter conversas honestas sobre sexo e saúde. Acabo desistindo de ser autêntica e passo simplesmente a torcer para que me vejam como normal.

O dilúvio de mensagens e expectativas combinado ao estigma de se falar sobre sexo e saúde pode deixar as mulheres com a sensação de estarem atoladas na vergonha. Quando nos sentimos assim, ficamos mais propensas a reforçar mensagens e expectativas, a individualizar os problemas e sentir que a incapacidade de atender as demandas é causada por nossas próprias deficiências e patologias. Quando o código do silêncio nos impede de procurar o apoio de outras pessoas, nós nos sentimos sozinhas, alimentamos a vergonha com o segredo e o silêncio e acabamos recorrendo a nossas cortinas da vergonha:

"Meu marido gosta de fazer sexo o tempo inteiro. Eu faço porque não quero que ele me traia ou procure outra. Às vezes me pergunto se sou a única que se sente assim, se há algo de errado comigo ou se outras mulheres têm maridos assim também. O mais difícil é que não é possível falar sobre o assunto com ninguém, então não sei o que deve ser feito."

"Quando tinha uns 20 anos, eu adorava sexo, ou pelo menos acho que gostava. Fui para a cama com vários caras. Agora que estou casada e tenho filhos é uma batalha constante entre mim e meu marido. Arranjo mil desculpas para evitar o sexo. Finjo estar doente, arranjo uma briga, qualquer coisa. O que realmente desejo é ir para o quarto, fechar a porta e ficar sozinha. A última coisa que quero é sexo. Meu marido diz que há algo errado comigo. Às vezes acho que ele tem razão, mas outras vezes, quando ouço algumas pessoas falando sobre o assunto, acho que está tudo bem comigo."

"Quando penso sobre sexo e vergonha, a primeira coisa que me vem à cabeça é boquete. Acho que não existe nada mais vergonhoso do que isso. É degradante. Naturalmente, agora é popular. Hoje, se você nega, acaba se sentindo a única pessoa que não faz, e seu namorado é o único do universo com uma namorada que não gosta. Às vezes eu faço, porque sinto que é o esperado. Certa vez, quase chorei."

"Ninguém sabe que recebi o diagnóstico de depressão clínica. Nem minha parceira. Ela acha que estou esquisita porque estou passando pela menopausa. A partir do momento que você conta que tem um problema de saúde mental, tudo o que acontece é atribuído ao fato de você ser "maluca". Você passa a não ser mais digna de confiança e é considerada instável. Não quero que pensem que sou fraca nem que não consigo lidar com minha vida."

"Simplesmente não consigo fazer coisas como exames preventivos e mamografias. Nunca consegui fazer uma colonoscopia. Sei que é péssimo e sei que preciso, mas não consigo. Fico preocupada com o que as enfermeiras ou o médico vão pensar. E se eu fizer alguma coisa nojenta ou se eles acharem que eu sou horrível? Simplesmente não consigo me obrigar. Meus filhos perguntam se fiz os exames e minto dizendo que sim. Isso faz com que eu me sinta ainda pior."

"Sexo é o maior problema do meu casamento. Nós dois sabemos que é um problema, mas parece que não conseguimos falar sobre o assunto. Ajuda um pouco saber que outros casais também passam por isso, mas não melhora muito. Praticamente desisti da ideia de ter uma boa vida sexual. Às vezes queria apenas que fizéssemos sexo o suficiente para não ter essa nuvem pairando sobre nós. Sou muito travada. Perdi contato com meu lado emocional e físico."

Quando experimentamos todos os sentimentos dolorosos e avassaladores associados à vergonha, não temos muita capacidade de avaliar onde nos encontramos ou o que queremos. Essa é uma situação muito difícil para as mulheres: deixar de ter vergonha de sexo e saúde por tempo suficiente para desenvolver resiliência à vergonha em relação ao sexo e à saúde. Para resolver essa questão vamos olhar algumas das estratégias empregadas por mulheres com altos níveis de resiliência à vergonha em questões de sexo e saúde.

Resiliência e normalidade

As mulheres que desenvolveram resiliência à vergonha em relação a problemas com o sexo e a saúde trabalham com os quatro elementos, mas estão particularmente cientes das vulnerabilidades geradas pelo segredo e o silêncio que envolvem essas questões. Por meio de uma variedade de estratégias que se relacionam diretamente às quatro linhas evolutivas vistas até aqui, essas mulheres conseguiram ouvir suas vozes interiores em vez de mensagens e expectativas conflitantes e divergentes ao redor delas. Também conseguiram desenvolver empatia suficiente para pensar com clareza, avaliar as próprias necessidades e determinar o que as faz sentir conectadas, poderosas e livres.

Ao iniciar as conversas sobre sexo e saúde, eu pensava que a diferença entre "querer ser normal" e "não saber nem se importar com o que é normal" estivesse no nível de confiança em vez de na resiliência à vergonha. Porém, quanto mais conversava com as mulheres, mais percebia que as participantes com altos níveis de resiliência à vergonha não eram inerentemente mais confiantes. Elas estavam, sim, comprometidas com o trabalho em cada uma das quatro linhas para construir a resiliência. Eis como resumo o padrão que emergiu das entrevistas:

Para chegar a meus verdadeiros sentimentos em relação ao sexo, à saúde física, mental ou emocional, preciso reconhecer e filtrar todas as mensagens e expectativas que atravancam o caminho. Se fico muito preocupada com o que, quem e como esperam que eu seja, não consigo entender quem sou e quem quero ser.

Preciso compreender de onde aquelas mensagens vêm para ser capaz de tratar delas e seguir em frente. Preciso falar do assunto e, como poucas pessoas estão dispostas a ter conversas honestas sobre sexo e saúde, tenho que construir conexões com pessoas a quem eu possa recorrer. Preciso conversar sobre meus sentimentos e minhas necessidades para não me privar de partes tão importantes da minha vida. Não sei o que é normal. Quero apenas ser o meu eu autêntico.

Ao virar esse padrão pelo avesso, é possível ver como as peças se encaixam com as linhas evolutivas:

Reconhecer gatilhos da vergonha
- Quando fico preocupada com o que, quem e como esperam que eu seja, não consigo entender quem sou e quem quero ser. Preciso compreender de onde aquelas mensagens vêm para ser capaz de tratar delas e seguir em frente.

Praticar a consciência crítica
- Para chegar a meus verdadeiros sentimentos em relação ao sexo, à saúde física, mental ou emocional, preciso reconhecer e filtrar todas as mensagens e expectativas que atravancam o caminho.

Buscar apoio
- Preciso falar do assunto e, como poucas pessoas estão dispostas a ter conversas honestas sobre sexo e saúde, tenho que construir conexões com pessoas a quem eu possa recorrer.

Falar da vergonha
- Preciso conversar sobre meus sentimentos e minhas necessidades para não me privar de partes tão importantes da minha vida. Não sei o que é normal. Quero apenas ser o meu eu autêntico.

Em seguida, vamos ver a relação complexa entre vício e vergonha.

Uma forma de diminuir a dor e o desconforto de se sentir inautêntico e diferente é o abuso de substâncias. Usamos a comida, o álcool, as drogas, o sexo e os relacionamentos como alívio. Na próxima seção, examinaremos a complexa relação entre vergonha e vício.

Vício

"Os vícios fazem com a vergonha o mesmo que a água salgada faz com a sede."

Terrance Real, autor de I Don't Want to Talk About It: Overcoming the Secret Legacy of Male Depression
(Não quero falar sobre isso: Superando o legado secreto da depressão masculina)

Ao ler este livro, você consegue perceber a partir de exemplos e de histórias que vício e vergonha estão intrinsecamente ligados. São também bem semelhantes: ambos nos deixam com a sensação de desconexão e impotência. Quando estamos sob o domínio de um vício, temos a tendência de nos trancar ou fazer cena. O vício pode nos fazer sentir sós e excluídas. E por fim, em geral, há um sentimento de sigilo e silêncio em torno dos vícios.

Embora muita gente pense que o vício seja "um problema dos homens", nada poderia estar mais distante da verdade. Muitos dos estudos mais recentes sobre usuários de álcool e de drogas demonstram que as moças estão bebendo mais do que os rapazes e começando mais cedo do que eles. Novas pesquisas também demonstram que mais mulheres em idade universitária estão bebendo, e bebendo para se embebedar. Pesquisadores estão descobrindo que as mulheres com frequência usam o álcool para melhorar o humor, aumentar a confiança, reduzir a tensão e se sentir menos tímidas. A Dra. Nora Volkow, diretora do Instituto Nacional Sobre o Abuso de Drogas, chama o álcool de "lubrificante social".

Quando lembro de minha própria história, a ideia de "lubrificante social" com certeza se encaixa. Como muitas jovens, comecei a beber socialmente no ensino médio. Na faculdade, eu considerava o cigarro e a bebida o escudo e a espada para a vida social. Não tenho certeza se, naquela época, eu iria a uma festa ou um bar sem essas armas. Nunca pensei em minha dependência social da bebida ou do cigarro. Todo mundo que eu conhecia fazia o mesmo, e, para onde quer que eu olhasse, as pessoas que eu queria ser faziam isso.

Eram os anos 1980 – éramos como as mulheres rebeldes dos anúncios do cigarro Virginia Slims e fazíamos fila para assistir a filmes como *O primeiro ano do resto de nossas vidas* e *Sobre ontem à noite*.

Foi só na pós-graduação que conheci a história de alcoolismo na minha família. Nunca tivemos muitas bebidas alcoólicas em casa e não fui criada perto de muita gente bebendo. Enquanto avançava no trabalho pessoal que a maioria dos estudantes de assistência social faz paralelo ao seus estudos, descobri que o álcool havia destruído a vida de muitos integrantes da minha família estendida. Também passei a compreender melhor minha dependência social do álcool. Parei de beber e de fumar em 1996, no fim de semana que obtive meu grau de mestre em assistência social. Tive sorte. Tinha acesso às informações e às ferramentas para tomar aquela decisão e encontrei o apoio necessário para baixar o escudo e a espada. Considero minha jornada de recuperação uma das maiores conquistas da minha vida.

Para muitas garotas e mulheres, o fundo do poço é mais embaixo. Perdem parceiros, empregos, liberdade ou filhos. Para muitas, o uso problemático do álcool está ligado à agressão sexual, à violência e/ou à dependência em outras drogas. Um artigo da revista *Newsweek* citou estudos que demonstram que jovens que abusam do álcool de forma crônica podem vir a ter uma séria doença do fígado e úlceras e que todas as mulheres que bebem mais de uma dose por dia têm mais riscos de acidente vascular cerebral, pressão alta, suicídio e câncer de mama.

Para compreender melhor o papel que a vergonha desempenha no vício (ou talvez o papel que o vício desempenha na vergonha), precisamos compreender como os dois estão ligados. De forma intuitiva, eu sabia que existia um elo, mas não conseguia compreendê-lo. Os dois parecem tão emaranhados, de tantas formas, que é difícil entender onde um começa e o outro termina. Para ter uma noção melhor de como a vergonha e o vício funcionam juntos, voltei-me para a mais recente pesquisa que examina essa relação.

No Capítulo 2, recomendei o livro *Shame and Guilt*, de June Tangney e Ronda Dearing. Além de seu trabalho mais amplo sobre o assunto, as duas também escreveram um importante artigo que apareceu no periódico *Addictive Behaviors*. Ronda Dearing, que comandou o estudo, é pesquisadora no

Instituto de Pesquisa sobre Vícios, da Universidade Estadual de Nova York. Em vez de tentar traduzir os achados desse trabalho, pensei que seria mais útil ouvir a própria autora. Numa entrevista que conduzi especificamente para este livro, pedi à Dra. Dearing que nos ajudasse a compreender melhor a importância de suas descobertas e de que modo elas poderiam nos afetar. Eis o que ela tem a dizer:

Brené Brown: Li o livro que você escreveu com June Tangney e concordo que a vergonha e a culpa são emoções diferentes (A vergonha é igual a "Sou malvada"; a culpa é igual a "Fiz algo ruim"). O que significam precisamente os termos *propensão à vergonha* e *propensão à culpa*?

Ronda Dearing: Quando nos referimos à propensão à vergonha e à culpa, estamos nos referindo à *tendência* de determinado indivíduo experimentar aquela emoção. Em qualquer situação, alguns estão mais propensos a ter uma reação emocional de vergonha, independentemente dos gatilhos situacionais. Nós nos referimos àquele cuja resposta mais provável seria a vergonha como sendo um indivíduo propenso à vergonha. Para usar um exemplo diferente, algumas pessoas são mais "propensas" a chorar quando se sentem tristes, enquanto outras igualmente tristes não chorariam em resposta à tristeza. Poderíamos nos referir à tendência a chorar como propensão ao choro. A maioria dos indivíduos tem uma boa noção se tem ou não propensão ao choro. Ao usar medidores como o TOSCA [uma ferramenta de pesquisa], apresentamos aos indivíduos uma variedade de situações cotidianas e pedimos que indiquem a probabilidade de reagirem de variadas formas (algumas representam reações da vergonha, outras da culpa). Ao usar suas respostas, podemos determinar a tendência de cada um à propensão à vergonha e à culpa. Embora seja possível apresentar ambas, é mais provável que cada indivíduo reaja mais com uma emoção do que com a outra.

BB: Em seu artigo, você fala sobre os fatores que levam à dependência. Especificamente, discute a importância de entender a diferença entre os fatores "estáticos" e "dinâmicos" associados ao abuso de substâncias. Pode nos ajudar a compreender o que esses termos significam?

RD: Quando menciono fatores estáticos, estou me referindo ao que não pode ser alterado. Assim, por exemplo, embora saibamos que os fatores genéticos estão relacionados às probabilidades de se desenvolver uma dependência, não é possível alterar os genes da pessoa. Os fatores dinâmicos, por outro lado, estão em constante mudança (ou têm o potencial de mudar). A rede social pode ser considerada um fator dinâmico. As pessoas são capazes de escolher com quem vão se relacionar e qualquer indivíduo escolhe se quer socializar com usuários de drogas ou com quem não as usa. Acreditamos que a propensão à vergonha e a propensão à culpa sejam elementos dinâmicos – ambas têm o potencial de serem alteradas. Idealmente, num ambiente de terapia, gostaríamos de ajudar os clientes a se tornarem menos propensos à vergonha e mais propensos à culpa.

BB: Nesse estudo, você encontrou um elo positivo entre a propensão à vergonha e o uso problemático do álcool e das drogas. Para você, o que é mais importante nessa descoberta? O que significa para quem luta contra a dependência química?

RD: Bem, em primeiro lugar, acho que a descoberta é consistente com a maior parte das pesquisas sobre propensão à vergonha. Isto é, a tendência a experimentar a vergonha parece estar associada a consequências negativas para a vida, sejam elas dificuldade de administrar a raiva, sintomas depressivos, problemas com vícios ou qualquer outra coisa. Assim, acredito que a maior importância desse achado é fornecer evidências adicionais de que os indivíduos com tendência a experimentar a vergonha precisam desbancar essa emoção e favorecer uma reação emocional mais saudável, que é a culpa. Muitos terapeutas ajudam os clientes a desenvolverem essa habilidade, rotulando ou não seu trabalho como "redução da vergonha". Porém, tem havido pouquíssima pesquisa sistemática sobre os modos de ensinar os pacientes a reduzir a tendência à vergonha. Intervenções específicas desse tipo são muito necessárias; e precisam ser testadas e validadas usando-se sólidos métodos de pesquisa para fornecer aos terapeutas ferramentas que os ajudem a reduzir a vergonha de seus clientes.

BB: Você também descobriu que a propensão à culpa pode, na verdade, ter um efeito protetor para evitar o desenvolvimento de padrões problemáticos de consumo de álcool e abuso de drogas. Pode nos ajudar a compreender o que isso significa?

RD: As pessoas mais propensas à culpa têm mais chances de se concentrar no comportamento. Por exemplo, uma pessoa propensa à culpa que perde um dia de trabalho depois de uma noite de bebedeira tende a pensar: "Se continuar faltando ao trabalho, posso perder meu emprego." Em comparação, a pessoa propensa à vergonha tem mais chances de se concentrar no que considera ser seu "eu" defeituoso ("Sou um completo fracasso porque continuo faltando ao trabalho".) Como pode imaginar, é bem mais fácil mudar ou consertar qualquer comportamento do que cuidar de um "eu" defeituoso. Assim, como resultado, a pessoa propensa à culpa, nessa situação, tentará descobrir o que pode fazer de diferente. Por exemplo, ela pode estabelecer que é melhor não beber nas noites que antecedem um dia de trabalho, ou que não vai beber até o ponto de não funcionar de forma eficiente no dia seguinte. A pessoa propensa à vergonha, por se sentir sobrepujada pela emoção que resulta da constatação de que ela é ruim (inadequada, indigna, etc.) não consegue encontrar soluções e, portanto, não consegue fazer planos para agir de forma diferente (e, quem sabe, melhor) da próxima vez que se encontrar numa situação semelhante. Essencialmente, a pessoa propensa à vergonha empaca na emoção, enquanto a pessoa propensa à culpa é capaz de seguir em frente.

BB: Costumam me perguntar se a vergonha leva à dependência ou se a dependência leva à vergonha. O que você pensa sobre isso?

RD: Acho que nem uma coisa nem outra, e sim as duas. Se alguém tem um estilo emocional propenso à vergonha, corre o risco de desenvolver uma dependência, um vício. Porém, assim que uma pessoa começa a lidar com as questões relacionadas à dependência, a vergonha é uma consequência inevitável. Assim, por exemplo, imagine uma pessoa dependente de álcool. Se ela já for propensa à vergonha, os problemas de sua vida decorrentes do uso do álcool (no trabalho, em casa, nos relacionamentos, etc.) provavelmente fazem com que ela avalie essas deficiências e reaja com sentimentos de vergonha e a interpretação subsequente de que "Devo ser uma pessoa ruim". Assim, acredito que o vínculo entre vergonha e dependência é um círculo vicioso, difícil de alterar.

Resiliência e vício

Existem diversas questões que me parecem muito importantes nessa entrevista. A primeira é a relação cíclica entre vergonha e dependência. No Capítulo 6, conversamos sobre três estratégias de desconexão: mover-se para longe, mover-se em direção e mover-se contra. Depois de anos usando essas estratégias para lutar contra a vergonha, não é fácil abandoná-las mesmo quando sabemos, de alguma forma, que não são eficientes. A maioria de nós emprega essas estratégias para lidar com necessidades de empatia não correspondidas. Atolar-se nessas desconexões não apenas nos afasta da autenticidade, como o "atoleiro" também parece ter um papel central nas relações entre vergonha e vício.

A segunda questão, sobre terapeutas ajudando clientes, tem uma importância crítica para mim. Ao longo deste livro, falei de modos variados de construir a resiliência à vergonha. Tentei enfatizar – e acho que vale a pena repetir aqui – que, em razão das complexidades da vergonha, desenvolver a resiliência pode exigir a ajuda profissional de um terapeuta. Quando lutamos contra vícios, nossa família e nossos amigos costumam ser impactados negativamente e são incapazes de ajudar. O Dr. Abi Williams, diretor do Centro para Famílias em Recuperação, uma divisão do Conselho de Álcool e Drogas de Houston, escreve: "Estimamos que três a quatro pessoas são diretamente afetadas em algum grau quando um parente toma decisões ruins. Esses familiares afetados com frequência acreditam que são responsáveis por manter a família em bom funcionamento. Na verdade, esta crença pode piorar as coisas ainda mais. Os comportamentos resultantes se tornam tão destrutivos quanto o problema original que a família tentava corrigir."

Nesta seção sobre vício e dependência, quero declarar que acredito que devemos buscar ajuda para superar uma questão dessas. Essa ajuda pode vir de um terapeuta, de um centro de reabilitação, de um grupo que pratique o programa dos 12 passos; o importante é encontrar ajuda. A recuperação exige orientação, apoio e informações (e às vezes, atenção médica), além daquilo que podemos obter mesmo da mais prestativa das redes de conexão.

Por fim, a Dra. Dearing disse: "As pessoas podem escolher com quem vão se relacionar e qualquer indivíduo escolhe se vai socializar com usuários de drogas ou com quem não as usa." É verdade, mas uma influência que precisamos examinar além de nossas "redes sociais" está na nossa cultura.

Participamos de uma cultura que nutre e depois vilipendia o vício. Charlotte Sophia Kasl, psicóloga e ativista, escreve: "O patriarcado, a hierarquia e o capitalismo criam, encorajam, mantêm e perpetuam o vício e a dependência." Como discutimos neste livro, a teia da vergonha está plena de expectativas baseadas em rígidas prescrições de gênero. O poder dessas expectativas combinado com a mentalidade "nós e eles" discutida na seção sobre *alteridade* e a influência da cultura da mídia prova que ela está correta. Nós nos voltamos para a comida, as drogas, o álcool, o sexo e relacionamentos de dependência para aliviar temporariamente a tensão. E, como sugere a citação que abre esta seção, o vício não alivia a tensão, apenas nos torna mais desesperados na busca por alívio.

Além disso, vivemos em uma cultura que se utiliza da vergonha no que diz respeito ao vício. Por um lado, usamos estereótipos negativos para caracterizar aqueles que lutam contra a dependência – bajulador, escorregadio, mentiroso, enganador, indigno de confiança e manipulador. Por outro, costumamos usar estereótipos positivos para descrever de forma nada realista homens e mulheres em recuperação – como sendo pilares da força espiritual que levam uma vida destemida e rigorosamente analisada.

Ao apoiar esses estereótipos culturais, fracassamos em reconhecer que todos nós estamos, de algum modo, lutando ou ligados a alguém que luta contra uma dependência. E, se refletirmos honestamente sobre nossa própria vida, sabemos que os estereótipos nunca capturam a diversidade, a complexidade e a profundidade de experiências reais.

Espiritualidade
A relação entre espiritualidade e vergonha é complexa. Como pode ser visto nas ilustrações da teia da vergonha e da rede de conexões, espiritualidade, fé e religião são fontes de vergonha para algumas mulheres e de resiliência para outras. Costumam me perguntar se já foi identificado que uma religião gera mais vergonha do que outra. A resposta é negativa. Não há evidência que comprove essa relação.

No entanto, vi padrões e temas importantes na forma como as mulheres vivenciavam a fé e a espiritualidade. Por exemplo, aquelas que falavam sobre sentir vergonha empregavam com mais frequência as palavras *igreja* e *religião*. Aquelas que falavam sobre resiliência usavam mais termos como *fé*, *espiritualidade* e *crenças*. A princípio, questionei se havia uma ligação entre "religiões organizadas" e a vergonha. Não encontrei. Pelo menos metade das mulheres que falavam de *fé, espiritualidade* e *crenças* frequentava a igreja e fazia parte de uma religião organizada.

Uma coisa, porém, ficou clara: é o relacionamento que as mulheres mantêm com Deus, a maior potência do seu mundo espiritual, que costuma servir como fonte de resiliência. A essência da resiliência, num sentido espiritual, está ligada a relacionamento, espírito e fé. Para muitas, a conexão espiritual é essencial para a resiliência à vergonha. De fato, mais de metade das mulheres que, quando criança, experimentaram profunda vergonha por questões com a religião desenvolveu a resiliência abrindo novos caminhos espirituais. Podem ter mudado de igreja ou de crença, mas a espiritualidade e a fé permanecem como parte importante de suas vidas. Outro padrão que emergiu é a crença em que a fé alimenta o melhor em nós e a vergonha nos afasta desse objetivo. As fontes de vergonha parecem bem mais relacionadas a regras e regulamentos terrenos, feitos pelos homens, e suas interpretações, assim como as expectativas sociocomunitárias em torno da religião. (Frequenta a igreja com regularidade? Segue a religião da sua família? Está criando seus filhos de determinado modo? Rompeu com regras que poderiam envergonhar a família ou a comunidade? Conhece seu lugar como mulher?)

Assim como em tantas outras instituições (como corporações, escolas, a medicina, o governo), os indivíduos e os grupos em posição de liderança podem usar a vergonha como instrumento de controle. Quando isso acontece repetida e sistematicamente, toda a cultura organizacional acaba se baseando na vergonha. Não acredito, porém, que qualquer instituição seja inerentemente a favor da vergonha – inclusive aquelas que compõem nossas comunidades da fé.

Para quem entre nós busca conexão espiritual, compreender a história de nossa fé em relação à vergonha é muito importante. Muitas das mulheres que vivenciaram, na infância, a vergonha provocada pela religião, encontraram a maior das curas por meio da fé e da espiritualidade. Embora com frequência tenham mudado de igreja, de denominação e às vezes até mesmo de crença, elas curaram com a espiritualidade feridas abertas pela religião.

Meu próprio caminho espiritual se transformou com meu trabalho de pesquisa sobre a vergonha. Tento agora enxergar minhas saudáveis experiências com a culpa como um sistema espiritual de "freios e contrapesos". Quando faço ou penso em coisas inconsistentes com quem desejo ser, procuro viver aquela culpa como uma oportunidade para o crescimento espiritual. Por outro lado, quando experimento a vergonha, acredito que ela me afasta do crescimento espiritual que é tão importante para mim. Há uma linda citação da mestra espiritual Marianne Williamson que realmente me inspira. Ao lê-la, convido você a pensar sobre a experiência com a vergonha:

> *Nosso medo mais profundo não é o de sermos inadequados. Nosso medo mais profundo é o de termos poderes sem medida. É a nossa Luz, não nossas Trevas, que mais nos amedronta. Perguntamos a nós mesmos: quem sou eu para ser tão brilhante, deslumbrante, talentoso, fabuloso? Na realidade, por que você não deveria ser assim? É um filho de Deus. Assumir um pequeno papel não serve ao mundo. Não há nada de iluminado em encolher para que os outros não se sintam inseguros perto de você. Nascemos para manifestar a glória de Deus que está dentro de nós. Esse poder não está apenas em alguns de nós. Está em toda parte. Ao permitirmos que nossa Luz brilhe, inconscientemente damos permissão aos outros para fazer o mesmo. Ao nos liberarmos de nosso medo, nossa presença automaticamente libera os outros.*

Levando-se em conta como os relacionamentos são importantes em nossa vida de fé, é possível ver por que é tão crucial manter a autenticidade em torno de nossas crenças espirituais. Na próxima seção, você vai aprender ferramentas específicas usadas pelas mulheres para desenvolver e manter sua autenticidade diante da vergonha e da desconexão.

Autenticidade e resiliência

Sabemos desde o início deste capítulo que algumas das qualidades relacionadas à autenticidade incluem ser natural, sincero, espontâneo, aberto e genuíno. Mas como se reconhece autenticidade em uma pessoa? Quando penso nisso, penso em Chaz, um grande amigo. Eu o conheço há mais de 10 anos e ele é uma das pessoas mais autênticas que já encontrei. É a autenticidade em pessoa.

Chaz com certeza demonstra todas as características listadas acima, mas vejo sua autenticidade como algo mais. Ele é quem é, não importa com quem esteja, não importam as circunstâncias. Se reuníssemos as pessoas de todas as diferentes áreas da vida dele – indivíduos que não se conhecem, mas que o conhecem –, elas provavelmente o descreveriam de modo muito semelhante. Ele se sente muito à vontade transitando entre pessoas diferentes, mas articula e age tendo como base o mesmo conjunto de valores e de crenças, não importa quem o acompanha e o que esperam dele.

Vi essa mesma qualidade em mulheres que apresentavam altos níveis de resiliência à vergonha. Para mim, essa qualidade de *ser quem você é não importa com quem você esteja* parece ser a própria essência da autenticidade – o resultado de ser natural, sincero, espontâneo, aberto e genuíno.

Então como a autenticidade se relaciona com a resiliência à vergonha? Com base nos dados, eu diria que é difícil desenvolver a autenticidade sem algum nível de resiliência à vergonha, embora não seja impossível. É bem mais fácil ser autêntica quando praticamos a coragem, a compaixão e a conexão. As participantes falaram da importância de estabelecer conexões com pessoas que apoiam nossa meta de autenticidade. Às vezes, essas pessoas têm formas de pensar ou agir semelhantes, mas isso não é essencial – é mais importante que compartilhem de nossos compromissos com a autenticidade em vez de simplesmente compartilharem de nossas crenças ou valores.

"Durante uma conversa com minha irmã, ela me contou que tinha dificuldade em confiar em mim porque eu sempre tentava prever o que as pessoas queriam e procurava dizer o que eu pensava que elas queriam ouvir. Ela me falou: 'Não me importo se discordarmos. Só quero ser capaz de confiar que vou ouvir a verdade de você.' Fiquei envergonhada por ela me ver desse modo, mas aquilo realmente me ajudou a compreender como eu estava sendo desonesta com todos, especialmente comigo mesma. Nos primeiros meses após essa conversa, eu não fui capaz de responder a perguntas de ninguém. Tinha perdido de vista o que pensava sobre quaisquer questões. Agora, depois de um ano, sou bem mais honesta comigo e com minha família. Minha irmã me dá muito apoio e eu me sinto uma pessoa bem mais íntegra."

"Eu costumava sentir que tinha duas opções com meus pais: evitar conversas sobre religião ou mentir. As duas opções me faziam mal e causaram grandes problemas entre mim e meu marido. Meus pais são católicos e sempre me perguntavam se estávamos indo à missa e se o neto frequentava catecismo. Eu dizia que sim e tentava mudar o rumo da conversa. Meu marido falou a verdade para eles – que somos metodistas – e eles ficaram loucos. Ele me disse que se sentia abandonado quando eu mentia para deixar meus pais felizes. Percebi que estava sendo desonesta e magoando a mim e a ele. Falei com alguns amigos da igreja que tinham experiências parecidas, e eles me deram ótimas sugestões. Finalmente conversei com meus pais e expliquei que, se eles não podiam apoiar, melhor seria não falar sobre o assunto. Ficaram furiosos, mas respeitam... E está tudo bem."

Autoempatia e a perspectiva dos pontos fortes

Uma questão que fica clara nas entrevistas é o modo como somos incrivelmente duras conosco. Com muita frequência, fazemos parte da nossa própria teia da vergonha. Mesmo que estejamos apenas endossando expectativas que ouvimos dos outros ou da mídia, ainda assim contribuímos ativamente para nossa própria vergonha.

Se queremos construir a resiliência à vergonha e cultivar nossa autenticidade, devemos aprender como fazer parte de nossa própria rede de conexões e como reagir a nós mesmas com empatia e compreensão. Pode ser trabalhoso parar de julgar os outros – mas dá mais trabalho deixar de julgar a si mesma. A capacidade de ser autêntica e genuína costuma depender do nível de autoaceitação, do senso de pertencimento a si mesmo e da capacidade de expressar autoempatia.

Uma forma para incrementar nossa autoempatia e autoconexão é explorar e reconhecer nossos pontos fortes, bem como nossos problemas ou limitações. Assistentes sociais fazem isso a partir de uma abordagem chamada de "perspectiva dos pontos fortes". De acordo com o professor do curso de assistência social Dennis Saleebey, a perspectiva dos pontos fortes nos oferece a oportunidade de examinar nossas dificuldades à luz de nossas habilidades, talentos, competências, possibilidades, visões, valores e esperanças. Essa perspectiva não descarta a dor e a natureza séria de nossas batalhas. Exige, porém, que consideremos nossas virtudes como recursos em potencial. O Dr. Saleebey escreve: "É errado negar o possível, assim como é errado negar o problema."

Um método eficiente para compreender nossos pontos fortes é examinar a relação entre eles e nossas limitações. Se examinamos o que fazemos de melhor e o que mais queremos mudar, em geral descobrimos que os dois comportamentos são em essência graus variados de uma mesma característica interna. Por exemplo, penso sobre minha batalha com a autenticidade. Às vezes, quando estou me sentindo muito crítica em relação a mim mesma, questiono minha autenticidade. Julgo-me por ser política demais e parecer um camaleão em meus comportamentos. Quando estou no trabalho, fico de uma cor. Quando estou em casa, fico de outra. Quando estou com determinado grupo de colegas, enfatizo um tom e com outro, mudo de novo. Acabo acreditando que posso ser qualquer coisa entre ligeiramente dissimulada até completamente falsa.

Porém, quando observo os mesmos comportamentos da perspectiva dos pontos fortes, reenquadro minhas experiências. Em vez de me sentir pouco autêntica ou camaleônica, posso dizer honestamente que me sinto à vontade entre pessoas diferentes, em cenários diferentes e que fico bem à vontade falando de assuntos que variam da economia à mais recente programação infantil do canal de TV. Não estou me contradizendo, embora evite determinados assuntos em alguns grupos. Costumo me sentir sobrecarregada pelos tantos papéis que desempenho e pela rapidez com que devo mudar de marcha. No entanto, acho que me saio bastante bem e que consideraria isso um ponto forte.

Posso examinar quase todos os meus "defeitos" ou "limitações" e encontrar pontos fortes. O objetivo não é descartar os problemas que gostaríamos de resolver ou invalidá-los, mas permitir que trabalhemos a partir de um lugar de autoamor, empatia e conexão. Acho que uma das coisas mais importantes que aprendi com essa pesquisa, uma das mensagens principais que espero transmitir com este livro é a seguinte: *Não podemos mudar e crescer quando estamos mergulhadas na vergonha e não podemos usar a vergonha para promover mudanças em nós mesmas ou nos outros.*

Posso causar vergonha a mim mesma por ser muito controladora e rígida no trabalho ou posso reconhecer que sou muito responsável, digna de confiança e comprometida com a qualidade. Os problemas não vão embora, mas, a partir da perspectiva dos pontos fortes, fico segura de olhar para mim mesma e avaliar os pontos que gostaria de mudar. É importante compreender que a perspectiva dos pontos fortes não é uma ferramenta que simplesmente permite dar um viés positivo a um problema e considerá-lo resolvido. Na verdade, ela nos ajuda a fazer um inventário de nossos pontos fortes para que possamos usá-los ao enfrentar os desafios.

Posso causar vergonha a mim mesma por me preocupar excessivamente com minha filha ou posso ver as coisas de outro modo: estou tentando ser uma boa mãe e sou muito cuidadosa, envolvida e consciensiosa. Se considero meu valor próprio, é mais fácil pensar em como posso ser uma mãe avaliando melhor a realidade de alguns dos meus medos e reconhecendo que estou fazendo o bastante para mantê-la segura e feliz. Se sinto vergonha e desconexão, é muito difícil avaliar meus comportamentos, e ainda mais difícil tentar alterá-los.

Costumo pedir a meus alunos que se submetam a uma avaliação de pontos fortes no início do semestre. Peço a eles que listem entre 10 e 15 pontos fortes. Não aceito nada parecido com "Eu me dou bem com as pessoas" ou "Eu me relaciono bem com os outros". Eles odeiam o exercício, o que é irônico, já que é algo que assistentes sociais costumam esperar que os clientes façam. Entretanto não surpreende que entre as limitações haja mais exemplos do que a quantidade solicitada. É a natureza humana. Focamos nas fraquezas e não damos importância aos nossos pontos fortes.

É crucial que reparemos que fazemos as coisas bem. Se somos capazes de reconhecer nossas virtudes, elas se transformam em ferramentas que podem nos ajudar a cumprir metas. Por exemplo, Natalie, participante da pesquisa, me disse: "Posso falar da minha fé, porque não acho que exista uma única resposta certa... Não tenho medo de parecer estúpida. Não me importo com o julgamento das pessoas. Só me importo em ser honesta. Fico paralisada quando falam de questões políticas. Sinto-me tão envergonhada por não saber mais ou por não ter as informações corretas."

Se Natalie quiser trabalhar sua autenticidade ao falar de questões políticas e sociais, será útil para ela verificar quais são os pontos fortes que permitem que seja autêntica em discussões sobre a fé. O que a faz se sentir autêntica?

Que ferramentas ela usa para ser genuína nas conversas? Por que se sente à vontade ao falar da fé e não da política?

Com base em minha discussão com Natalie, acho que seria útil para ela reenquadrar suas ideias sobre questões políticas e sociais e perceber que esse assunto também não tem apenas uma resposta certa. Talvez ela reconsiderasse mudar sua meta de ter razão, estar de posse da informação certa e saber mais para ser mais honesta em relação ao que pensa. Parece fazer isso muito bem.

Por fim, podemos identificar mais depressa nossos pontos fontes e incrementar nossa resiliência ao adaptar as perguntas do teste de realidade a fim de examinar as expectativas que tentam guiar como articulamos e agimos em relação a nossas crenças e valores.

- Essas expectativas são mesmo realistas?
- Posso ser tudo isso o tempo inteiro? Quero ser assim o tempo inteiro?
- Todas essas características poderiam existir em uma única pessoa autêntica?
- Atender as expectativas me torna mais ou menos autêntica?
- Estou descrevendo meu eu autêntico ou aquele que os outros desejam que eu seja?

Quando perguntei às participantes como determinavam quem pertence à rede de conexão e quem pertence à teia da vergonha, cerca de 80% das mulheres disseram algo parecido com: "Se consigo ser eu mesma com alguém, então essa pessoa está na rede de conexão." Acredito que a capacidade de "sermos nós mesmas" é tanto o cerne da autenticidade quanto o verdadeiro benefício de desenvolver a resiliência à vergonha.

Teoria da Resiliência à Vergonha

As informações neste livro se baseiam na Teoria da Resiliência à Vergonha que emergiu da minha pesquisa. Gosto da definição de *teoria* encontrada em *A quinta disciplina: caderno de campo: estratégias e ferramentas para construir uma organização que aprende*, um livro maravilhoso sobre o desenvolvimento de organizações de aprendizado. Os autores definem teoria como sendo "um conjunto fundamental de premissas sobre como o mundo funciona, submetido a repetidos testes e com o qual ganhamos alguma confiança. A palavra 'teoria' vem do grego *theo-rós*, que significa espectador. Deriva da mesma raiz da palavra 'teatro' – apresentar num espaço público uma série de ideias que podem nos ajudar a compreender melhor nosso mundo".

Minha teoria sobre a vergonha se chama Teoria da Resiliência à Vergonha. Ela oferece um conjunto de premissas sobre o modo como a vergonha afeta as mulheres. Se olharmos cada linha evolutiva como uma peça diferente de um grande quebra-cabeça, podemos ver como se forma a teoria. As principais premissas que explicam como a vergonha funciona são:

- A melhor definição para vergonha é: o sentimento ou experiência intensamente dolorosa de acreditar que somos inadequadas e que, portanto, não somos dignas de aceitação ou acolhimento. As mulheres costumam experimentar a vergonha quando ficam emaranhadas numa teia de múltiplas camadas de expectativas sociocomunitárias conflitantes e divergentes. A vergonha cria sentimentos de medo, de recriminação e de desconexão.
- A experiência oposta à vergonha é a empatia.
- A empatia exige que pratiquemos a coragem comum, a compaixão e a conexão.
- Não conseguimos nos tornar resistentes à vergonha. Porém, podemos desenvolver a resiliência à vergonha. A melhor forma de conceituá-la é como sendo uma linha evolutiva tendo a vergonha em uma ponta e a empatia na outra.
- Nosso nível de resiliência à vergonha é determinado pelas habilidades combinadas de reconhecer a vergonha e nossos gatilhos específicos, nosso nível de consciência crítica, a disposição para buscar apoio em outras pessoas e nossa capacidade de falar sobre a vergonha. Em outras palavras, nossa posição na linha da resiliência é, na verdade, a soma de nossas posições nessas quatro outras linhas.
- Devemos aferir nossa resiliência de forma independente para cada categoria de vergonha. Um nível mais alto em uma área não se estende necessariamente às outras.
- As mulheres com maiores níveis de resiliência à vergonha reconhecem a emoção ao experimentá-la, bem como os gatilhos. Compreender os gatilhos nos permite reconhecer melhor a vergonha e buscar apoio. Quan-

do não sabemos quais são nossas vulnerabilidades, nos fiamos em métodos pouco eficientes para nos proteger da dor provocada pela vergonha. Chamo esses mecanismos de "cortinas da vergonha".

- As mulheres que praticam a consciência crítica têm níveis mais elevados de resiliência. A consciência crítica pode nos ajudar a desmistificar, contextualizar e normalizar nossas experiências com a vergonha. Sua ausência pode resultar no endosso, na individualização e na patologização das experiências de vergonha.
- As mulheres que buscam outras mulheres que vivenciam a vergonha têm níveis mais altos de resiliência. Buscar apoio permite que compartilhemos nossas histórias e operemos mudanças. Quando não buscamos esse apoio, começamos a nos separar e a nos isolar.
- As mulheres que falam da vergonha têm níveis mais altos de resiliência. Falar da vergonha nos dá as ferramentas necessárias para expressar nossos sentimentos e pedir o que precisamos. Quando não falamos, com frequência nos trancamos ou explodimos.

Modelo da Resiliência à Vergonha

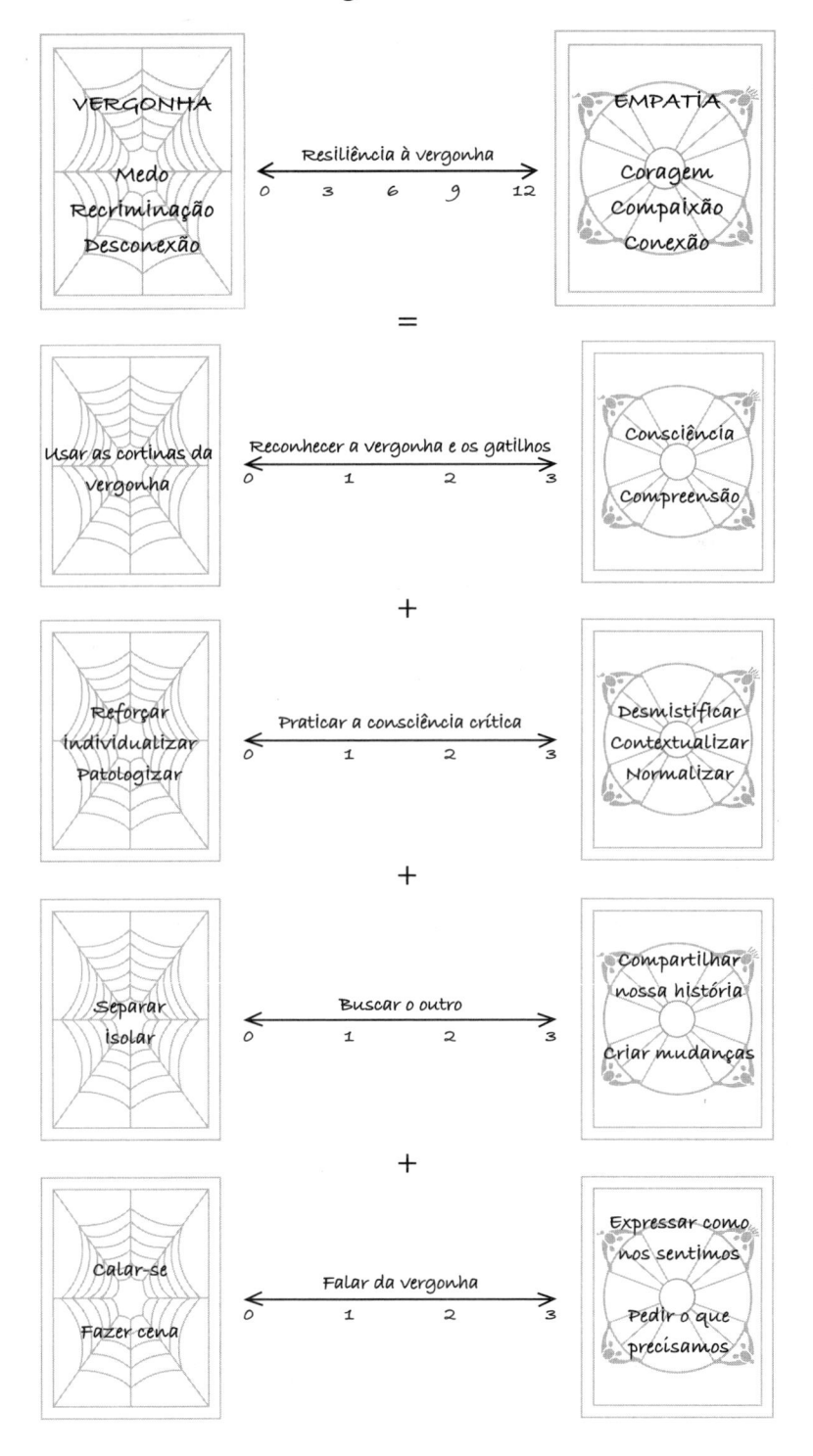

VERGONHA
Medo
Recriminação
Desconexão

←— Resiliência à vergonha —→
0   3   6   9   12

EMPATIA
Coragem
Compaixão
Conexão

=

Usar as cortinas da vergonha

←— Reconhecer a vergonha e os gatilhos —→
0   1   2   3

Consciência
Compreensão

+

Reforçar
individualizar
Patologizar

←— Praticar a consciência crítica —→
0   1   2   3

Desmistificar
Contextualizar
Normalizar

+

Separar
isolar

←— Buscar o outro —→
0   1   2   3

Compartilhar
nossa história
Criar mudanças

+

Calar-se
Fazer cena

←— Falar da vergonha —→
0   1   2   3

Expressar como
nos sentimos
Pedir o que
precisamos

DEZ

Criar uma cultura de conexão

Em abril de 2006, compareci a um jantar de premiação organizado pela Feminist Majority Foundation. A celebração era em honra de quatro mulheres que receberam o prestigioso prêmio Nobel da Paz: Shirin Ebadi (Irã, 2004), Rigoberta Manchú Tum (Guatemala, 1992), Betty Williams (Irlanda, 1975) e Jody Williams (Estados Unidos, 1997). No final da noite, a ativista dos direitos da mulher Mavis Leno dirigiu-se ao palco para encerrar o evento. Contemplou a plateia entusiasmada e disse: "Todas nós podemos fazer uma diferença." Respirei fundo e aguardei para ouvir o que viria a seguir.

Como inspirar as pessoas a mudarem o mundo com uma ou duas frases? Como ajudar as pessoas a acreditarem que realmente podem fazer uma diferença sem que isso as sobrecarregue com responsabilidades ou com clichês? A maioria de nós não dedicou a vida à paz mundial. Não estamos convencidas de que temos o que é necessário para promover mudanças no mundo. Na realidade, há dias em que precisamos de toda a nossa energia apenas para lavar a louça.

Pois bem, tenho que dizer que naquela noite fiquei comovida. Mavis Leno acertou em cheio. Olhou para a plateia e disse simplesmente: "Se quiserem fazer uma diferença, da próxima vez que encontrarem alguém tratando com crueldade outro ser humano, considere como uma ofensa pessoal. Considere pessoal, porque é pessoal!" Foi a mais inspiradora chamada à mudança que já ouvi na vida.

Todos nós sabemos como levar as coisas para o lado pessoal. De fato, quando testemunhamos a crueldade, faz parte da natureza humana considerar uma ofensa pessoal. Se escolhemos não nos envolver ou fingir que não está acontecendo, contrariamos o senso de conexão que nos torna humanos.

Se quisermos transformar nossa cultura da vergonha em uma cultura da conexão, precisamos considerar *pessoal* o que vemos, o que ouvimos, o que testemunhamos e o que fazemos. Envergonhar é uma crueldade. Quando nossos filhos assistem a reality shows que recorrem à vergonha e à degradação como entretenimento, devemos desligar e explicar o motivo. Quando alguém usa estereótipos ofensivos e humilhantes, encontramos a coragem de explicar por que não estamos à vontade com a conversa. Quando alguém compartilha sua experiência de vergonha, optamos pela prática da compaixão – nós nos esforçamos para ouvir o que essa pessoa tem a dizer e a nos conectar com o que está sentindo.

Considerar pessoal significa mudar a cultura ao assumir nossas experiências e nos tornar responsáveis junto com os outros. Com muita frequência, ao vivenciar a vergonha, ficamos em silêncio. Se encontramos a coragem de contar a história, nos dizem que somos "sensíveis demais" ou que estamos levando "para o lado pessoal". Nunca entendi isso. Deveríamos então ser insensíveis e desligados? A cultura da vergonha se alimenta da insensibilidade e do desligamento.

Caroline é um ótimo exemplo do poder de levar as coisas para o lado pessoal. Na Introdução, incluí um pequeno trecho de sua história.

"Certo dia eu passava por uma rua do bairro quando parei no sinal ao lado de um carro cheio de rapazes. Eles olharam na nossa direção e sorriram. Devolvi o sorriso e cheguei a corar um pouco. Então, do nada, minha filha de 15 anos, sentada no banco de trás com a melhor amiga disparou: 'Nossa, mãe, para de olhar para eles! O que você acha? Que eles estão paquerando você? Fala sério!' Mal contive as lágrimas. Como pude ser tão estúpida?'"

Caroline tinha 50 e poucos anos quando nos encontramos pela primeira vez, em 2003. Ela me contou essa história em 2005, durante nossa segunda entrevista. Explicou-me que a forma como lidou com a vergonha naquele momento representou uma virada para ela. Aqui está a história de Caroline, de coragem comum e resiliência.

"Não é que essa experiência tenha mudado a maneira como me vejo. O importante foi a forma como a tratei com minha filha. Em vez de berrar ou de ficar de mau humor, decidir usar o que sabia sobre resiliência à vergonha. Deixei as meninas, voltei para casa e liguei para minha vizinha, que é minha amiga há muito tempo. Contei o que tinha acontecido e como fiquei envergonhada. Disse a ela que estava envergonhada por ter sorrido para os rapazes e pela forma como minha filha me tratou diante da colega. Quando minha amiga perguntou por que senti vergonha por sorrir para os homens, respondi que era porque tinha chegado a pensar, por uma fração de segundo, que eles estavam sorrindo para mim. Expliquei que tinha esquecido que eu era velha e que isso não acontecia mais. Ela compreendeu minha vergonha. Não tentou botar panos quentes. Apenas ouviu. Por fim, ela disse: 'Dói muito quando eles não nos veem – os garotos nos carros... nossos filhos... eles simplesmente param de nos ver.' Ela compreendia.
Meu marido pegou minha filha na casa da amiga e passou para pegar minha outra filha no treino de softball. Quando chegaram em casa, eu estava no meu quarto. Perguntei logo à minha filha se podia falar com ela. Ela respondeu dizendo: 'Ah, meu Deus... Você vai ter outra crise da menopausa?' O resto da família caiu na gargalhada. Dessa vez, em vez de rir com eles ou fingir que não me importava, eu disse: 'Não. Você me magoou hoje e precisamos falar sobre isso.' Ao ouvir aquilo, meu marido e a caçula apressaram-se a sair da sala.
Sentei-me com ela e expliquei como me senti envergonhada quando ela fez aquele comentário e o motivo. Expliquei até mesmo como era difícil para mim, como mulher, não como mãe, mas como mulher. Disse que compreendia como era importante para ela se sentir descolada e ter amigas iguais a ela. Porém, era inaceitável que se comportasse de uma forma tão ofensiva para que isso fosse possível.
Durante todo o tempo, ela fazia caretas e revirava os olhos. Por fim, estendi os braços, tomei suas mãos nas minhas e disse: 'O que você disse me deixou

muito envergonhada e magoada. Estou lhe dizendo isso porque sei que você me ama e que nosso relacionamento é importante e também para que saiba que não deve deixar que as pessoas a envergonhem ou a depreciem para que elas pareçam descoladas ou populares. Não vou deixar que faça isso comigo e espero que não deixe que ninguém faça isso com você.'"

Enquanto Caroline contava a história, eu aguardava com ansiedade pelo pedido de desculpas sincero da filha e o abraço carinhoso entre as duas. Claro que nada disso aconteceu. Caroline contou que a garota reagiu com um retumbante: "Ai, meu Deus, posso ir agora?" Caroline disse à filha que ela precisava pedir desculpas e ela se desculpou. Depois foi para o quarto, fechou a porta e ligou o rádio. Nunca saberemos o impacto dessa conversa na filha de Caroline, porém, com base na minha experiência profissional e pessoal, acredito que conversas desse tipo têm o poder de mudar vidas.

Caroline levou para o lado pessoal, e se todos os pais vivessem segundo suas convicções e tivessem conversas assim com os filhos, nós veríamos uma mudança na cultura. Se as crianças que ouvissem essas palavras passassem a esperar mais de si mesmas e de seus amigos, veríamos uma mudança cultural. Não são precisos eventos momentosos – é preciso massa crítica. Se um número suficiente de pessoas operar pequenas mudanças, veremos grandes mudanças.

Para criar uma verdadeira mudança cultural, acho que é igualmente importante compreender como homens e crianças são afetados pela vergonha. Acho que faz sentido que a resiliência à vergonha comece pelas mulheres – em geral somos as principais responsáveis pelos filhos, e as mulheres têm mais probabilidade de serem as agentes de mudanças culturais e psicológicas nas famílias.

A resiliência pode começar conosco, porém não pode parar por aí. Precisamos compreender como e por que os homens lutam contra a vergonha e como desenvolvem a resiliência. Precisamos compreender como podemos apoiar e nos conectar com nossos parceiros, filhos, pais, irmãos, amigos e colegas. Também precisamos compreender mais sobre a vergonha e as crianças – para a maioria de nós, as experiências com pais e professores deram forma a nossas atuais batalhas contra a vergonha. De fato, 80% das pessoas que entrevistei são capazes de se lembrar de um incidente específico nos primeiros anos de escola ou no ensino fundamental que mudou a maneira como se viam como aprendizes.

Nas duas seções seguintes, vou compartilhar uma visão geral de minha nova pesquisa sobre homens e vergonha e meu estudo sobre a presença da vergonha na criação dos filhos e nas salas de aula. São trabalhos que ainda estão em desenvolvimento, mas o que aprendi até agora demonstra como estamos todos inextrincavelmente ligados.

Homens e vergonha

Minha decisão inicial de estudar somente mulheres se baseou na literatura acadêmica recente sobre a vergonha. Muitos pesquisadores acreditam que as experiências de homens e mulheres são diferentes. Por desejar conduzir um estudo aprofundado da resiliência, escolhi olhar apenas para as mulheres. Fiquei com receio de perder algumas das nuances importantes das experiências femininas se combinasse dados de homens e mulheres. Cheguei a entrevistar alguns rapazes no começo da pesquisa. Vou compartilhar essa experiência aqui, pois ela acabou sendo muito profunda.

Há muitos anos, quando as categorias da vergonha (aparência e imagem corporal, maternidade, família, criação dos filhos, dinheiro e trabalho, saúde física e mental, vícios, sexo, envelhecimento, religião, estereótipos e rótulos, livre expressão e sobrevivência a traumas) começaram a emergir na pesquisa, entrevistei grupos de jovens no final da adolescência para descobrir como as categorias funcionavam para essa faixa etária. Minha intenção era entrevistar apenas mulheres. Pois bem, aconteceu que os clínicos que cuidavam dos grupos reservaram tempo para mim com diversos grupos de rapazes.

Nunca havia trabalhado com adolescentes mais velhos antes e fiquei um pouco nervosa. Lembro-me de escrever as categorias num quadro-negro e de me sentar, olhando para esse grupo de rapazes, pensando: "Eles não vão falar nada."

Comecei com uma pergunta sobre aparência. "Muito bem, rapazes, como é essa questão da aparência para vocês? Existem expectativas de como vocês devem parecer?" Eles se entreolharam e um deles falou: "Sim, senhora. Preciso parecer capaz de arrebentar alguém." O resto dos meninos riu e concordou.

Fui em frente. "Tudo bem. E quanto à saúde?" Eles voltaram a rir. Outro menino falou: "É a mesma coisa. Não se pode ficar muito doente se quiser arrebentar alguém."

Muitos desses garotos já tinham filhos, então pensei em pular as questões mais simples e partir para algo mais complexo, como a paternidade. "Muito bem, agora me falem sobre paternidade." De novo eles riram, dessa vez com menos intensidade. Um dos garotos falou: "Olha só. Se você falar do meu bebê ou da mãe do meu bebê, vou te arrebentar."

Pois bem... Podem me chamar de pesquisadora, mas eu começava a identificar um tema. Quanto mais conversávamos, mais eu percebia que esses rapazes falavam a sério. Não importava o que faziam ou que aparência tinham, desde que mantivessem a imagem de alguém capaz de arrebentar o outro.

Escrevi minhas anotações "de arrebentar" e arquivei-as. Só no ano passado, quando comecei a entrevistar homens, percebi como aqueles jovens haviam sido honestos, tocantes e sinceros. Em sua própria linguagem, eles me disseram quase tudo que eu precisava saber.

Um desconhecido, um pênis e uma feminista

Em 2005, três incidentes independentes me convenceram a dedicar mais tempo ao estudo da vergonha nos homens: um desconhecido, um pênis e uma feminista. Vamos começar pelo desconhecido. Era um homem alto, magro, acho que com pouco mais de 60 anos. Assistia a uma de minhas palestras com a esposa. Em seguida, ele a acompanhou até a frente do palco para falar comigo. Conversei com a senhora durante alguns minutos, e, quando ela começava a se afastar, ele se voltou para ela e disse: "Vou ficar aqui... me dê um minuto." A mulher pareceu preocupada. Acho que não queria que ele ficasse e falasse comigo. Por fim, ela se dirigiu aos fundos do salão e ele se virou para mim.

Ele disse: "Gosto do que tem a dizer sobre vergonha. É interessante." Agradeci e esperei – podia ver que havia mais. "Fiquei curioso. E os homens e a vergonha? O que aprendeu sobre nós?" Senti um alívio imediato. Aquilo não ia demorar muito, pois eu não sabia muito. Expliquei: "Não fiz muitas entrevistas com homens, só com mulheres." Ele assentiu e falou: "Pois bem. Que conveniente."

Não entendi o que ele estava dizendo. Sorri e perguntei: "Por que conveniente?" Ele me perguntou se eu realmente queria saber a razão de seu comentário. Respondi que sim, queria.

Seus olhos se encheram de lágrimas. "Temos vergonha. Vergonha profunda. Mas, quando buscamos o outro e compartilhamos nossas histórias, acabamos apanhando, levamos um tapa na cara ao colocarmos para fora todo esse lixo emocional que há dentro de nós." Tentei manter meus olhos nos dele. Senti vontade de chorar. Ele prosseguiu: "E não são só os outros caras que fazem isso. As mulheres também. Vocês dizem que querem que sejamos vulneráveis e honestos, mas, fala sério, vocês não suportariam. Ficam doentes quando nos veem desse jeito."

A essa altura as lágrimas corriam pelo meu rosto. Reagi muito visceralmente ao que ele dizia. Ele soltou um longo suspiro e, tão depressa quanto havia começado, concluiu: "Era isso que queria dizer. Obrigado por escutar." E então foi embora.

Ainda processava a conversa dias depois, deitada numa maca enquanto uma mulher deslizava um pequeno aparelho para um lado e para outro da minha grande barriga de grávida. Ela olhou para Ellen e disse: "O que você quer? Um irmão ou uma irmã?" Ellen gritou: "Um irmão. Quero um irmão." A mulher sorriu e disse: "É seu dia de sorte. Mamãe vai ter um menino." Sorri para Ellen e pus a mão na barriga. "Tem certeza?", perguntei. A médica sorriu. "Estou vendo o pênis!" Consegui voltar a sorrir para Ellen enquanto ela pulava sem parar. Por dentro eu gritava: "Um menino! Não. Um menino não! Eles apanham quando colocam para fora todo o lixo emocional. Como vou protegê-lo? Não sei nada sobre o mundo dos meninos."

Semanas depois, Charlie, meu lindo bebê, nasceu. Charlie e eu almoçávamos com algumas das minhas amigas feministas favoritas quando começamos a falar do desafio de criar meninos. Enquanto todas babavam em Charlie, minha amiga Debbie Okrina, assistente social e ativista contra a violência doméstica, disse: "Sabe, se não estamos ajudando meninos e homens, não estamos ajudando meninas e mulheres. Precisamos fazer mais." Essa declaração levou a uma longa e importante conversa sobre gênero e masculinidade. Nossa conversa me ajudou a colocar em palavras a minha forte crença de que o feminismo não trata apenas de direitos iguais para as mulheres; é também a luta para liberar homens e mulheres das camisas de força do gênero. Até que homens e mulheres tenham permissão para *ser quem são*, em vez de *ser quem deveriam ser*, será impossível obter a liberdade e a igualdade.

Um desconhecido, um pênis e uma feminista – pode parecer o começo de uma piada ruim, mas esses três elementos mudaram minha forma de pensar e mudaram minha vida. Na semana seguinte, comecei a ler o que existia sobre o assunto e a organizar entrevistas. Foi avassalador. Creio que minha resistência se baseava na intuição de que eu tatearia por um mundo novo e desconhecido – um mundo de sofrimento.

Descrever a vergonha

Antes mesmo de iniciar as entrevistas, eu havia apresentado minha teoria para milhares de profissionais da área de assistência social e para leigos também. Com o passar dos anos, mandei e-mails e conversei com muitos homens sobre o meu trabalho – alguns eram desconhecidos, outros eram amigos e colegas. Quase todos diziam algo como: "Seu trabalho funciona para a gente, mas há algo de diferente nas nossas experiências. Nosso mundo é diferente. As expectativas são diferentes."

Como pesquisadora, a grande pergunta para mim era: Será que a Teoria da Resiliência à Vergonha funcionaria com os homens? Se entrevistasse homens sobre suas experiências, será que eu descobriria que, como as mulheres, eles experimentam medo, recriminação e desconexão quando sentem vergonha? Seriam capazes de superar a vergonha empregando os mesmos elementos da resiliência à vergonha? Ou eu precisaria desenvolver uma teoria inteiramente nova, caso as expectativas que alimentam a vergonha fossem específicas para cada gênero?

A conclusão a que cheguei com minha pesquisa é a seguinte: ao vivenciar a vergonha, reagimos com todo o nosso ser. Trata-se de uma experiência que afeta a forma como sentimos, pensamos e agimos, e, com frequência, apresentamos uma forte reação física diante da vergonha. Em outras palavras, a vergonha é uma emoção de fundo – ela nos atinge no cerne e irradia por todo nosso ser. Embora existam, com certeza, diferenças significativas entre as experiências de homens e mulheres, somos basicamente feitos do mesmo material.

Como escrevi na Introdução, fomos programados para a conexão. Tanto os homens quanto as mulheres têm a necessidade básica de se sentirem aceitos e de acreditar que são acolhidos e valorizados. A definição que desenvolvi a partir das entrevistas com mulheres se ajusta igualmente aos homens. Como nós, eles experimentam a vergonha como *o sentimento ou experiência intensamente doloroso de acreditar que somos inadequados e que, portanto, não somos dignos de aceitação ou acolhimento.* E, assim como as mulheres descreveram, ela deixa os homens com sentimentos avassaladores de medo, recriminação e desconexão. De fato, ao olhar para o modelo de resiliência à vergonha na página 273, tudo se encaixa. Depois de entrevistar 51 homens, sinto-me confiante para dizer que suas experiências e as estratégias que usam para desenvolver a resiliência são, em seu cerne, idênticas às das mulheres.

Mas existem tremendas diferenças no que diz respeito às expectativas sociocomunitárias que produzem a vergonha e nas mensagens que servem de reforço a elas. Para os homens, tudo se centra em torno da masculinidade e do que significa "ser um homem". Em outras palavras, *como* experimentamos a vergonha pode ser igual, mas "*por que* experimentamos a vergonha" é bem diferente.

No Capítulo 2, introduzi a teia da vergonha e a forma como as mulheres frequentemente experimentam o sentimento como uma teia formada por diversas camadas de expectativas sociocomunitárias conflitantes e divergentes que ditam quem deveríamos ser, o que deveríamos ser e como deveríamos ser. Quando falei com os homens, não ouvi nada parecido. A expectativa, pura e simples, é: **Não deixe que ninguém enxergue nada que possa ser percebido como fraqueza.**

- Quem os homens devem ser? Qualquer um, desde que não sejam vistos como fracos.
- O que os homens deveriam ser? Qualquer coisa, desde que não sejam vistos como fracos.
- Como os homens deveriam ser? De qualquer jeito, desde que não sejam vistos como fracos.

E, para compreender melhor o que constitui a fraqueza, podemos começar pelo exame das definições de vergonha que ouvi de alguns de meus entrevistados:

- "Vergonha é o fracasso. No trabalho. No campo de futebol. No casamento. Na cama. Com o dinheiro. Com os filhos. Não importa. Vergonha é o fracasso."

- "Vergonha é estar errado. Não é fazer algo de errado, mas estar errado."

- "A vergonha é uma sensação de ser defeituoso."

- "A vergonha acontece quando as pessoas acham que você é mole. É degradante e humilhante ser visto como qualquer outra coisa, que não alguém durão."

- "Revelar qualquer fraqueza causa vergonha. Basicamente, a vergonha é a fraqueza."

- "Demonstrar medo é vergonhoso. Não se pode demonstrar medo. Não se pode ficar assustado. Não importa o que aconteça."

- "Vergonha é ser considerado 'o cara que pode ser jogado contra a parede'."

- "Nosso pior medo é receber críticas ou ser ridicularizado – as duas situações são extremamente vergonhosas."

É uma grande generalização, mas, se lembrar da história dos meus adolescentes e de sua abordagem "de arrebentar" para evitar a vergonha, eles parecem ter acertado bem no alvo.

Os homens são muito pressionados para parecerem duros, fortes, estoicos, poderosos, bem-sucedidos, destemidos, no controle e capazes. Essas são as expectativas sociocomunitárias que formam suas identidades valorizadas. Enquanto as mulheres têm a tarefa impossível de equilibrar, negociar e atravessar expectativas inatingíveis e, com frequência, conflitantes, os homens são sufocados pela imensa pressão de sempre parecerem "fortes, destemidos e poderosos" – o que é igualmente inatingível.

A metáfora que uso para explicar o fenômeno no caso das mulheres é a teia da vergonha. Para os homens, vejo algo diferente. Enquanto descreviam suas experiências, comecei a ver uma pequena caixa. Uma caixa fechada a golpes de martelo pelas expectativas de sempre parecer durão, forte, poderoso, bem-sucedido, destemido, no controle e habilidoso.

Por ser mãe de um menino de um ano, aprendi e testemunhei que os homens são colocados nessas caixinhas apertadas desde muito cedo – basicamente no momento em que nascem. Nós os mantemos nessa prisão recompensando, reforçando e punindo. Recompensamos sua disposição de permanecer na caixa ao celebrar como são "durões" e reforçamos e punimos ao rotular qualquer demonstração de vulnerabilidade ou de emoção (especialmente de medo, dor e tristeza) como fraqueza. A princípio, quando pequenos, eles têm mais espaço para se movimentarem na caixa. Os pais, os colegas e a sociedade em geral estão mais dispostos a tolerar vulnerabilidade e emoção.

No entanto, à medida que crescem, há menos espaço para manobras. Suprimimos suas tentativas de escapar ao envergonhar garotos e homens por serem fracos, moles, medrosos, inadequados, impotentes e incapazes. E com base nas histórias dos entrevistados, parece que pais e outros homens podem ser especialmente prejudiciais aos meninos e aos homens que se desviam das normas de masculinidade. Com certeza as mulheres – mães, irmãs, companheiras, namoradas, filhas – também fazem com que os homens sintam vergonha em relação a sua masculinidade e poder. Porém, elas parecem ter "um papel de reforço", enquanto os homens tendem a exercer um papel mais punitivo, especialmente pais, irmãos, colegas e professores.

A história de Paul é um exemplo poderoso de como a vergonha e o medo da vergonha são usados para premiar, reforçar e punir os homens. Tanto Paul quanto seu irmão mais novo cresceram jogando beisebol – chegaram a competir pelo time da faculdade. Paul disse que se lembra do pai dizendo coisas como "não seja mariquinhas" e "seja duro" desde o segundo ano na escola. Paul descreveu os anos da juventude como igualmente "estressantes" e "incríveis". O estresse ocorria pela pressão constante para ter bom desempenho e sucesso. Mas ele também disse: "Eu sempre fui muito popular e tinha muitas namoradas lindas." Explicou ainda que recebia um tratamento especial dos professores por suas habilidades atléticas e sua popularidade.

Depois da faculdade, Paul foi trabalhar em uma empresa digital de um amigo seu e se casou com Meg, jovem que ele namorava desde a faculdade. Cerca de um ano depois do casamento, a empresa do amigo de Paul fechou. Ele recebia um salário tão alto que teve dificuldades para encontrar um valor comparável de imediato. Depois de dois meses, ele disse a Meg que ia aceitar um emprego em vendas e que passaria a ganhar metade do que recebia antes. Sugeriu que vendessem os carros, comprassem modelos mais econômicos e que cortassem outras despesas. Ele me disse: "Meg ficou louca. Disse que era totalmente injusto que ela precisasse abrir mão de seu estilo de vida porque eu não conseguia encontrar emprego. Falou e falou até que finalmente me perguntou: você não fica constrangido por não conseguir me sustentar?'"

Paul disse que ficou arrasado. Sentiu uma imensa vergonha por não ser capaz de ganhar dinheiro suficiente e ficou profundamente magoado com Meg por ela ter demonstrado tão pouca preocupação com ele. Inseguro sobre o que fazer, ligou para o pai para se aconselhar. No meio da história, Paul chorou um pouco. Ele me contou que aquela tinha sido a primeira vez que havia chorado diante do pai.

Depois de ouvir a história, o pai de Paul disse a ele que era preciso "acertar as coisas com Meg" e "encher o saco do pessoal do trabalho para ganhar um salário melhor". Quando Paul perguntou o que ele queria dizer, o pai respondeu: "Não seja fraco... Você não precisa aguentar tudo isso. Meg não quer ser casada com alguém que permita que ela fale desse jeito. Você é ainda mais trouxa por não tomar uma atitude. E aqueles caras do trabalho querem alguém que tenha colhões para exigir um salário melhor. O que há de errado com você?"

Paul descreveu os dois dias em que essas conversas ocorreram com a mulher e o pai como "o início do fim". Ele entrou naquilo que chamou de "período sombrio". Começou a sair com os amigos e a beber quase todas as noites. Meg e Paul se divorciaram e os pais de Paul se separaram depois de 25 anos de casamento. A boa notícia é que, na época da nossa entrevista, a mãe e o irmão de Paul passaram a visitá-lo com mais frequência e os três tentavam estabelecer um novo relacionamento, mais forte. Ele também me disse que reconheceu que a bebida estava "fora de controle" e decidira "diminuir o ritmo".

Na história de Paul podemos ver como sua masculinidade – a prática atlética, a capacidade de vencer, a resistência – foi premiada. Era popular, saía com muitas jovens atraentes, recebia privilégios especiais na faculdade e conquistou um emprego muito bem pago na empresa de um antigo colega de equipe. Podemos ver como Meg reforçou as expectativas sociocomunitárias de que homens são provedores ridicularizando-o por seu salário mais baixo e pelas dificuldades profissionais. Por fim, o comportamento do pai é um claro exemplo de como as grosserias e a vergonha costumam ser usadas para punir os homens quando não cumprem as expectativas impostas a eles.

Planejo continuar a entrevistar homens, possivelmente com a ajuda de um pesquisador do sexo masculino. Acredito que existem conversas importantes sobre a vergonha e a vulnerabilidade que necessitam acontecer entre homens e mulheres. Os homens são criados para esconder as vulnerabilidades e os medos, mas parece que as mulheres desempenham um importante papel nessa socialização. Um homem me disse: "As mulheres preferem nos ver mortos em cima de um cavalo branco do que serem obrigadas a nos ver cair." Acho que isso resume bem o que ouvi nas entrevistas com homens e mulheres. Porém, não acho que seja o que realmente queremos.

Quando homens e mulheres se envergonham mutuamente e reforçam expectativas de gênero inatingíveis, a intimidade é assassinada. Se não conseguimos ser autênticos, não somos capazes de nos conectar de um modo significativo. Nossos relacionamentos se afastam da compaixão e da conexão em direção ao medo, à recriminação e à desconexão. Acho que ninguém deseja isso para si mesmo ou para nossos filhos.

Vergonha, criação dos filhos e educação

A vergonha começa em casa. Por sorte, o mesmo acontece com a resiliência. Como pais, temos a oportunidade de criar filhos corajosos, compassivos e conectados. Podemos escolher aprender as ferramentas necessárias para criá-los sem usar a vergonha. Podemos até mesmo ensinar habilidades de empatia. Mas, como você pode imaginar, antes de ensinar ou servir de exemplo para tais habilidades, devemos compreender o papel que a vergonha tem em nossa vida e praticar a resiliência em nossos relacionamentos.

A criação dos filhos é um campo minado pela vergonha. Depositamos muito de nosso amor-próprio na forma como somos vistos enquanto pais e outro tanto na forma como nossos filhos são vistos. Temos de lutar contra uma série de identidades indesejadas por nós e uma lista inteiramente nova para nossos filhos. Não queremos ser vistos como maus pais e não queremos que nossos filhos sejam vistos como crianças ruins. Desenvolver a resiliência à vergonha é duas vezes mais difícil, mas vale o esforço.

Assim que começamos a praticar a coragem, a compaixão e a conexão, como pais, podemos ajudar nossos filhos a navegar por mundos cada vez mais complexos. Talvez não sejamos capazes de controlar o que acontece com eles na escola e nos grupos de amigos, mas, quando ensinamos a eles a resiliência à vergonha, contribuímos para que reconheçam a vergonha, consigam lidar com a emoção de forma construtiva e cresçam com a experiência.

É importante compreender que os pais também têm o poder de ensinar e servir de modelo para o medo, a recriminação e a desconexão. Às vezes, nossos filhos aprendem o medo, a recriminação e a desconexão porque usamos a vergonha para criá-los. Em vez de nos concentrar nos comportamentos, atacamos quem são ou os depreciamos. Ameaçamos com a desconexão ou os ridicularizamos diante dos outros.

Às vezes, mesmo quando os pais não usam a vergonha, os filhos ainda experimentam o medo, a recriminação e a desconexão simplesmente porque não ensinamos a eles as habilidades da resiliência à vergonha. Assim, embora não os envergonhemos, nós os deixamos muito vulneráveis para a vergonha suscitada por professores, treinadores e colegas.

Não estou acusando professores e treinadores. Como o restante de nós, a maioria busca fazer o melhor possível com as informações de que dispõe. Sou professora e me orgulho de dizer que minhas duas irmãs são professoras no ensino fundamental. Os professores e os treinadores também lidam com a cultura da vergonha em suas profissões. Ao mesmo tempo, há cortes de verbas na educação, as salas de aula vivem superlotadas e os professores sofrem uma tremenda pressão para aumentar a nota de seus alunos em testes-padrão. Treinadores que cobram demais são criticados, e os pais que desejam que os filhos sejam "vencedores" infernizam aqueles que enfatizam a diversão e a saúde, não a vitória. Ao prosseguir minhas entrevistas com pais, professores, treinadores e especialistas no desenvolvimento infantil, espero aprender mais sobre o que podemos fazer para mudar as abordagens parentais e construir uma cultura de conexão mais forte para nossas crianças.

Acho importante que este livro termine onde começou: com a conexão. Somos programados para a conexão. Ela está em nossa biologia. Como bebês, nossa necessidade é uma questão de sobrevivência. À medida que crescemos, a conexão significa prosperar dos pontos de vista emocional, físico, espiritual e intelectual. A conexão é crucial, pois todos temos a necessidade básica de nos sentir aceitos e de acreditar que pertencemos ao grupo e somos valorizados pelo que somos. Acredito que é possível criar uma cultura da conexão apenas fazendo escolhas diferentes. A mudança não exige heroísmo. A mudança começa quando praticamos a coragem comum.

REFERÊNCIAS

UM

14 "... mas agora um número cada vez maior de pesquisadores e profissionais analisa seu papel em uma grande variedade de problemas mentais e de saúde pública..."

Os seguintes livros e artigos exploram as relações entre vergonha e diversos problemas:

Balcom, D.; Lee, R.; Tager, J. "The systematic treatment of shame in couples." *Journal of Marital and Family Therapy*, vol. 21, pp. 55-65, 1995.

Dearing, R.; Stuewig, J.; Tangney, J. "On the importance of distinguishing shame from guilt: Relations to problematic alcohol and drug use". *Addictive Behaviors*, vol. 30, pp. 1.392-1.404, 2005.

Ferguson, T. J. Eyre; H. L.; Ashbaker, M. "Unwanted identities: A key variable in shame-anger links and gender differences in shame". *Sex Roles*, vol. 42, pp. 133-157, 2000.

Hartling, L.; Rosen, W.; Waler, M.; Jordan, J. *Shame and Humiliation: From isolation to relational transformation.* Wellesley, MA: The Stone Center, Wellesley College, nº 88, 2000.

Jordan, J. *Relational Development: Therapeutic implications of empathy and shame.* Wellesley, MA: The Stone Center, Wellesley College, 1989.

Lester, D. "The role of shame in suicide". *Suicide and Life-Threatening Behavior*, vol. 27, pp. 352-361, 1997.

Lewis, H. B. *Shame and Guilt in Neuroses*. Nova York: International Universities Press, 1971.

Mason, M. "Women and shame: Kin and culture". In: Bepko, C. (org.). *Feminism and Addiction*, pp. 175-194. Binghamton, NY: Haworth, 1991.

Nathanson, D. "Affect theory and the compass of shame". In: Lansky, M; Morrison, A. (orgs.). *The Widening Scope of Shame*. Hillsdale, NJ: Analytic, 1997.

Sabatino, C. "Men facing their vulnerabilities: Group processes for men who have sexually offended". *Journal of Men's Studies*, vol. 8, pp. 83-90, 1999.

Scheff, T. "Shame and the social bond: A sociological theory". *Sociological Theory*, vol. 18, pp. 84-99, 2000.

———. "Shame in self and society". *Symbolic Interaction*, vol. 26, pp. 239-262, 2003.

Talbot, N. "Unearthing shame is the supervisory experience". *American Journal of Psychotherapy*, vol. 49, pp. 338-349, 1995.

Tangney, J. P. "Situational determinants of shame and guilt in young adulthood". *Personality and Social Psychology Bulletin*, vol. 18, pp. 199-206, 1992.

Tangney, J. P.; Dearing, R. *Shame and Guilt*. Nova York: Guilford, 2002.

19   "Não sei onde a expressão *coragem comum* apareceu pela primeira vez, mas eu a encontrei em um artigo sobre mulheres e jovens de autoria da pesquisadora Annie Rogers."

Rogers, A. G. "Voice, play, and a practice of ordinary courage in girls' and women's lives". *Harvard Educational Review*, vol. 63, pp. 265-294, 1993.

25   "Claro, existem pesquisadores e profissionais desenvolvendo um importante trabalho sobre as mulheres e a vergonha – June Tangney e Ronda Dearing, pesquisadoras e clínicas no Stone Center do Wellesley College, Harriet Lerner e Claudia Black, apenas para mencionar alguns nomes."

June Tangney e Ronda Dearing são autoras de *Shame and Guilt*, publicado pela Guilford Press.

Harriet Lerner é autora de diversos livros, entre eles *A ciranda do amor e do ódio* (São Paulo: Best Seller, 1985) e *A ciranda da intimidade* (São Paulo: Best Seller, 1989).

Claudia Black é autora de diversos livros, entre eles *It Will Never Happen to Me* (Nova York: Ballantines Books, 1987) e *Changing Course* (Center City, MN: Hazelden Publishing, 1993).

Para saber mais sobre o Stone Center e os Wellesley Centers for Women, visite www.wcwonline.org.

35 **"A maioria dos estudiosos da vergonha concorda que a distinçãoentre as duas [vergonha e culpa]..."**

Acredito que a melhor revisão da literatura atual sobre vergonha e culpa pode ser encontrada em *Shame and Guilt*, de June Tangney e Ronda Dearning (Guilford Press).

37 **"Donald Klein captura as diferenças entre os dois conceitos ao escrever..."**

Klein, D. C. "The humiliation dynamic. An overview." *The Journal of Primary Prevention*, vol. 12, nº 2, pp. 93-122, 1991.

42 **"Por exemplo, a pesquisa mostra que mulheres com sobrepeso ou obesas têm renda menor..."**

Para informações sobre a discriminação com base no manequim, visite http://loveyourbody.nowfoundation.org. O estudo está em Schwartz, John. "Obesity Affects Economic, Social Status: Women Far Worse, 7-Year Study Shows." *Washington Post*, 30 de setembro de 1993, p. A1.

42-43 **"... o americano médio é exposto a mais de 3 mil anúncios por dia..."**

Kilbourne, J. *Can't Buy My Love: How Advertising Changes the Way We Think and Feel*. Nova York: Touchstone, 1999.

"Marilyn Frye descreve esse conceito [duplo vínculo] como 'uma situação...'

Frye, M. "Oppression". In: Anderson, M., e Collins, P. (orgs.), *Race, Class and Gender: An Anthology*. Nova York: Wadsworth, 2001.

49   "'Acreditamos que o sentimento mais aterrorizante e destrutivo que se pode experimentar...'"

Miller, J. B.; Stiver, I. P. *The Healing Connection: How Women form Relationships in Both Therapy and in Life*. Boston: Beacon Press, 1997.

DOIS

53   "Outra definição de que gosto vem de um livro de aconselhamento de autoria de Arn Ivey, Paul Pederson e Mary Ivey. Eles a conceituam..."

Ivey, A.; Pederson, P.; Ivey, M. *Intentional Group Counseling: A Microskills Approach*. Belmont, CA: Brooks/Cole, 2001.

56   "No crescente corpo de pesquisas [sobre a empatia]..."

Leia mais sobre a importância da empatia na obra de Daniel Goleman sobre inteligência emocional:

Goleman, D. *Inteligência emocional: A teoria revolucionária que redefine o que é ser inteligente*. Rio de Janeiro: Objetiva, 2016.

"Teresa Wiseman, acadêmica da área de enfermagem na Inglaterra..."

Wiseman, T. "A concept analysis of empathy". *Journal of Advanced Nursing*, vol. 23, pp. 1.162-1.167, 1996.

58   "Segundo uma pesquisa conduzida por Sidney Shrauger e Marion Patterson..."

Shrauger, S.; Patterson, M. "Self evaluation and the selection of dimensions for evaluating others". *Journal of Personality*, vol. 42, pp. 569-585, 1974.

62   "Em seu artigo sobre coragem comum na vida de meninas e mulheres, Annie Rogers escreve..."

Black, C. *Changing Course: Healing from Loss, Abandonment and Fear*. Bainbridge Island, WA: MAC Publishing, 1999.

Rogers, A. G. "Voice, play, and a practice of ordinary courage in girls' and women's lives". *Harvard Educational Review*, vol. 63, pp. 265-294, 1993.

63   Chödrön, P. *Os lugares que nos assustam: Um guia para despertar nossa coragem em tempos difíceis*. Rio de Janeiro: Sextante, 2003.

68   "'A conexão serve a dois propósitos...'"

Gutiérrez, L.; Lewis, E. *Empowering women of color*. Nova York: Columbia University Press, 1999.

76   "... sobre deixar passar a oportunidade de ser empático..."

Miller, J. B.; Stiver, I. P. *The Healing Connection: How Women form Relationships in Both Therapy and in Life*. Boston: Beacon Press, 1997.

80   "Há um pequeno grupo de pesquisadores, em especial aqueles que trabalham com perspectivas evolutivas ou biológicas..."

Se você tem interesse na leitura de diferentes perspectivas sobre a vergonha, recomendo o seguinte livro. É bastante acadêmico, e por isso a leitura pode ser um tanto pesada: Lansky, M.; Morrison, A. (orgs.) *The widening scope of shame*. Hillsdale, NJ: Analytic Press, 1997.

84   "Num editorial escrito por Poe..."

Poe, T. "Shame is missing ingredient in criminal justice today". (Editorial). *The Houston Chronicle*, p. A27, 17 de setembro de 1997.

Lerner, H. *The Dance of Connection: How to Talk to Someone When You're Mad, Hurt, Scared, Frustrated, Insulted, betrayed or desperate*. Nova York: Harper Collins, 2001.

TRÊS

91   "Os pesquisadores Tamara Ferguson, Heidi Eyre e Michael Ashbaker argumentam que a 'identidade indesejada' é o gatilho mais comum da vergonha..."

Ferguson, T. J.; Eyre, H. L.; Ashbaker, M. "Unwanted identities: A key variable in shame-anger links and gender differences in shame." *Sex Roles*, vol. 42, pp. 133-157, 2000.

97   "Na psicologia da saúde, estudos demonstram..."

Aiken, L.; Gerend, M.; Jackson, K. "Subjective Risk and Health Protective Behavior: Cancer Screening and Cancer Prevention". In: Baum, A.; Revenson, T.; Singer, J. (orgs.), *Handbook of Health Psychology*, Mahwah, NJ: Erlbaum, pp. 727-746, 2001.

Apanovitch, A.; Salovey, P.; Merson, M. *The Yale-MTV Study of Attitudes of American Youth*. Manuscrito em preparação, 1998.

"Na psicologia social, pesquisadores dos temas influência e persuasão vêm estudando a vulnerabilidade pessoal..."

Sagarin, B.; Cialdini, R.; Rice, W.; Serna, S. "Dispelling the Illusion of Invulnerability: The Motivations and Mechanisms of Resistance to Persuasion". *Journal of Personality and Social Psychology*, vol. 83, nº3, pp. 536-541, 2002.

98   **"Judith Jordan, estudiosa da teoria relacional-cultural, do Stone Center..."**

Jordan, J. *Relational Resilience*. Wellesley, MA: The Stone Center, Wellesley College, 1992.

Recomendo também a leitura de trabalhos escritos por pesquisadores e clínicos do Stone Center e dos Wellesley Centers for Women. Podem ser adquiridos e baixados em www.wcwonline.org.

105 **"A Dra. Shelley Uram, psiquiatra formada em Harvard..."**

Essa informação foi retirada de uma oficina sobre mulheres e dependência patrocinada pela The Meadows, uma instituição dedicada a múltiplos transtornos, especializada no tratamento de traumas e dependências. Seu site é www.themeadows.org. A informação também foi publicada no seguinte artigo:

Uram, S. "Traveling through trauma to the journey home". *Addiction Today*, vol. 17, nº 99, 2006.

106 **"A Dra. Linda Hartling, estudiosa da teoria relacional-cultural, emprega a obra de Karen Horney..."**

Hartling, L.; Rosen, W.; Walker, M.; Jordan, J. *Shame and Humiliation: From Isolation to Relational Transformation*. Wellesley, MA: The Stone Center, Wellesley College, nº 88, 2000.

QUATRO

111 "Qual é o impacto dessas expectativas? Pois bem, vamos ver..."

As informações sobre dieta e obesidade foram retiradas das estatísticas do governo dos Estados Unidos; do livro de Jean Kilborne, *Can't Buy My Love: How Advertising Changes the Way We Think and Feel*; e do site Love Your Body (http://loveyourbody.nowfoundation.org, consultado em 2006).

As informações sobre cirurgia plástica foram retiradas da Sociedade Americana para Cirurgia Plástica Estética (www.surgery.org/press/procedurefacts.php, em 2006 do site www.surgery.org/press/procedurefacts.php).

112 "Quem se beneficia das expectativas com aparência?"

As estimativas do setor foram retiradas da Wikipédia.

125 "Quais são as realidades políticas, sociais e econômicas enfrentadas pelas divorciadas?"

Bogolub, E. "Child support: Help to women and children or government revenue?". *Social Work*, vol. 39, nº 5, pp. 487-490, 1994.

McKeever, M.; Wolfinger, N. "Reexamining the economic costs of marital disruption for women". *Social Science Quarterly*, vol. 82, nº 1, pp. 202-218, 2001.

CINCO

143 "'Uma forma borbulhante, efervescente do sagrado.'"

Ouvi esta citação enquanto assistia a uma das leituras do livro de Anne Lamott na BookTV, em C-SPAN 2.

146 "Pesquisas de marketing mostram que as mulheres são responsáveis por cerca de 85% das decisões domésticas de compras."

Quinlan, M. L. *Just Ask a Woman: Cracking the Code of What Women Want and How they Buy*. Hoboken, NJ: Wiley, 2003.

147 Lerner, H. G. *A ciranda da intimidade: passos concretos para melhorar a qualidade dos relacionamentos pessoais*. São Paulo: Best Seller, 1991.

154-155 "*Shame*" (Vergonha), de Vern Rutsala.

Este poema apareceu pela primeira vez em *The American Scholar* (set.-dez. de 1988, vol. 57, nº 4, p. 574). O poema também foi publicado no livro *The Moment's Equation* (Ashland Poetry Press, 2004), de Vern Rutsala. Esta obra foi finalista da edição de 2005 do National Book Award.

Agradecimentos especiais ao professor Rutsala por ter autorizado a reprodução do poema.

SEIS

167 "Jill Friedman e Gene Combs, terapeutas da narrativa, explicam..."

Friedman, J.; Combs, G. *Narrative Therapy: The Social Construction of Preferred Realities*. Nova York: Norton, 1996.

SETE

212 Pipher, M. *The Shelter of Each Other: Rebuilding our Families*. Nova York: Ballantine Books, 1997.

214 "Harriet Lerner oferece alguns conselhos maravilhosos..."

Lerner, H. *The Dance of Connection: How to Talk to Someone When You're Mad, Hurt, Scared, Frustrated, Insulted, Betrayed or Desperate*. Nova York: Harper Collins, 2001.

OITO

221 "As pesquisadoras June Tangney e Ronda Dearing, que também têm a vergonha como objeto de estudo, explicam..."

Tangney, J. P.; Dearing, R. *Shame and Guilt*. Nova York: Guilford, 2002.

224 "Um estereótipo é uma generalização e uma definição rígida..."

Robbins, S. P.; Chatterjee, P.; Canda, E. R. *Contemporary Human Behavior Theory: A Critical Perspective for Social Work*. 2ª ed., Boston: Allyn and Bacon, 2006.

225 "De acordo com pesquisadores, os estereótipos positivos produzem..."

Miller, P.; Miller, D.; McKibbin, E.; Pettys, G. "Stereotypes of the elderly in magazine advertisements". 1956-1996. *International Journal of Aging and Human Development*, vol. 49, nº 4, pp. 319-337, 1999.

"Eis o que Michelle Hunt, especialista em desenvolvimento organizacional e diversidade, escreve..."

Senge, P.; Kleiner, A.; Roberts, C.; Ross, R.; Smith, B. *A quinta disciplina: Caderno de campo: estratégias e ferramentas para construir uma organização que aprende*. Rio de Janeiro: Qualitymark, 1995.

230-231 **Pesquisa sobre os estereótipos positivos e negativos do envelhecimento**

Hummert, M. L. "Multiple stereotypes of elderly and young adults: A comparison of structure and evaluation." *Psychology and Aging*, vol. 5, pp. 182-193, 1990.

Hummert, M. L. "Age and typicality judgements of stereotypes of the elderly: Perceptions of elderly vs. Young adults." *International Journal of Aging and Human Development*, vol. 37, pp. 217-227, 1993.

Hummert, M. L.; Garstka, T.A.; Shaner, J.L.; Strahm, S. "Stereotypes of the elderly held by young, middle-aged, and elderly adults". *Journal of Gerontology*, vol. 49, pp. 240-249, 1994.

_____. "Judgements about stereotypes of the elderly". *Research on Aging*, vol. 17, pp. 168-189, 1995.

Ingersoll-Dayton, B.; Talbott, M. M. "Assessments of social support exchanges: cognitions of the old-old". *International Journal of Aging and Human Development*, vol. 35, pp.125-143, 1992.

Schmidt, D. F.; Boland, S. M. "Structure of perceptions of older adults: Evidence for multiple stereotypes". *Psychology and Aging*, vol. 1, nº 3, pp. 255-260, 1986.

243 **"... à luz de um diálogo provocante desenvolvido pela pesquisadora e educadora Mary Bricker-Jenkins."**

Bricker-Jenkins, M. "The propositions and assumptions of feminist social work practice". In: Bricker-Jenkins, M.; Hooyman, N.; Gottlieb, N. (orgs.), *Feminist social work practice in clinical settings*. Newbury Park, CA: Sage Publications, pp. 271-303, 1991.

247 "Os professores de assistência social Dean H. Hepworth, Ronald H. Rooney e Jane Lawson..."

Hepworth, D. H.; Rooney, R. H.; Lawson, J. A. *Direct social work practice: Theory and skills*. Pacific Grove: Brooks/Cole Publishing Co., 1997.

257 "Muitos dos estudos mais recentes sobre usuários de álcool e de drogas..."

Estudos mencionados em "Gender Equality" na *Newsweek*/MSNBC. As jovens estão se igualando a seus pares do sexo masculino, no que diz respeito ao álcool – com frequência, com resultados desastrosos. Consulta realizada em 26/04/2006 em www.msnbc.msn.com. O artigo menciona estudos do Centro Nacional de Dependência e Abuso de Substâncias da Universidade de Colúmbia.

258 "Ronda Dearing, que comandou..."

Dearing, R.; Stuewig, J.; Tangney, J. "On the importance of distinguishing shame from guilt: Relations to problematic alcohol and drug use". *Addictive Behaviors*, vol. 30, pp. 1.392-1.404, 2005.

262 "Charlotte Sophia Kasl, psicóloga e ativista, escreve..."

Kasl, C. *Many Roads One Journey: Moving Beyond the 12 Steps*. Nova York: Harper Paperbacks, 1992.

264 "Há uma linda citação..."

Williamson, Marianne. *Um retorno ao amor*. São Paulo: Novo Paradigma, 2002.

267 "De acordo com o professor do curso de assistência social Dennis Saleebey, a perspectiva dos pontos fortes..."

Saleebey, D. "The strengths perspective in social work practice: Extensions and cautions". *Social Work*, vol. 41, nº 3, pp. 296-306, 1996.

270 "Gosto da definição de *teoria* encontrada em *A quinta disciplina: caderno de campo*..."

Senge, P.; Kleiner, A.; Roberts, C.; Ross, R.; e Smith, B. *A quinta disciplina: Caderno de campo: estratégias e ferramentas para construir uma organização que aprende*. Rio de Janeiro: Qualitymark, 1995.

AGRADECIMENTOS

Escrever este livro mudou minha vida de uma forma fundamental. Cada vez que o trabalho se tornava difícil demais, eu pensava nas participantes da pesquisa que contribuíram para o livro e para a minha compreensão sobre a vergonha. Corajosamente, elas compartilharam suas experiências confiando apenas na minha promessa de ser honesta e precisa ao repassar as histórias para o papel. Cada uma delas se dispôs a encarar seus medos para que pudéssemos aprender. Não tenho palavras suficientes para agradecer. Espero com sinceridade que este trabalho honre o espírito de suas contribuições e de sua sabedoria.

Além das mulheres que compartilharam comigo suas histórias, tenho uma dívida imensa com aqueles que me apoiaram tanto pessoal quanto profissionalmente durante todo o processo e me ajudaram a dar vida a este livro. Do ponto de vista pessoal, eu não teria chegado até aqui sem o amor, o apoio e a coragem de Steve, meu marido. Fui sustentada por sua fé em minha capacidade, seu respeito pelo meu trabalho e seu compromisso com nossa família. Sou igualmente grata por ele ser um pai maravilhoso e por sua habilidade de me fazer rir.

Meus filhos, Ellen e Charlie, enchem minha vida de amor e de risos. Eles me inspiram, me mantêm com os pés no chão e impedem que eu me leve a sério demais.

Em muitos aspectos, este livro não teria sido possível sem meus pais. Os maiores bens que me deram são o que me ensinaram e continuam a me ensinar. Com minha mãe, Deanne Rogers, aprendi sobre coragem, força e perseverança.

Chuck Brown, meu pai, me presenteou com o pensamento crítico, o debate e o ativismo. Essas lições me ajudaram a realizar o sonho de concluir o doutorado e de escrever este livro. A David, companheiro de minha mãe, e a Molly, companheira de meu pai, agradeço a disposição de abraçar nossa família e dividir sua vida conosco. Também quero agradecer à minha avó Ellen, uma fonte de inspiração para mim. Tento trazer sempre comigo seu espírito e sua bondade.

A meu irmão, Jason, e minhas irmãs, Ashley e Barrett, seguimos juntos em uma jornada especial e sou grata por dividi-la com vocês. Nossa história, nosso amor e nossos risos são forças importantes na minha vida. A Mike, marido de Ashley, e Amaya, minha linda sobrinha, agradeço por trazerem tanta alegria à nossa família. A Audrey, esposa de Jason, quero dizer que estamos felizes por sua presença – você sempre fez parte da família.

Quando me casei com Steve, herdei uma família maravilhosa. A Corky e Jack, Bill e Jacobina, Memo, Bebo e David: é impossível pensar como seria a vida sem todos vocês, que também são a minha família.

Tive a sorte extraordinária de encontrar pessoas que são ao mesmo tempo colegas de trabalho e bons amigos. Tenho uma dívida eterna com o meu querido Charles Kiley, que generosamente me acompanhou em cada passo do caminho. Eu não teria chegado até aqui sem sua ajuda. Também devo um agradecimento especial a minhas amigas, colegas e irmãs, as assistentes sociais Dawn Fey Hedgepeth, Cheryl Dunn e Beverly McPhail. Sua disposição em compartilhar conhecimentos e experiências contribuiu muito para este livro. Quero agradecer ao ilustrador David Robinson e ao designer gráfico Doni Hyeronymus por suas contribuições artísticas. Também quero agradecer a Cole Schweikhardt, da Squidz Ink Design, e a Daniel Levine e Marian Mankin, da DMLCo, por seu apoio e sua ajuda com meu site.

Tenho muita sorte por estar cercada de amigos e mentores maravilhosos. Gostaria que houvesse algum modo, além de dizer um simples "muito obrigada", de fazer com que as seguintes mulheres soubessem quanto tocaram a minha vida: Angela Blanchard, Margarita Flores, Karen Holmes, Jean Latting, Ann McFarland, Barb Nowak, Susan Robbins, Ruth Rubio, Karen Stout, Susan Turell, Jody Williams e Laura Williams.

Tenho muita sorte por ser filiada a duas notáveis organizações. Em primeiro lugar, gostaria de agradecer aos professores, funcionários e alunos do curso de pós-graduação em assistência social da Universidade de Houston. É um verdadeiro privilégio ser assistente social e fazer parte dessa comunidade de ensino. Em segundo lugar, quero agradecer à Nobel Women's Initiative. Sou grata pela oportunidade de trabalhar com ativistas, estudiosas e pacificadoras tão sábias e maravilhosas.

Também gostaria de agradecer a um terceiro grupo de ativistas e acadêmicos: mulheres que mudaram a forma como olho para mim mesma e para o mundo. Minha mãe me presenteou com um exemplar de *A ciranda do amor e do ódio*, de Harriet Lerner, quando eu tinha 20 e poucos anos. Foi o primeiro livro de não ficção que li, de psicologia. Lembro-me de ler e de pensar: "Não estou sozinha!" Ao chegar ao terceiro capítulo, já tinha me apaixonado pelo poder dos livros. Quando comecei a lecionar, nunca largava *Ensinando a transgredir*, de Bell Hooks. *Can't Buy My Love*, de Jean Kilbourne, mudou para sempre a forma como assisto à TV, leio revistas ou escuto música. Procurei o Stone Center, em Wellesley, para compreender melhor quem eu queria ser no contexto da minha carreira como assistente social. Ainda compro *O resgate de Ofélia*, de Mary Pipher, para todos os meus amigos com filhas, e seu novo livro, *Writing to change the world*, é uma leitura obrigatória para meus alunos. A lista de autoras que mudou a minha vida é infindável, mas as que citei aqui, essas mulheres poderosas, com certeza foram as que deixaram a maior marca. Agradeço a elas o fato de tornarem este mundo melhor e de abrirem caminho para o que agora se transformou na minha carreira.

Por fim, desejo agradecer às pessoas que acreditaram neste trabalho o suficiente para transformá-lo em livro – algo cujo valor não ignoro. Estendo um agradecimento sincero à minha agente, Stephanie von Hirschberg, por emprestar sua sabedoria, sua integridade, seu senso de equilíbrio ao processo. À minha editora, Erin Moore: sinto-me muitíssimo sortuda por trabalhar com uma mulher que personifica a autenticidade, a coragem e a compaixão sobre as quais escrevo neste livro. Muito obrigada. Também quero dar reconhecimento a outros membros da equipe da Gotham Books: Bill Shinker, Jessica Sindler, Lisa Johnson, Ashwini Ramaswamy e as pessoas maravilhosas nos bastidores que deram coerência às minhas frases cambetas e transformaram páginas amassadas neste belo livro.

CONHEÇA OUTROS LIVROS DA AUTORA

Mais forte do que nunca

Errar faz parte da vida. Se você correr riscos e for corajoso, mais cedo ou mais tarde poderá se dar mal. Às vezes aquele projeto em que estava apostando todas as fichas vai pelo ralo ou um casamento de muitos anos chega ao fim, deixando dor e muito sofrimento pelo caminho. Não importa: todos precisam aprender a lidar com o fracasso.

Apesar disso, temos medo de falar sobre o assunto. Conhecemos inúmeras histórias bonitas de superação, mas sempre há nelas uma espécie de lacuna: passa-se diretamente do infortúnio à vitória – e o doloroso processo que nos leva de um ponto a outro nem sequer é mencionado.

Tomando como ponto de partida seu trabalho pioneiro sobre a importância da vulnerabilidade, em *Mais forte do que nunca*, a pesquisadora Brené Brown faz a pergunta inevitável: se todos nós levamos rasteiras da vida, como certas pessoas conseguem enfrentar tantas adversidades e, mesmo assim, sair mais fortes?

Para responder a isso, a autora conversou com inúmeras pessoas, coletou dados e passou a compreender melhor a volta por cima. Neste livro, você vai aprender quais são as características de personalidade, os padrões emocionais e os hábitos mentais que nos possibilitam transcender as catástrofes da vida e renascer – não totalmente ilesos, porém mais plenos e realizados, vivendo com mais propósito e significado.

A coragem de ser imperfeito

Viver é experimentar incertezas, riscos e se expor emocionalmente. Mas isso não precisa ser ruim. Como mostra a Dra. Brené Brown, que durante 12 anos desenvolveu uma pesquisa pioneira sobre vulnerabilidade, essa condição não é uma medida de fraqueza, mas a melhor definição de coragem.

Quando fugimos de emoções como medo, mágoa e decepção, também nos fechamos para o amor, a aceitação, a empatia e a criatividade. Por isso, as pessoas que se defendem a todo custo do erro e do fracasso se distanciam das experiências marcantes que dão significado à vida e acabam se sentindo frustradas.

Por outro lado, aquelas que mais se expõem e se abrem para coisas novas são as mais autênticas e realizadas, ainda que se tornem alvo de críticas e de sentimentos como inveja e ciúme. É preciso lidar muito bem com os dois lados da moeda a fim de alcançar a felicidade de realizar todo o seu potencial.

Em uma sociedade em que predomina a cultura do perfeccionismo, é comum recorrer a máscaras para minimizar o desconforto e as dores de não ser bom o bastante. Brené Brown descobriu que todos nós fazemos uso de um verdadeiro arsenal contra essas sensações e explica em que consiste cada escudo e quais estratégias devem ser usadas nesse "desarmamento". Ela também combate os mitos que afirmam que ser vulnerável é o mesmo que ser fraco.

Depois de estudar a vergonha e a empatia durante seis anos e colher centenas de depoimentos, a autora chegou à conclusão de que compreender e combater a vergonha de errar e de se expor é fundamental para o sucesso.

CONHEÇA OS LIVROS DE BRENÉ BROWN

A coragem de ser imperfeito

Mais forte do que nunca

Eu achava que isso só acontecia comigo

A arte da imperfeição

Para saber mais sobre os títulos e autores da Editora Sextante,
visite o nosso site e siga as nossas redes sociais.
Além de informações sobre os próximos lançamentos,
você terá acesso a conteúdos exclusivos
e poderá participar de promoções e sorteios.

sextante.com.br